1. 江苏省现代教育技术研究项目 项目编号：2022-R-101265
2. 南京航空航天大学金城学院校级重点教改项目 项目编号：2021000
3. 江苏省教育厅哲社基金项目 项目编号：2021007
4. 北方国际大学联盟第六期教育教学研究课题联盟重大教改课题 项目编号：20210615004

基于语料库的跨文化英语翻译技巧研究

孔雁 著

吉林大学出版社

·长春·

图书在版编目（CIP）数据

基于语料库的跨文化英语翻译技巧研究 / 孔雁著．
长春：吉林大学出版社，2024.8 --ISBN 978-7-5768-3612-7

Ⅰ．H315.9
中国国家版本馆 CIP 数据核字第 2024JX0616 号

书　　名	基于语料库的跨文化英语翻译技巧研究
	JIYU YULIAOKU DE KUAWENHUA YINGYU FANYI JIQIAO YANJIU
作　　者	孔　雁
策划编辑	矫　正
责任编辑	刘　丹
责任校对	闫竞文
装帧设计	久利图文
出版发行	吉林大学出版社
社　　址	长春市人民大街 4059 号
邮政编码	130021
发行电话	0431-89580036/58
网　　址	http://www.jlup.com.cn
电子邮箱	jldxcbs@sina.com
印　　刷	天津鑫恒彩印刷有限公司
开　　本	787mm×1092mm　1/16
印　　张	12.5
字　　数	200 千字
版　　次	2025 年 1 月　第 1 版
印　　次	2025 年 1 月　第 1 次
书　　号	ISBN 978-7-5768-3612-7
定　　价	68.00 元

版权所有　翻印必究

前　言

翻译不仅是一种跨语言的交际行为，也是一种跨文化的传播过程和交流活动。人类自有文化开始就有传播在进行，传播促进文化发展，异语文化之间的传播属于跨语言和跨文化的传播，必须通过翻译才能够实现。可以毫不夸张地说，没有翻译就没有异语文化之间的交流、融合与发展。纵观中外社会历史文化发展的历程，从欧洲的文艺复兴，到印度佛教的西土东传，再到中国明末清初的西学东渐，无不证明了翻译在社会历史文化变迁中所发挥的独特而巨大的作用。因此，探究在翻译过程中英语语言特性及跨文化的理论差异，借助英语翻译理论的分析来探寻最有效的英语翻译方法自然必不可少而且也是非常重要的一项工作。

理解和表达是翻译中的两个基本要素。在表达过程中，如何提供地道的译文是译者，尤其是目标语非本族语的译者所遇到的重大难题。解决此难题将促使高质量译文的产生。然而，众多译者青睐的传统英汉、汉英词典不足以解决这一难题。在这种情况下，语料库便以其独特的检索功能和丰富的自然语料在众多译者工具中脱颖而出。语料库因其"更高的可信度""客观性""可观察性""重复性"等特点，深受研究者的关注。语料库方法"以大量自然文本的观察与分析为基础，结合数据分析和定性研究，相比较而言，在研究的客观性和科学性方法上更胜一筹"[①]。

基于此，本书运用语料库方法，从跨文化视角探讨译者在英汉互译时经常采用的一些翻译策略或方法，旨在让译者在众多翻译策略和方法中找到平衡点，用更准确的目的语语言传达更多更准的文化信息。同时为英语教学实践提供参考。

[①] 胡开宝. 语料库翻译学：内涵与意义[J]. 外国语，2012，35（05）：09-70.

基于语料库的跨文化英语翻译技巧研究

全书分为六个章节，首先运用跨文化传播学、描述翻译学、语料库翻译学及跨文化交流语境中的翻译观来分析和阐释跨文化英语翻译技巧；其次，从文化差异、社会背景等方面分析跨文化视角转换的根源，着重探讨归化、相悖翻译策略，以及虚实转换、形象转换等翻译技巧；接下来分别以《哈利·波特与魔法石》《尚书》《三国演义》《红楼梦》和莎士比亚戏剧为依托，探讨基于语料库的汉语把字句与英语被动句的跨文化翻译技巧、成语翻译技巧、人物对话翻译策略，以及译作风格和技巧。

在世界历史上曾出现过数次大规模翻译吸收外来文化的热潮，而每次热潮都带来一种文化的勃兴和文明的进步。希腊学习埃及，罗马借鉴希腊，阿拉伯参照罗马帝国，而后中世纪的欧洲又模仿阿拉伯，文艺复兴时期的欧洲则仿效拜占庭帝国。这一波又一波发生在世界历史长河中的翻译洪流无不把人类文明推向一个又一个新的高潮，也让翻译在跨文化传播中的功能，以及在社会历史文化变迁中的作用彰显无遗。但从反面来看，在过去的中外历史中，当翻译活动和跨文化传播受到了限制甚至压制，社会文化也必然走向倒退甚至没落。外观玛雅文化的衰亡及印度佛教文化在本土的凋零，内察大清王朝自雍正元年长达百年闭关锁国的结果，近看改革开放之前的中国国情，都不能不让我们产生一种共鸣，那就是在特定的中外历史阶段，翻译兴则文化盛则社会进，翻译废则文化衰则社会退。这已成为历史发展无可争辩的事实和规律。

因此，研究翻译，重视翻译技巧，加强跨文化的译介传播，应是社会各方和翻译工作者矢志不渝的任务。如今中国正处于又一次翻译高潮掀起之时，文化全球化趋势对中国传统文化的影响比历史上任何一次都来得更加迅猛，翻译文化对中国传统文化的影响也是多方面的。在这种外来文化与本土文化的冲突与排斥、交流与融合、传承与变异的共存中，跨文化传播不可避免。作为跨文化传播重要手段的翻译将继续发挥其重要的作用，彰显其在社会历史文化变迁中特有的功能。在这机遇和挑战并存的时代，作为翻译主体的译者任重而道远。

目　录

第一章　基于语料库的跨文化英语翻译理论探源 …………… 1
　一、跨文化传播学理论 …………………………………… 1
　二、描述翻译学与语料库翻译学 ………………………… 9
　三、跨文化交流语境中的翻译观 ………………………… 18

第二章　英语翻译中跨文化视角转换及翻译技巧 …………… 32
　一、英语翻译中跨文化视角转换 ………………………… 32
　二、英语跨文化翻译技巧 ………………………………… 38

**第三章　基于平行语料库的汉语把字句与英语被动句的
　　　　　跨文化翻译技巧** ……………………………………… 55
　一、平行语料库对翻译的作用 …………………………… 55
　二、基于平行语料库的汉语把字句与英语被动句的
　　　跨文化翻译案例分析 ………………………………… 63

第四章　基于平行语料库的成语跨文化英语翻译技巧 ……… 90
　一、基于平行语料库的研究范式 ………………………… 90
　二、基于平行语料库的成语跨文化英语翻译技巧案例分析 … 93

第五章　基于语料库的中国文学经典英译中人物对话翻译技巧 … 119
　一、人物对话语料库的创建 ……………………………… 119

二、基于语料库的中国文学经典英译中
　　人物对话翻译策略案例分析 ………………………………… 123

第六章　基于语料库的国外经典戏剧译作风格及技巧 ……………… 150
　一、语料库的建立 ………………………………………………… 150
　二、基于语料库的国外经典戏剧译作风格及技巧案例分析 ……… 152

附　　录 ………………………………………………………………… 184
参 考 文 献 …………………………………………………………… 188

第一章 基于语料库的跨文化英语翻译理论探源

翻译跨越两种文化语境,语篇意义的生成不应该用复制和替换来描述。因为在此过程中语言意义的生成并不是一个静态的转移,而是动态的协商、选择和重构,涉及不同的意义主体、不同的语境和不同的意义实现手段。笔者拟运用跨文化传播学、描述翻译学、语料库翻译学及跨文化交流语境中的翻译观来分析和阐释跨文化英语翻译技巧,为全书的研究奠定坚实的理论基础。

一、跨文化传播学理论

美国学者哈罗德·拉斯韦尔(Harold Lasswell)在谈到宣传与传播的关系时说:"宣传的所有原理都依据有关传播过程的本质的一些假设……同宣传最密切相关的科学研究就是对大众传播的研究。"[①]因此我们拟从传播学领域吸取养分,作为基于语料库的跨文化英语翻译技巧的重要理论支撑。

拉斯韦尔在《传播在社会中的结构与功能》一书中提出了著名的5W传播过程模式,揭示了传播活动的一般规律,在传播学研究中具有划时代意义。[②]他认为,描述传播行为的简要办法是回答五个问题,即谁(who)、说什么(say what)、通过什么渠道(in which channel)、对谁说(to whom)、产生了什么效果(with what effect)。研究"谁"的学者主要探讨

---

① 沈苏儒. 对外报道教程[M]. 北京:五洲传播出版社,2004:12.
② 拉斯韦尔. 传播在社会中的结构与功能[A]. 博伊德-巴雷特,纽博尔德. 媒介研究的进路——经典文献读本[M]. 汪凯,刘晓红,译. 北京:新华出版社,2004:111.

引起并引导传播行为的因素，这方面研究可称为"控制分析"。"说什么"则主要是"内容分析"。传播渠道的分析可称作"媒介分析"。"对谁说"则是"受众分析"。效果和影响方面的研究可称为"效果分析"。

其中，内容分析可以细分为意义分析和形式分析。意义分析关注讯息的内涵，而形式分析则研究讯息是怎么组合的。但拉斯韦尔更为关注传播行为与整体的社会过程之间的关联。他认为任何过程都可以放到"结构"和"功能"两个参考框架中加以分析。

后来，英国传播学者D. 麦奎尔（Denis Mc Quail）等用以下图示（图1-1）将该模式表示出来：

图1-1 拉斯韦尔的传播过程模式[①]

但是，该模式未解释人类社会传播的双向和互动性质。1954年，施拉姆（Wilbur Lang Schramm）在《传播是怎样运行的》一书中，在奥斯古德（Charles Egerton Osgood）观点的启发下，提出了一个循环模式。（图1-2）[②]

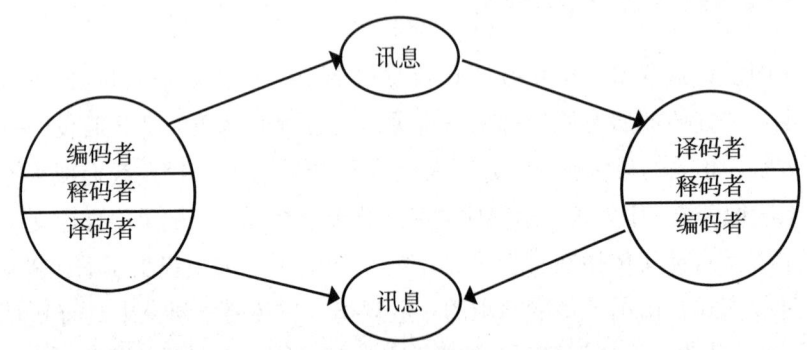

图1-2 奥斯古德-施拉姆循环模式

该模式对一般的人类社会信息传播具有较强的解释力，但是在跨文化传播中编码者和译码者属于不同的文化，问题就变得更为复杂。

---

① 麦奎尔，温德尔. 大众传播模式论[M]. 祝建华，武伟，译. 上海：上海译文出版社，1987：17.

② 程曼丽. 国际传播学教程[M]. 北京：北京大学出版社，2006：116.

（一）跨文化传播与文化的互动关系

社会关系与社会交往构成了文化的内在源泉，也构成了人们对各种文化现象进行认知、理解和界定的空间。基于社会关系与社会交往的视角去研究跨文化传播过程与影响，不仅可以对人类的跨文化交往与互动活动进行相对全面的解读，还可以依据不同的社会结构与社会秩序的变动去更好地理解人类文化的发展与流变。人类社会关系与社会交往的不断延伸，促进了整个人类文化的发展和社会变迁。跨文化传播不仅跨越了时间和空间，也穿越了各种文化共同体，由此改变着不同文化的认知系统、价值建构方式和观念体系——信息已成为交往的主要媒介，牵引和引导人们的社会关系与社会交往，高密度、大容量的文化信息的相互碰撞和融汇，也在重新建构着各个文化复杂的内在构造。跨文化传播是一种基于信息传递的社会行为互动过程。因此研究跨文化传播中信息的流动方式和主体互动方式具有重要意义。

（二）跨文化传播中的翻译——二次编码

跨文化传播跨越两种不同的文化，其信息发出者所在国家与接受者所在国家的社会制度、历史文化、当代国情及语言体系有所不同，这种差异决定了我们不能将大众传播的一般性做法运用于跨文化传播。前面我们提到了传播过程中的编码和释码，跨文化传播因为跨越两种文化并加入翻译活动而变得更为复杂。译者应该在编码和释码过程中将目标语文化和本国文化的差异考虑在内，用受众易于接受的媒介和话语方式传播。

程曼丽提出了"语言和文化的转换与对接的问题，也就是对原始信息的二次编码问题"[①]。这个问题解决不好，就不可能获得良好的传播效果。而一般的传播理论和模式在这方面都没有给予突出的体现。因此应该在拉斯韦尔传播模式的基础上在传播者将信息传给受众之前的这一部分作一个拓展，增加二次编码的环节，以突出国际传播学研究的重点。

按照符号学的解释，语言符号是人类最基本的符号系统，人类的信息活动主要是借助语言完成的。而在借助大众媒体进行的传播活动中，语言符号更是须臾不可缺少。正如传媒学者所指出的，信息传播出去之前，先

---

① 程曼丽. 国际传播学教程[M]. 北京：北京大学出版社，2006：124.

要进行"编码"——将无形的信息转换成具有一定外在形式的语言符号，然后接受者再对语言符号进行"译码"，从中获取信息。程曼丽提出了二次编码的概念："如果人们要突破时间、空间界限，使信息为不同国家、地域的受众所了解，即形成全球范围内的信息流动，就需要在对信息初次编码的基础上，进行二次编码，即将一种语言转换成另一种语言。"① 英语翻译中的主要问题是二度编码和解码过程中的理解偏差。根据斯图亚特·霍尔（Stuart Hall）的编码-解码理论："意义生产依靠于诠释的实践，而诠释又靠我们积极使用符码——编码，将事物编入符码——以及靠另一端的人们对意义进行翻译或解码来维持。"② 霍尔认为，意义并非仅由传递者传递，而是最终由接受者生产，阅读是一种交际主体的商讨互动过程。二度编码常常容易引起误读，干扰信息的有效传递。由于两种语言之间语义、语用等方面的差异，我们很难做到对应性的转换。程曼丽提出了两个对接的概念："国际传播中的文化对接应当包括两方面的对接：与国际通行的认知、规范体系对接、与传播对象国的社会文化习俗对接。前者涉及与国际接轨的问题，后者涉及传播的针对性问题。"③

国家传播与国际通行的规范和认知体系对接，要关注和重视国际社会面临的共同问题，与国际社会形成一致性的关注，形成共同的话语，否则就会偏离国际传播的中心，就会被边缘化。过去的传播中正是缺乏相应的对接点，导致我国对外传播长期从政治的向背出发，而对国际社会共同关注的热点未有效回应。这就导致我们与外部世界缺乏共同的诉求点，我们的传播缺乏关注。国际传播还要与传播对象国的社会文化习俗对接。国际传播不但是国际社会共同参与的传播，也是不同国家之间跨文化的传播。因此，它不但要符合人类文化或文明的共性要求，还要对具体对象国的文化特性予以高度重视。

---

① 程曼丽. 国际传播学教程 [M]. 北京：北京大学出版社，2006：124.
② 程曼丽，王维佳. 对外传播及其效果研究 [M]. 北京：北京大学出版社，2011：148.
③ 程曼丽. 国际传播学教程 [M]. 北京：北京大学出版社，2006：125.

（三）跨文化传播中的关键要素

1. 传播受众

从受众对传播者的重要程度出发，可以将跨文化传播的受众划分为重点受众、次重点受众和一般受众。从受众对传播者的态度出发，可以将国际传播受众划分为顺意受众、逆意受众和中立受众。从受众行为的发展过程出发，可以将国际传播受众划分为潜在受众、知晓受众和行动受众。一般说来，针对目标受众展开的传播活动主要有三个目的：（1）通过传播改变受众态度；（2）通过传播形成有利舆论；（3）通过传播产生预期行动。

2. 传播内容

传播内容是指印刷文字、影片、广播、电视等传播媒介中显性内容的综合。内容分析是一种客观而系统的传播学研究方法。进行内容分析时有必要采取系统科学的抽样手段，从中选取一部分能够代表客体的"媒介样本"，并抽取特定的"日期样本"作为内容分析的实际分析对象。另外还要确定分析单元，包括关键词、专门术语、主题、特质、段落、篇目等分析单元，以及制定分类标准（如题材、体裁、倾向性、主题、时效、价值取向等），以保证整体分析的可靠性、有效性和合理性。

3. 传播效果

传播者希望受众关注其信息，了解其内容，进而改变受众的态度和信念。但是受众理解的过程是复杂的，传播者的目标不是轻易能够达到的。理解是我们解释可感觉资料的过程。我们通过五种感官获得感觉资料，因而理解过程一般具有主观性。传播涉及接受和解释消息的过程，这个过程也可称作解码，即感官受到刺激后处理和解释信息的过程。

理解是一个十分复杂的过程。在此阶段，人们要对感受的各种刺激进行选择、组织并解释，从而使这些来自现实世界的认知元素在脑海中形成一幅含有意义的主观图景。理解不是机械地、刻板地反映，而是一种积极的、带有创造性的活动。任何理解过程都不可避免地掺入主观因素、带上感情色彩、加进想象成分，即加进某些并不属于理解对象本身的内容。如同感知行为受制于一系列心理因素，理解活动也要受许多因素的制约，其中主要有心理预设、文化背景、动机、情绪、态度等。心理学的发现告诉我们，理解是人们选择、组织和解释感官刺激，使其成为一种有意义并与世界紧

基于语料库的跨文化英语翻译技巧研究

密联系的图像的复杂过程。许多心理因素对于理解施加重要影响，包括根据过去经验得出的假定、文化期待、动机（需要）、情绪及态度等。例如，心理预设。人们往往在理解活动之前就预先设定了理解对象应有的面貌，在此过程中个人的生活经验、价值观念、文化背景等都对理解有影响。心理预设可能会将理解导向预期方向，会造成对现实的扭曲和变形。换言之，由于心理预设因素的干扰，人们对客观事实的认识常常难于做到实事求是。

受众接受信息时都会有自己的选择，信息接受的过程同时也是受众一系列选择的心理反应的过程。在这个过程中，影响受众选择最重要的心理活动就是选择性心理。所谓选择性心理是指"受传者在传播活动中对所接触的各种信息和传播方式本身进行选择的过程中表现出的思维现象"[1]。1960年，美国传播学者约瑟夫·克拉珀（Joseph T.Klapper）在《大众传播的效果》一书中提出受众接受信息时具有三种选择性心理特点：选择性注意、选择性理解和选择性记忆[2]，这三种选择性心理特点关系到受众对信息接受的整个过程。受众通常在接触信息时选择与自己原有态度、观念和价值观相吻合的信息，回避那些与自己态度相左的信息，目的是减轻认知的不和谐。

因此同样的传播内容在不同的接受者那里会产生不同的理解和解释。选择性理解又可以分为创造性理解、歪曲性理解、卷入性理解。邵培仁认为，创造性理解是接受者循着传播者的思考方向、编码轨迹、传情线索和逻辑途径创造性进行的，是受传者带着被媒介信息所唤起的某些预存立场、接受定向和接受需要等"添加剂"，以积极的注意和理解态势去主动地发现和理解一些东西，甚至是一些隐藏在信息作品中连传播者自己也未曾认识到的东西，从而充分展现信息作品所蕴含意义的丰富性和深刻性。[3]歪曲性理解也时常发生。如果受众对自己的思维惯性和某种情绪不予合理控制，而听任其发展到无视信息作品的客观规律性和"回旋余地"等不适当的程度，发展到与传播者的既存立场和传播意向相背离的地步，那么就会导致对信息本义的胡乱引申和肆意歪曲，影响信息的正常传播和准确理解。卷入性理解是指实际接受过程中，一些受众混淆符号世界与现实世界的区别，

---

[1] 段京肃，罗锐. 基础传播学 [M]. 兰州：兰州大学出版社，1996：180.
[2] 克拉珀. 大众传播的效果 [M]. 北京：中国传媒大学出版社，2016：16.
[3] 邵培仁. 传播学 [M]. 北京：高等教育出版社，2000：219-220.

把符号世界完全等同于现实世界，对其作出现实的卷入性的反映和理解。

4. 意识形态

意识形态包括一个国家的政治理念、体制特征、发展模式等。例如，掌握着国际主流传媒渠道的众多西方国家实行议会民主制和多党轮流执政，以理念上的自由市场经济为基本发展模式，采用国家与市民社会两分法的方式看待民族国家共同体等。上述意识形态都以普遍主义的方式出现，成为国际主流媒体天经地义奉行的理念，成为其报道各种国际事务的基本原则和参照。① 因此，对于西方受众来讲，他们受到这种普遍主义意识形态的长期影响，更习惯于接受自己所认同和熟悉的信息，在接触异国文化时会有明显的倾向性，进而对传播主体形成讲话刻板的印象。西方的近代发展使西方人产生了极大的优越感和背向东方的狭隘视野。这种优越感和文化视野在传播过程中逐步演变成了一种被称为"东方主义"的意识形态框架。西方媒体对受众具有明显的影响和操控作用，西方受众的意识形态取向逐渐趋同。这种意识形态时刻以或隐或显的方式影响着西方受众对中国外宣内容的接受。

（四）跨文化传播的多种可能性

文化传播需要具备一定条件，可以概括为四方面内容，即文化的共享性、传播关系、传播媒介、传播方式。文化的共享性是指人们对文化的认同和理解。② 传播关系是两个或两个以上主体在文化传播中发生的各种联系。传播媒介则是文化传播的中介，包括报纸、杂志、广播、电视、电影、网络等。文化传播的方式则是信息源从传播者到接受者运动的模式。

语言是文化的载体，语言体现着文化。文化传播的载体是语言的传播。语言是同一个社会中的社会群体所约定俗成的符号系统，由语音、词汇、语法构成。"语言构成了人的世界，而真实世界在很大程度上是被无意识地建构于特定文化群体的语言习惯之上的。"③ 语言使用的差异是文化内部传播和跨文化传播相区别的主要特征，也是跨文化传播所遭遇的最大的障碍。

---

① 程曼丽，王维佳. 对外传播及其效果研究 [M]. 北京：北京大学出版社，2011：139.
② 司马云杰. 文化社会学 [M]. 中国社会科学出版社，2001：274.
③ 孙英春. 跨文化传播学导论 [M]. 北京：北京大学出版社，2008：52.

跨文化传播跨越时间、空间，冲破各种各样的社会藩篱，冲击传统封闭的社会文化体系，对每个社会的发展变迁，以致整个人类社会整体的发展变迁都有着巨大的作用。一般根据文化的传播效果，可以分为三种模式，即文化增值、文化变迁和文化整合。文化增值是指文化在质和量上的一种膨胀或放大，是一种文化的再生产和创新，是一种文化的原有价值或意义在传播过程中生成新的价值和意义的现象。文化变迁是指"世界上任何一种文化都处在动态的发展和变化之中，都不同程度地经历着产生、发展、变化、衰退和再生的过程"。[1]同时，跨文化交际使得不同的文化价值观发生冲突，但同时也使得不同的文化相互借鉴、相互吸收、相互融合。文化整合，是指不同文化相互吸收、融合，趋于和谐共处，并逐渐整合为一种新的文化体系。从文化的世界图景看，文化具有统一性和共享性，这为文化整合提供了基础。文化的交流和传播是促进文化整合、衍生新的文化模式的关键性条件。文化的整合不是不同的文化模式的简单相加，而是一种相互借鉴、破旧立新、模式重构的复杂过程。

英汉语言方面，两种语言不断吸收对方的语汇，整体上呈现出融合的趋势。从词汇角度来看，英语吸收了大量带有中国文化特色的词汇。例如，牛津词典中收录了功夫、太极、包子、饺子等词汇，很多词汇均采取音译的方法，实现了两种语言的融通，这为翻译实践提供了便利，译者无须做过多的解释。而汉语的报刊、书籍、网络中也出现大量的外来词，这些外来词既是对汉语文化的冲击，也是对汉语文化的丰富和发展。从句法角度来看，汉语中也屡屡出现翻译体，或趋向英语式的句法表达，其合理性有待考察，但已成为一种不可避免的语言现象。文化方面，西方国家在谋求秩序与逻辑的过程中，造成了混乱，原因在于他们崇尚使经验割裂的局部事物。英美人在跨文化交流实践中，一方面开始更多关注中国文化以实现商贸和政经等方面的有效交流，另一方面也受到中国传统文化的影响，将儒家文化的行为准则和交际模式纳入企业文化体系中。

从某种意义上来说，"跨文化传播改变了社会成员的文化身份、社会角色定位、社会规范秩序和社会价值观念，特别是跨文化传播为人类建立

---

[1] 庄晓东. 文化传播：历史、理论与现实[M]. 北京：人民出版社，2003：41.

起共同的社会规范和社会交往机制，使人类主体间达成一种普遍的共识和认同，保持了社会系统的动态平衡和稳定"[1]。英汉两种文化在不断的交流之中相互碰撞、相互融合，两种语言系统本身也在不断地整合、发展。

二、描述翻译学与语料库翻译学

（一）描述翻译学

描述翻译研究的思想开始于19世纪50年代。詹姆斯·霍尔姆斯（James Holmes）在其1972年发表的论文《翻译研究的名与实》（*The Name and Nature of Translation Studies*）中提出了翻译研究图谱，并在其中确立了描述性研究在翻译研究中的中心地位。而在吉迪恩·图里（Gideon Toury）发表了系统勾画描述翻译研究方法论和研究重点及框架的《描述翻译学及其他》（*Descriptive Translation Studies and Beyond*）一书之后，描述性翻译研究逐渐开始改变了规范性研究长期以来占据翻译研究中心地位的情况，"描述"成了翻译研究中的新趋向。

霍尔姆斯是美籍荷兰学者，英荷诗歌的杰出翻译家，长期在阿姆斯特丹大学工作。他的主要论文都收在《文学翻译和翻译学论文集》（1988）里，这是他去世后人们为他整理的论文集。其论著《翻译研究的名与实》（1972）被认为是翻译研究派的成立宣言，是翻译研究派的奠基之作。主要对翻译学作为一门独立学科的名称、性质、研究领域、问题以及学科范围提出了创建性意见。他还提出了翻译研究这一新领域涉及的范围及结构模式，认为该研究方法是以经验为依据的实践，研究的对象是在某一特定文化中出现的译文。他最终认为"Translation Studies"（翻译学）是术语中最适合的名称。

霍尔姆斯比较强调对翻译过程的描述。他的描述性翻译理论的一个显著的变化就是作品中所指性质的改变。霍尔姆斯认为翻译对象并不是原文所指的客观世界中某一件具体事物，而是原文的语言构成。翻译语言有别于文学作品中的语言。他还借用了"元语言（meta-language）"这一术语，

---

[1] 孙英春. 跨文化传播研究的多学科基础[A]. 陈卞知. 造桥者说——跨文化传播研究[C]. 北京：中国传媒大学出版社，2004：69.

并将其意义从专指文学评论扩展到多种元文学形式（meta-literary forms），而诗歌翻译仅是其中一种。霍尔姆斯指出诗歌翻译有别于其他形式的评论和元语言。它一方面是一种元文学对另一作品的评价和阐释，另一方面自身又形成一个新的有自己文学性的元文学集合。因此这种特殊文学形式既反映原文又是自我创作，具有元文学和文学的双重性。以此为基础的翻译研究注重的不再是对等和所指等问题，而是分析译文作为第二作品在原文的文学标准符号系统中与原文作品的关系，以及译文作为新作品与译文的文化标准符号系统的关系。

与传统翻译理论相比，霍尔姆斯描述翻译过程的方法又表现为另一变化。那就是他力求通过描述各种各样的翻译方法以及它们在历史上的使用情况来寻求对某一符号类型翻译的更好理解。他把翻译分为四类：

1. 形式相似，尽管完全一样的形式不可能，相似的形式却是可能的；
2. 功能相似，在译文语言标准中找到类似功能，创造出能产生相似效果的形式；
3. 内容衍生，在译文语言中保持原文意义及特定表达形式；
4. 形式异常，出于某些特殊原因只保留与原文尽可能的相同之处。

霍尔姆斯认为四种类型同等重要。翻译是译者进行抉择的过程，译者可根据四种翻译法的不同性质在翻译中做出选择。一旦做出最初的抉择，翻译就形成了自己的规则，能为译者提供一些可能的翻译法，同时也排除了另一些翻译法，因此最初的抉择将决定下一步的抉择。他还认为翻译无对错优劣之分，仅有差异而已。这些差异一方面源于译者的诗学水平，另一方面也源于译者最初的选择和两种语言的关系。同一原文，有多少个译者就有多少种译文。

描述翻译学主要是针对传统译学强调原文跟译文的对等关系，而忽略译文跟译语读者和译语文化之间的关系而提出来的。描述翻译学的理论研究是为了建立一个解释和预测翻译过程及译文篇章结构与功能的原则参照体系。霍尔姆斯所提出的描述翻译学框架为翻译学提供了正确的发展方向，使翻译研究更加注重描写性，为后来出现的描述翻译学派奠定了思想基础。

在《詹姆斯·霍尔姆斯和他的翻译理论》这一篇介绍性的论文中，作者指出：霍尔姆斯所撰写的《翻译理论的未来：若干论点》（*The Future of*

第一章　基于语料库的跨文化英语翻译理论探源

Translation Theory: A Handful of Theses）不是一篇普通的论文，而是罗列了未来翻译研究中急待解决的问题，如：创建综合性翻译理论的一个主要障碍是不同领域的学者特别是语言学派和文学学派之间缺乏有效的沟通；一些研究者惯于把个人或本国的或者某一阶段的规范当作翻译的普遍规则；20世纪50年代以来语言学翻译理论似乎进入了死胡同，研究者拘泥于词、词组或句子层次，根本不考虑语境，而要建立综合性翻译理论必须突破以语句为上限的语言学研究方法。[①]霍尔姆斯认为要创建真正具有科学性的综合性翻译理论需要文本研究、语言学（尤其是心理语言学和社会语言学）、文学研究、心理学和社会学等各领域专家协调工作，还需要消除国家和语言之间的障碍，促进国际性学术交流，作为翻译家的霍尔姆斯还特别强调有实践经验的翻译家参与创建翻译理论的重要性。

提到描述翻译学，就不能不提到一个举足轻重的人物——吉迪恩·图里。他是以色列特拉维夫大学教授，当今著名的翻译理论学家。在《描述翻译学及其他》一书中，图里系统地阐述了描述翻译学（Descriptive Translation Studies）的理论构架和方法论基础。图里认为，描述翻译理论以检验目的语文本在目的语文化中的吸纳程度为重心，利用归纳和统计方法对个案文本进行比较分析，总结出规约翻译行为的经验变量或经验规范，进而订立阐释这些变量内在关系的法则。

图里提出的描述翻译学以规范为基础，以法则为导向，其目的在于借助原语与译语文本对比分析出规约翻译行为的普遍法则。这与过去以过程为基础、以应用为导向的翻译研究形了本质的区别。传统翻译是建立在对"同等"作用抽象的同一性上，图里的理论则建立在差异性上，认为每个语言系统和文本传统，无论是在结构还是在用法准则上，都与其他种类相异。如果说被目标文化完全接受是一极，与原文本完全一致是另一极，那么图里则认为翻译应该始终居于两极之间。没有哪篇译文能完全被目标文化接受，因为译文总会给系统带来新的信息以及陌生的形式；没有哪篇译文总会给系统带来新的形式；也没有哪篇译文跟原文完全一致，因为文化准则总会使原文文本结构发生迁移。任何一篇具体的译文永远也不可能兼

---

① 马士奎. 詹姆斯·霍尔姆斯和他的翻译理论[J]. 上海科技翻译，2004（03）：46-50.

基于语料库的跨文化英语翻译技巧研究

顾两极,达到两个抽象的理想准则。

图里认为译文本身并不具有"固有的"同一性,译文总是受各种各样的社会文学因素的影响,从而具有多种的同一性,具体情况视特定时期影响翻译的因素而定。图里成功地使翻译理论突破了"忠实原文"的框架,突破了原文本与译文本之间具有单纯统一关系的理论模型,使翻译成为一个相对概念。与之相适应,翻译理论的作用也发生了变化,不再寻求一种用来评介译文的理论体系,转而着力建立一个阐释决定译文形成过程的模型。

图里的理论引入了文化和历史因素,并将其称为"翻译准则"。翻译准则是图里理论的中心,影响着翻译过程的每一个阶段,在两个具有等值潜势的文本之间发挥协调作用。因此,只研究单一的文本是不够的,有必要对不同历史时期的译本进行研究,以辨明一般趋势。图里区分了以下三种翻译准则:初级准则,决定译文选择的因素及整个多元体系中的翻译策略;起始准则,译者个人倾向,是倾向原文本或是重译文文本或是选择某种程度上居中的态度;运作准则,指实际翻译过程中影响翻译抉择的准则。

图里指出"翻译"是目的语文化中任何表现为翻译或被认为是翻译的目的语的表达形式。他认为描述翻译研究的发现过程遵循以下顺序:

1. 选取那些目的语文化认为是"翻译"的目的语文本,但不涉及它们对应的原文文本,只研究它们作为目的语文本在"归宿"系统中的接受情况。

2. 描述这些文本,通过这些文本的组成元素所构成的翻译现象,研究这些文本以及它们在原语系统或原文中的对应者,发现解决翻译问题的方法。

3. 辨认和描述每一对研究对象的关系,着重发现其中出现的变化和转换。

4. 最后通过思考翻译对等的功能和关系概念,着手将这些关系应用到整体的翻译概念当中。

正是最后这两个构成了描述翻译学的系统研究解释之后的终极目标。

图里认为只有在翻译本质概念被确定以后,才有可能重构翻译过程所涉及的考虑和决定过程,以及翻译者实际接受的制约。

作为描述翻译研究的代表人物,图里所提出的描述翻译学的理论和方法论框架对翻译研究有着不可估量的影响。根茨勒(Edwin Gentzler)认为,

第一章 基于语料库的跨文化英语翻译理论探源

图里的理论主要对翻译研究有以下贡献：第一，摒弃了规范翻译研究中原译语文本"一对一"的对应关系，打消了原译语文本在文学/语言对等上的可能性；第二，将存在于译语文化系统中的文学倾向引入翻译作品产生的研究中；第三，打破了人们对原语信息有固定认识和翻译表述的观念；第四，将原语文本和译语文本置于原译语文化间交织的符号网络中。① 然而，描述翻译研究作为现今国际翻译研究的中流砥柱，其对翻译研究的贡献远远不止于以上所列四点。

也有学者指出了图里理论中的不足之处。芒迪（Munday）指出，图里所用"规范"含义模糊，而且这些规范具有施为倾向和规约功能，有悖描述性分析这一初衷。图里的观点忽视意识形态和政治等因素。此外，图里从个案分析中概括出的"法则"，似乎只是一些翻译行为的惯常信念乃至无须证明的信念，且这些抽象的、准科学的法则在何种程度上可应用于翻译实践也不无争议。② 韦努蒂（Venuti）认为，图里的"科学"描述翻译学模型旨在为翻译行为析取"价值中立"（value free）的规范和法则，而翻译学领域必须涉及社会文化体制中的价值取向。在韦努蒂看来，规范虽说最初只是语言学和文学意义上的，但也涉及为特定社会集团服务因而具有意识形态约束力的价值观念、信仰。

（二）语料库翻译学

1. 语料库的介绍

黄昌宁和李涓子指出："语料库（corpus）顾名思义就是存放语言材料的仓库（或数据库）……近40年以来，语料库这个术语通常指以电子形式保存的语言材料，并被广泛用于语言研究和语言工程。"③ 而王克非对语料库的定义更为明确，王克非指出："语料库是指运用计算机技术，按照一定的语言学原则，根据特定的语言研究目的而大规模收集并贮存在计算机中的真实语料，这些语料经过一定程度的标注，便于检索，可应用于描述

---

① GENTZLER E. Contemporary translation studies [M]. Shanghai: Shanghai Foreign Language Education Press, 2004：131.

② MUNDAY J. Introducing translation studies: theories and applications [M]. London and New York: Routledge, 2002：113-117.

③ 黄昌宁，李涓子. 语料库语言学 [M]. 北京：商务印书馆，2007：1.

13

研究与实证研究。"① 最早的语料库用于宗教文本分析，语料库的发展经历了三个阶段：（1）通过手工收集语料，用于词典编纂和语言研究的语料库；（2）由手工收集语料向计算机收集语料过渡，并有初步标注，用以研究语法和语言对比的现代语料库，如布朗语料库（The Brown Corpus）和兰卡斯特-奥斯陆/卑尔根语料库（The Lancaster-Oslo/Bergen Corpus）；（3）以规模大、种类多、研究广泛为特征的当代语料库。语料库的具体分类如图1-3所示。

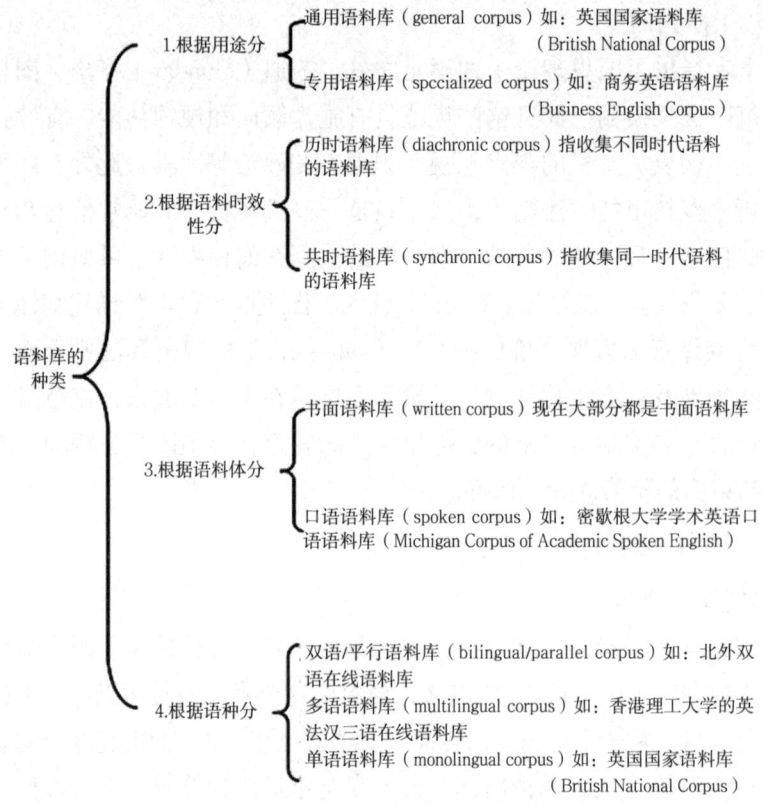

图1-3 语料库的具体分类

2. 语料库翻译学

语料库翻译学（corpus translation studies），"是指以语料库为基础，

---

① 王克非. 语料库翻译学探索[M]. 上海：上海交通大学出版社，2012：9.

第一章　基于语料库的跨文化英语翻译理论探源

以真实的双语语料或翻译语料为研究对象,以数据统计和理论分析为研究方法,依据语言学、文学和文化理论及翻译学理论,系统分析翻译本质、翻译过程和翻译现象等内容的研究"①。王克非对于语料库翻译学的定义则为:"语料库翻译学是以语言理论和翻译理论为研究上的指导,以概率和统计为手段,以大规模双语真实语料为对象,采用语内对比与语际对比相结合的方法,对翻译现象进行历时或共时的描写和解释,探索翻译本质的一种翻译学研究方法。"②

语料库翻译学的发展迄今只有20余年的历史。1993年,英国曼彻斯特大学莫纳贝克(Mona Baker)教授发表题为《语料库语言学与翻译研究:启示与应用》(*Corpus Linguistics and Translation Studies: Implications and Applications*)的论文,详细阐述语料库在医学研究中的应用及其意义。该文被誉为语料库翻译学的滥觞之作。自那时以来,国内外学者相继建设双语平行语料库、翻译语料库和可比语料库,开展翻译共性、翻译规范、译者风格和译员培训等语料库翻译学课题的研究。相比较而言,国内语料库翻译学起步较晚,但发展势头强劲。2000年,北京外国语大学王克非教授主持的"双语平行语料库的创建及其应用研究"项目获得教育部立项,从此开启了国内语料库翻译学研究的先河。有学者指出:"通过语料库,我们可以观察先前没有意识到或仅仅隐约觉察到的语言模式。"③廖七一指出:"除了在具体的翻译实践中语料库可以帮助译者提高理解的准确性,精确把握词义,区别词义的褒贬、文体色彩,把握笔者的文体风格、语用习惯和修辞手法,确定术语,统一译名,规范语体之外,语料库还有助于探索翻译普遍规律,分析翻译文本的普遍文体特征,预测翻译发展趋势与走向,并对翻译理论家提出的假说进行验证。"④

对于翻译研究与实践而言,语料库可提供如下帮助:

"1. 语料库提供的都是真实的语例,具有现实指导意义。因为凭空臆造的翻译文本很容易误导读者,或造成理解困难;2. 语料库可以使译者认

---

① 胡开宝. 语料库翻译学概论 [M]. 上海:上海交通大学出版社,2011:1.
② 王克非. 语料库翻译学探索 [M]. 上海:上海交通大学出版社,2012:4.
③ JOHANSSON S. Seeing through multilingual corpora [M]. Amsterdam: John Benjamins, 2007:1.
④ 廖七一. 语料库与翻译研究 [J]. 外语教学与研究,2000(05):382-383.

识自己的语言本领，清楚地看到自己平时没有留意但却是经常使用的语言形式；3. 语料库可以提供词语使用的语境，通过条件检索，确定译文的通用性；4. 语料库为语法提供语义基础。通常一个具有两种意思的词也意味着它有两种语法结构；5. 语料库提供大量语言使用的变体以及新鲜而有创意的形式，体现出语言的最新发展和变化。"①

3. 语料库翻译学的研究类别

语料库翻译学的研究领域分为三类。

第一类源自传统译学研究，包括基于语料库的文学翻译、翻译史、翻译教学、翻译实践、机器翻译和口译等领域的研究。

基于语料库的文学翻译研究以文学翻译作品的文本分析为基础，研究文学翻译理论与实践的相关课题。这些课题具体为：

（1）意象和人物形象的再现与变形；（2）文学风格的再现与重构；（3）文学翻译的创造性；（4）译者风格；（5）文学作品空白和未定性的翻译；（6）文化负载词的翻译；（7）误译和漏译研究。

基于语料库的翻译史研究利用历时性平行语料库对名家译作进行文本分析，揭示翻译家在翻译策略应用、翻译风格和翻译语言等方面所表现出的个性特征及其所遵循的翻译规范。目前，翻译史研究大多将翻译家的观点或言论视为客观现实，满足于翻译事实的罗列，对于翻译规范和历史语境关注不够。事实上，翻译家的所做与所言往往不一致，翻译家所言并不能反映其翻译作品的特征。此外，翻译是一种特殊的社会文化行为，受特定规范的制约。这些规范因时代或文化的差异而不同。利用语料库分析翻译文本的具体特征，归纳不同历史时期的翻译规范，可以阐明翻译家的所作所为，还原历史的真实面貌。另外，该领域的研究还通过提取语料库的篇头信息，对于具体某一历史时期的翻译活动进行客观描述。这些信息包括出版商、出版时间、作品主题、译者姓名和性别等内容。应当指出，语料库翻译学与翻译史均强调对研究对象进行客观描写，重视还原语境方法（contextualization）的应用。这些共性为语料库在翻译史研究中的应用提供了作为空间。

---

① 陈小全. 译本比较与正误[M]. 北京：北京大学出版社，2011：17.

以上研究均属语料库翻译学理论层面的研究，而基于语料库的翻译教学、翻译实践和机器翻译研究都是应用层面的研究。前者侧重于探讨语料库在翻译评估、翻译教材编写和翻译教学模式中的应用，后者主要关注双语词汇和句式之间的对应关系、翻译策略和方法的应用等问题。基于语料库的机器翻译研究是指利用语料库的核心技术，建设具有海量信息的知识库，以满足机助翻译或自动翻译的需求。

基于语料库的口译研究侧重于分析口译语料词汇、句法和语篇等层面的特征，研究口译语言特征、口译规范、口译策略和方法等。该领域的研究是综合性研究，既有理论层面的探讨，也有实践层面的分析。

第二类研究领域源自描写性译学研究，涵盖翻译共性、翻译规范和批评译学等领域的研究。

翻译共性是指由于翻译过程而形成的翻译文本所具有的区别于原创文本的特征，与原语和目的语之间差异无关，具体表现为显化、隐化、简化和范化等。翻译规范是译者在具体时间或社会文化环境中所做出的规律性或习惯性选择。翻译规范是关于翻译作品和翻译过程正确性的规范，体现了具体某一社会或历史时期关于翻译的价值观和行为原则。翻译规范可分为前期规范、初始规范和操作规范。前期规范决定待译文本的选择。初始规范要求译者在翻译文本的充分性和可接受性之间做出选择。操作规范是指译者在翻译策略和方法应用方面所表现出的规律性特征。20世纪80年代以来，学界开始关注翻译共性和翻译规范。对这些领域开展研究，可以深化人们对于翻译本质的认识。不过，由于技术条件的限制，这些研究所用的语料规模小，其结论的科学性不太令人满意。然而，语料库翻译学的问世使得以上翻译共性和翻译规范的研究实现了向描写性实证研究的转型，取得了可喜的进展。

第三类则为语料库翻译学特有的研究领域，包括译学研究语料库的建设、具体语言对翻译语言特征和译者风格等领域的研究。

译学研究语料库包括平行语料库、翻译语料库、可比语料库和口译语料库等。译学研究语料库建设的研究主要涉及语料的代表性和可比性，以及语料之间的平行对齐等问题。语料的代表性是指语料库所收录的语料在多大程度上代表具体某一语言的种类。可比性指对不同语料进行比较和描

17

述所采用的框架和出发点,是语言或语言变体共同具有的某种属性或范畴。就译学研究语料库而言,要确保语料的代表性和可比性,需要考虑语料库的库容、译自不同语言语料之间的平衡、语料的翻译方向和翻译方式等问题,所面临的困难较大。由于原语和目的语文本在各自文化中的地位存在差异,依据语料代表性选择平行语料库语料,往往会使得原语和目的语语料之间失去可比性。双语语料的平行对齐是指某一语言的文本单位与另一语言的文本单位形成翻译关系或对应关系,具体表现为篇章、段落、语句和词汇等四个层面。双语语料的平行对齐研究主要是对齐方法的研究。具体方法有基于语句长度和语句对应关系的方法。

翻译语言特征研究涵盖翻译文本词汇、句法和语篇总体特征、具体词汇或句式结构应用特征、翻译语言搭配和语义韵等领域的研究。该领域的研究是跨学科译学研究的立足点和根本所在。无论是从对比语言学、语用学和认知语言学角度研究翻译,还是从阐释学、后殖民主义、女性主义和解构主义等文化理论视域开展译学研究,都无法回避对翻译文本语言特征的研究。翻译语言搭配研究是指翻译语言词汇和语篇搭配的研究。翻译语言语义韵的研究是分析翻译文本中具体词汇浸染上其搭配词激发的意义氛围或语义特征。这些领域的研究可以深化翻译语言特征和译者风格等领域的研究,促进翻译对目的语语言搭配、语义特征和语义韵影响的研究。

但是,国外语料库翻译学研究存在一些不足之处,未来语料库翻译学研究应结合翻译学的跨学科特性,从文化层面研究翻译现象和翻译本质,重视翻译语言特征和翻译规范的个性研究。未来语料库翻译学研究还应着力将统计量测试等较为复杂的定量研究引入译学研究之中,开展语料库驱动的译学研究;建设翻译教学专用语料库,着力推进语料库在翻译教学尤其是翻译课堂教学中的应用。

三、跨文化交流语境中的翻译观

(一)跨文化翻译研究对翻译概念的扩展

1. 传统的翻译概念

翻译(translation)源自拉丁语 translatio,其字面含义是 to carry over on

the other side，即"将……搬运到另一方"。它包含着一种特定的地理性含义，即将亚得里亚海彼岸的文化体搬运过来。以拉丁语为共同先祖的英语、德语、法语和欧洲其他一些语言，美国著名语言学家沃尔夫（Benjamin L.Whorf）把它称为均质欧洲语（Standard Average European languages），翻译在这些语言中的词源意义也存在差异。拉丁语 translatio 语义可以是（1）被搬运的东西（X）保持不变；（2）涉及两个语境，原文语境和译文语境，被搬运的对象（X）从原文语境跨越边界转移到目标语境。① 传统上把这个边界看作是语言边界，X 通常指的是意义，所以《牛津现代高级英语辞典》对翻译的解释是，"翻译是把说出或写出的意思用另外一种语言表达出来"。

　　汉语中的翻译之"翻"由反切之"反"引申得名。佛经翻译初期，外来僧人口述佛经，用"译"来指不同语言之间词句和词句的直接转换。东晋汉人自译佛经，需拼读字母才能得其音节词句，并用汉字来为梵、西域文字字母注音，按中国本土文化理解为"反语成字"，用汉语表示拼音的"反"来表示字母的拼读，再由此引申指代以字母拼读为特征的佛经翻译，写作"翻"，区别于中国传统的用两个汉字合起来为一个汉字注音的反切之"反"。②我国第一部系统地分析汉字字形和考究学源的字书《说文解字》，把"翻"解释为"飞也"，本义是"鸟飞"，"译"解释为"传译四夷之言者"。《现代汉语词典》（修订版）"翻译"词条第一个解释是，"把一种语言文字的意义用另一种语言文字表达出来（也指方言与民族共同语、方言与方言、古代语与现代语之间一种用另一种表达）；把代表语言文字的符号或数码用语言文字表达出来……"。

　　即使是专业的翻译工具书，人们也习惯性地把翻译看作是一种脱离时空的、客观的语言转换行为，或用一种语言文字表达另一种语言文字的意义。《中国翻译词典》中"翻译"的定义是，"翻译是语言活动的一个重要组成部分，是指把一种语言或语言变体的内容变为另一种语言或语言变体的过程或结果，或者说把用一种语言材料构成的文本用另一种语言准确而完

---

① CHESTERMAN A. Interpreting the meaning of translation. A Man of Measure Festschrift in Honour of Fred Karlsson，2005：5.
② 傅定淼. "翻译"词源考[J]. 黔南民族师范学院学报，2007（02）：3.

整地再现出来"[①]。《译学词典》"翻译 translating/translation"词条称，翻译是多义词，按"翻译过程"定义如下："翻译是按社会认知需要、在具有不同规则的符号系统之间传递信息的语言文化活动。"[②]翻译既是"过程""行为""工作"，又是"译者"，还是"产品"；既是抽象概念，又是具体实物；既指人，又指事物。尽管该词典不再局限于单一的翻译概念，但依然是一种非历史、非语境化的翻译观念。

上述工具书都试图给出一个权威的、普遍可接受的翻译定义，其结果只能是一种非历史的、非特定文化的翻译定义。这些本质主义的翻译定义，并不能全面反映现实中的翻译事实，必然导致人们对现实中翻译认识的偏差。受本质主义思维方式的影响，这些工具书往往把翻译看作是一种具有普遍规律、固定本质的实体。这种跨时空、非语境化的翻译概念，完全切断了中外古今对翻译认识的整体性与它得以产生的社会文化语境。

2. 跨文化翻译研究对翻译概念的扩展

跨文化翻译研究对不同文化、不同历史时期翻译现象的考察，扩展了翻译概念，揭示了翻译概念的复杂性与翻译观念的多样性。

佐哈尔（Itamar Even-Zohar）把翻译文学看作是文学多元系统中的一个独立的系统，使翻译成为一个独立的存在，在目标语文学系统的演变进程中起到重要的作用。这表明翻译不再是依附于原文的派生物，而是有其自身生存环境的，有不同于原作的功能与作用，它可以成为一个独立的研究对象，也正是在这个意义上，翻译研究这个学科才可能独立于其他学科，摆脱了对比语言学、比较文学的庇护。翻译可以不依附于原文而独立存在，不再把原文看作是评判翻译的唯一标准，可以说是彻底革新了传统的翻译派生观念。

图里的假称的翻译，则进一步扩展了翻译概念，把目标文化系统中表现为或认可为翻译的一切话语都看作是合法的研究对象，没有真正原文的伪译也是其中的一种。这种开放式的翻译概念，不再是按照某种预先设定的标准来定义翻译，而把翻译看作是目标文化系统的一个事实，认识翻译的视角从原文转移到了翻译的生存空间，即目标文学、文化系统。受此影响，

---

① 林煌天. 中国翻译词典 [M]. 武汉：湖北教育出版社，1997：167.
② 方梦之. 译学辞典 [M]. 上海：上海外语教育出版社，2004：9.

第一章　基于语料库的跨文化英语翻译理论探源

那些把译文当作原文的文本、零翻译、隐藏在非翻译中的翻译、双语作家的自动翻译等,都成为研究的对象,因为这些现象的背后都有着某种翻译规范的制约。

曼塔里(Justa Holz-Mänttäri)的译者行为理论则把一切与信息提供相关的活动都看作是翻译行为。职业语境中的翻译活动,不只有原文、译者、译文等传统的要素,还包括客户、委托人、最终用户等,他们对翻译的要求才是影响译者行为决策的关键要素。尽管这并未涵盖职业翻译中所有的参与者和物质因素,但摆脱了传统的从原文到译文的简单模式,把更多的因素纳入翻译概念,更新了对翻译本质的认识。

勒菲弗尔(Andre Lefevere)把翻译看作是改写的一种,使翻译与文学史、文学简史、参考书、选集、评论等其他改写形式具有了共性。翻译与这些不同改写形式的边界很模糊,相互渗透,它们都是对原作的再现与处理形式,关注影响与制约改写形式的意识形态与诗学,而不再把是否与原文对等看作评判翻译的首要条件。

后殖民学者不再把翻译看成是一种简单的语言行为,而是殖民的工具与去殖民化的一种积极策略。翻译不仅受到目标文化中翻译规范的制约,更受到权力、意识形态的控制,它不再可能客观、中立,不再可能完美再现原文的信息。在人口频繁迁移与文化全球互动的时代,后殖民作家与学者把迁徙和离散看成是翻译,把跨越国界也看成是一种翻译,使得翻译的概念脱离了语言的层面,而转向其词源意义的隐喻用法。食人主义的翻译观则进一步摧毁了原作至上的陈腐观念,翻译与创作的关系变得模糊起来。

在女性主义翻译学者看来,翻译是创造意义的手段,是展现女性身份的政治行为。女性主义译者对原文的妇占与劫持,使翻译不再可能有任何忠实与对等可言,译者不再隐身于译作中,而成为译作的作者。

受此影响,反映翻译研究这门学科整体发展的《翻译研究词典》中,"翻译"词条指出,"可以用多种不同方式理解、宽泛得令人难以置信的一个概念"[①]。从强调原文本和目标文本之间保持某种对等,到规范性的、描述性的定义,再到把翻译看作是一种产业活动,每一种定义背后都有一个特

---

① SHUTTLEWORTH M, MOIRA C. Dictionary of translation studies[M]. Shanghai: Shanghai Foreign Language Education Press, 2004: 181.

定的理论模式。该词典不再像那些传教士般努力的学者试图给出个一劳永逸的翻译定义。

诚如"一代有一代之文学",我们可以说"一代有一代之翻译",是时代造就了翻译的需求。什么是翻译?是个历史性问题,只能根据特定历史时期的文化网络和权力关系解答什么是翻译,翻译观念的形成通常包含了持久的历史演变。什么是翻译,什么不是翻译,不是预先给定的,也不是不证自明的,"要在研究过程中与理论的形成中去发现,而不是简单的推论"①。对翻译的研究,也需要把它置于特定的历史与文化语境之中。任何试图一劳永逸地定义翻译,把翻译看作是一种本质主义的概念,或单一视角的翻译概念,都与文化途径翻译研究相背。跨文化翻译研究扩展了翻译概念的外延,深化了翻译概念的内涵。翻译概念的扩展,必然带来翻译观念的改变。

(二)跨文化翻译研究对翻译观念的突破

跨文化翻译研究之所以能够成就翻译研究学科的发展,关键是它突破了传统的翻译观念,从新的视角来研究翻译,采取不同于语言学、文学研究的方法,使对翻译的研究获得了空前的发展空间与动力。跨文化翻译研究对传统翻译观念的突破主要体现在以下四个方面。

1. 翻译不仅仅是语言问题,更是文化问题

那些把翻译看作是一种语言行为的翻译理论家,并非不关注翻译中的文化问题。他们也认识到不同文化之间的翻译导致不对等的产生,关注的是词语层面的文化含义的转换问题,而没有超过句子层面来看文化对翻译的影响。他们也讨论表面文化要素,如语言层面、物质文化层面交汇的地方,认识到文化的不对称的复杂性。卡特福德(J.C. Catford)提出文化项不是绝对的(不)可译,由于意义与特定的语言相关,文化事物的意义在语言上没有对应才导致不可译。奈达(Eugene A.Nida)用动态对等解决了文化差异的翻译难题,这就超越了对物质层面文化翻译的关注,转向文化不对称的复杂社会概念。但他们都把语言学作为研究翻译的框架,翻译不是语言

---

① EVEN-ZOHAR I., TOURYG. Translation theory and intercultural relation[J]. A Special Issue of Poetics Today, 1981, I, 4: viii.

第一章 基于语料库的跨文化英语翻译理论探源

的例证,而是一种语言属性的行为,对翻译的研究就是要解决如何转换的问题。

早在20世纪50年代,卡萨格兰德(J. B. Casagrande)就提出,"译者事实上不是在翻译语言,而是在翻译文化"[①]。把文化作为研究翻译的框架,则是文化途径翻译研究者自20世纪70年代以来普遍采取的方法。文化途径的学者大多数都是从文学的角度出发,研究文学翻译也是为了解释文学的生产、传播、接受机制,翻译的语言问题并非他们关注的重点,但他们大多数都受到当时语言学理论的影响。在他们看来,翻译更多的是文化问题,而非语言问题。佐哈尔运用结构主义语言学、社会语言学来研究希伯来文学中文学语言的功能问题,关注的是诗学理论的整体构成。在其博士论文中,他更是明确提出语言学方法不能解决文学翻译中的所有问题。目标语言、文学、文化等规范渗透进了翻译过程,从而导致了非充分翻译的产生。图里受卡特福德与奈达的语言学翻译理论的启发,产生了研究翻译的兴趣。他把翻译中的语言问题看成是一种语言规范,影响了遣词造句,把语言的结构看作是一种强制性的规则而排除在研究之外。

弗米尔(Hans J. Vermeer)的目的论认为翻译不仅仅是一个语言过程,更多的是一种人类行为,而翻译行为是受翻译目的支配的。原文只不过提供了一种可供选择的信息,如何处理这些信息完全是根据翻译的目的来抉择,因此,语言的转换只不过是根据翻译目的而进行的一种信息再加工过程。曼塔里使用"译者行为"彻底把翻译与语言的关系区分开来,译者传递的是信息而不是语言要素。

巴斯奈特(Susan Bassnett)认识到翻译与语言的密切联系,语言是人的心脏,而文化则是人的身体,语言的转换必然涉及文化的因素。她也从未排斥过研究中对语言的关注,把翻译与语言学的关系列为翻译研究四大领域中的一个。她反对的是那种把翻译置于真空中来研究的形式主义的原文与译文对比的研究模式,提出把翻译置于文化、历史、传统的语境中来研究,"翻译远不仅仅是语言层面的事,它总是深嵌于文化、政治体制和

---

① CASAGRAND J B. The ends of translation[J]. International Journal of American Linguistics, 1954(04):338.

历史中"[①]。

勒菲弗尔提出,原文和译文最终要通过语内行为策略来作用于读者。原作的声望越高,忠实的译者越要保留原作的语法和逻辑形式,翻译中的语言的选择,是由翻译诗学来决定的,语言成了翻译中最不重要的制约因素。

后殖民翻译学者认识到语言不仅仅是一种交际的工具,更是一种殖民统治的工具。后殖民翻译学者与那些排斥原殖民者语言的激进做法不同,而是充分利用殖民者的语言来抵抗殖民者的文化霸权,重构殖民者的语言,翻译也就成了一种抗击殖民统治的工具。韦努蒂的异化翻译策略,爱尔兰人把爱尔兰语同英语的翻译作为政治斗争的手段,非洲作家的双语写作,特里维迪及其他印度学者提出的用印度语言来缓和英语所具有的颠覆性权力,拉美作家的翻译解放观,坎波斯兄弟以食人的方式吞噬欧洲的经典等,他们的翻译实践与翻译理论早已超出了单纯的语言转换,而转向了文化研究。

女性主义译者同女性主义者一样,把女性的解放首先看作是语言的解放,通过对文本中语言的改造来重新定义女性。语言成了女性主义译者性别身份建构的一种策略,翻译对她们而言更多的是一种政治斗争的工具,来颠覆父权语言与父权制度,也不再仅仅是一种语言行为。

跨文化翻译研究从非语境化的原文与译文对比中摆脱出来,把翻译置于各种文化语境中,关注到了影响翻译生产、传播、接受的各种文化、政治、意识形态等制约因素,认识到翻译不仅仅是语言问题,更是文化问题,翻译研究最终也摆脱了语言学的束缚而成为一门独立的学科。国内部分翻译学者提出翻译研究的本体只能是语言的认识,他们的翻译观念并没有因为使用了文化途径的翻译理论而得到较大的改变,也没有完全认识到文化途径翻译研究的翻译观念转变的渐变的过程。

2. 从追求对等和忠实转向解释不对等和不忠实

传统的翻译观念也认为,翻译就是用另一种语言把原文的意义再现出来,从而成为原文的替代物,是否与原文的意义保持一致就成为评判翻译的唯一准则,这就是翻译的对等观和翻译的忠实观的由来。对翻译的研究,也都采取原文与译文在各个层面的对比分析,来指出各种翻译中的得与失,

---

[①] BASSNETT S, HARISH T (eds.). Post-colonial translation: theory and practice[M]. London, New York: Routledge, 1999: 6.

第一章 基于语料库的跨文化英语翻译理论探源

然后制定出一种避免失误的理想化的翻译标准,以供译者遵循。为使对翻译的研究成为一门科学性的学科,对等、忠实概念一度成为翻译理论的核心。雅克布逊、卡特福德、奈达、卡德、科勒、纽马克等提出了各种对等概念,到 20 世纪 90 年代贝克在《换言之:翻译教程》(*In Other Words: A Course Book on Translation*)中依然在使用对等概念。语言学途径的研究者认为人们总能想到各种办法来实现翻译的对等,毕竟原作的意义是确定不变的,文本的意义是文本内在固有的。他们所采取的原文和译文的对比,多数都是在句子及句子以下层面才可能进行比较,超过句子层面就难以在研究中操作。根据对比的结果,制定出各种对等方案,使那些不对等的现象因对等的细分而在另一个层面变得对等。我国翻译传统认识中也是把"信"与"忠实"作为了判断翻译的唯一依据,作为译者翻译活动的最高准则之一,关注的是一种理想状态的翻译。我国翻译史上各种不信、不忠实的翻译却大量存在,如严复的达旨、林纾的译述、梁启超的豪杰译、鲁迅的硬译等,他们的翻译成就对我国新文化的建设起到了巨大的作用。跨文化翻译研究所致力于的就是对这些现实中不对等、不忠实翻译现象的解释,而不是抽象地、理想化地谈论翻译。

随着跨文化翻译研究的兴起,对等成了首要的批判对象,图里认为"翻译研究最初的十年,成功地消除了翻译研究的核心词汇'对等'"[1]。图里认为是翻译规范决定了实际翻译中体现的对等类型和范围。[2] 他主张通过对历史语境中的实际翻译进行详细的描述来发现对等的模式,把对等看作是所有目标语文本与原语文本之间都存在的一种关系,对等本身也就没有多大的价值了。这就把对等从语言之间的关系转变为两种语言间文本的关系,使翻译研究从基于语言间的可译性中解放出来,不再讨论词或语言的结构。

对目的与功能学者而言,翻译是在接受的条件下进行的,翻译的支配因素是翻译的意图。面对全新的读者、全新的文化条件,原文与目标文本功能一致的对等只是特例,是译者诸多目标中的一个。

---

[1] TOURY G. Beyond descriptive translation studies: investigations in homage to Gideon Toury[M]. Amsterdam, Philadelphia: John Benjamins Publishing Company, 2008: 412.

[2] TOURY G. Descriptive translation studies and beyond[M]. Shanghai: Shanghai Foreign Language Education Press, 2001: 61.

巴斯奈特全面梳理了诺伊贝特（Albrecht Neubert）、霍尔姆斯（James Stratton Holmes）、凡登布洛克（Raymond van den Broeck）、朱里甲（Dionyz Durisin）等学者有关对等的讨论，把对等看作是围绕文本的符号与结构的一种辩证关系。她认为翻译过程中会不可避免地造成语义的得与失，追求两种语言的同一性是不可能实现的任务①。

皮姆（Anthony Pym）认为，对等是翻译所独有的互文关系，对翻译来说至关重要，是人们对翻译的预期，当然这种预期是社会惯例的问题，而不是经验所确证的，但对译者的工作就很关键。对等定义了翻译，也是翻译之为翻译的信念。②他对翻译对等的本质提出了自己的看法，把翻译看作是一种交易，对等就是交换的值，成为译者可以协商的实体。③

跨文化翻译研究者之所以要批判对等与忠实翻译观，主要是这个概念背后的假设，即把译文与原文比较而得出是否将对等与忠实看作是判断翻译质量的唯一准则。这种假设，在跨文化翻译研究者看来，与现实中的翻译没有任何联系，把翻译看作一种纯粹的语言练习，忽略了文化、文本以外的其他语境因素对翻译的影响与制约，也贬低了翻译自身的价值，抹杀了译者在翻译中的能动作用。霍恩比（Mary Snell-Hornby）详细研究了德语文献中58种不同的"对等"概念，指出"对等观念的基础不牢靠，因为它预设了语言间的绝对对称""对等不适合作为翻译理论的基本概念"④，对等只是在术语与命名层次上才存在。

跨文化翻译研究者认识到这种封闭的原文与译文对比，并不能解释出现的各种不对等、不忠实翻译现象，而是目标语文化中的各种因素制约了译者采取的翻译策略，把译者对文本的理解看作是一个意义的重建过程，译者成为意义的生产者而非简单的搬运工。与其关注这种不可能实现的理想，不如把现实中存在的翻译作为研究的出发点，去调查是何种因素导致

---

① BASSNETT S. Translation studies（3rd ed.）[M]. Shanghai: Shanghai Foreign Language Education Press, 2004: 34.
② PYM A. European translation studies, une science qui derange, and why equivalence needn't be a dirty word[J]. TTR: Traduction, Terminologie, Redaction, Vol. 8, No.1, 1995b: 166.
③ PYM A. Translation as a transaction cost[J]. Meta, Vol. 40, No.4, 1995a: 594.
④ SNELL-HORNBY M, Mary. Translation Studies: An Integrated Approach. Shanghai: Shanghai Foreign Language Education Press, 2001: 17-22.

第一章 基于语料库的跨文化英语翻译理论探源

了这种不对等、不忠实的产生,这就是文化途径翻译研究的一个根本出发点。佐哈尔据此发现了译作在目标语文化系统中的地位会影响到翻译的对等,图里发现了翻译规范对对等的影响,勒菲弗尔关注到意识形态与诗学的影响,后殖民学者注意到文化间的不平等关系的影响,女性主义译者则提出是父权的社会体制导致了对原文女性主义话语的压制。文化途径的学者不是简单地把这种不对等、背离原文的现象看作翻译错误,或找出使之合理化的解决方案,而是找出其中的原因,从文化、政治、意识形态等方面提出各种解释。

即使是那些把文本看作是翻译之本的人,认为文本承载着语言和语言的转换,在后结构主义看来,意义也不是文本所固有的。阐释学者认为文本的意义存在于参与者即读者所理解的意义之中。德里达提出的"文本外无物",并不是说文本与社会历史是隔绝的,相反,社会历史全部汇集在文本的内在组织结构中。词、句、篇都不可能是完全的原文,文本总是包含以前的文本,都是一种引用行为。原文意义不是从句法、语境网所单一固有中提取出来的,它需要不断地语境化和再语境化,需要通过翻译才能延续。① 德里达挑战的是传统意义上的翻译定义,将一种语言中的意义或真理转换到另一种语言而不引起本质上的伤害。他反对的是意义先于语言或超越语言,反对从一种语言系统到另一种语言系统安全、干净地转移,从而使传统意义上的翻译失效。阐释学、后结构主义、解构主义等哲学与文学理论对文化途径翻译研究提供了理论上的支持,文化途径的翻译学者将其应用于对各种翻译中不对等、不忠实现象的解释,扩展了翻译研究的范围,也使翻译研究融入整个哲学与文学思潮中,使这个新兴学科的发展具有了强劲的动力。

对等的确如赫曼斯(Theo Hermans)所说,是个烦人的概念。它不仅容易让人误解为两个文本语义上的绝对相同;也容易误导研究者认为关注对等、忠实就是关注如何译,是一种规定性的、过时了的研究;有人声称要彻底清除这个概念;有人坚持"两弊相衡取其轻"而坚持使用。对等、忠实作为翻译理论中的一个核心概念,经过诸多学者不断的辨析,早已脱

---

① DAVIS K. Deconstruction and translation[M]. Shanghai: Shanghai Foreign Language Education Press, 2004: 41.

离了最初的含义，只要使用者有明确的界定，对其可能引发的歧义有明确的提醒，持一种辩证的态度来使用，依然是一个具有较强解释力的概念。国内部分翻译实践者与学者对"翻译的创造性叛逆""解构忠实"等的误解，使其没有认识到文化途径翻译研究从追求对等和忠实到解释不对等、不忠实的这种转变过程。

3. 多种框架下的翻译

跨文化翻译研究把翻译置于不同的框架，因而对翻译边界的确定、对翻译的理解提供了不同的视角。框架作为一种分析工具，是有意识地从某种视角来表现一个特定的位置的一种策略措施。如同一只透镜，把翻译框定在不同的框架内，能使我们确定、理解、归纳、解释翻译现象，从特定的视角架构起对翻译的认识。

多元系统论把翻译置于系统论的框架，不仅关注翻译自身作为一个独立系统的特征，还需要把翻译与文学、文化大多元系统之间的关系纳入分析的视野，从而把翻译置于文化这个更大的系统之中。透过文化与翻译的互动关系，了解翻译在文化系统中的位置，更好地认识到从翻译选材、翻译策略到翻译方法，无不受制于目标语文化的影响与制约，同时也揭示了翻译在文学与文化系统演进中的作用。所以，佐哈尔的多元系统论从本质上说是一种系统论方法。

描述翻译研究把翻译置于社会规范框架，通过各种个案来探讨翻译与目标文学、社会规范之间的关系。规范作为一个社会学概念，涉及思想、观念、行为取向等，翻译作为目标文学、社会系统中的事实，也受规范的制约，翻译规范决定了大到翻译的选材、翻译的政策与方针、翻译的策略，小到遣词造句、文本格式等具体的翻译操作。翻译受目标语文学、文化、社会规范的制约，因此，翻译普遍规律能否成为描述翻译研究的目标就值得高度怀疑。

功能成为翻译目的与功能理论的研究框架，翻译在目标语中的功能决定了翻译的策略与方法。翻译活动涉及多个参与者，每一个都在翻译活动中扮演着不同的角色，也都有各自的目的，译者作为翻译活动中的交际专家，要为平衡各自的目的与功能负责。因此，原文不再是翻译活动的出发点与决定因素，也不再是评判翻译任务是否实现的依据。

第一章 基于语料库的跨文化英语翻译理论探源

翻译研究文化转向试图把翻译置于文化研究的框架中，使翻译成为文化研究的核心论题。借助文化研究在学术领域的强大渗透力，翻译获得了更多的关注。后殖民与女性主义作为文化研究的两大最为活跃的研究领域，为翻译所提供的框架也使得这个学科在20世纪90年代繁荣起来。后殖民主义作为后殖民翻译研究的框架，使翻译与帝国的殖民、前殖民地的去殖民化产生了关联，既认识到翻译的不光彩的历史，也发现了翻译作为一种去殖民化手段的重要价值。女性主义作为女性主义翻译研究的框架，为性别视角的翻译提供了新的洞见。女性与翻译的同构、忠实与婚姻的同构，都是父权语言与父亲制文化的产物。女性主义译者通过对父权语言的颠覆，来重建女性的性别身份。

跨文化翻译研究，把翻译置于多种框架，用多种方法来理解翻译，使翻译具有了多重角色与多种关系。这些不同框架下的翻译理解，它们互为补充，从不同的侧面探索翻译的本质。文化途径选取比翻译较大的或相邻的类别作为参照框架，翻译与这些框架共享边界区域，作为翻译的上位概念，翻译仅是这些较大类别的一个例证，而不是作为翻译的属性。如后殖民作为框架，它所涵盖的范围远不止翻译一种，后殖民也并非翻译的属性，但对后殖民的理解能够为理解翻译提供极其有效的帮助。翻译研究的多重框架，使研究者不再固守单一的翻译属性。诚如每一个视角必有其盲区一样，每一个框架均不能完全反映出翻译的本质，因而各种框架下的翻译理论互为补充，共同构成了翻译这个复杂现象的多棱镜图景。

跨文化翻译研究提供了看翻译的不同透镜。在不同的语境中，翻译呈现出不同的光彩。对翻译的认识，随文化、时间的变化而变化。唯有将翻译置于其生产的特定历史文化语境中，才可能深刻地揭示翻译的多重性，而非抽象的本质。各种不同的语境或框架，为研究翻译提供极为有效的透视工具，能够更加透彻地认识翻译。因此，跨文化翻译研究所提供的各种框架，与语言学途径翻译研究所提供的各种框架，并非本质上的对立，都是透过不同的框架对翻译的研究，不是非此即彼的关系，那些有意识地相互排斥不同途径的研究，如回归语言的归结论、建构论、结合论等，实际上没有认识到这些多样化研究框架对翻译观念的改变。

基于语料库的跨文化英语翻译技巧研究

4. 从原文到译文视角的转变

基于宗教典籍翻译、文学经典名著翻译的翻译观念,把原文看作是翻译之本,是一切理论认识的出发点。这种基于原文导向的翻译理论认识,在 20 世纪 50、60 年代则因语言学的引入而有了极大的发展。借助语言学的一些假设来分析翻译过程,聚焦文本不同层次的转换,进一步强化了原文导向的翻译理论,也就忽略了文本生产与再生产的社会、文化、政治语境。文化途径翻译研究之所以取得了学科的突破,原因之一就是从目标语出发,把注意力转移到目标文本及其在目标文化中的地位,即目标导向的研究。

跨文化翻译研究者大多数都具有文学研究的背景,他们对翻译的处理与文学研究有很多的相似之处,把译作看作是文学作品一样的已成之物。译者的翻译生产与作家的创作一样都诞生于特定的文化环境,"翻译产生于一定的文化环境、满足一定的需求,在目标文化中占据一定的位置,因此,译者是为目标文化的利益而服务"[1]。把翻译看作是目标文化中的事实加以接受,就成为文化途径翻译研究者的基本出发点,也把研究的视角从原文与译文的转换过程转移到目标文本在接受文化中的地位与影响,即从原文转移到了译文。

以原文为中心建立的翻译理论,是通过对翻译经验的总结建立起一套指导未来翻译行动的规则,并以此规则来比较译文与原文,认为译文应该与原文一样。但普遍的情况是,译文与原文总存在各种各样的差异,也就自然把译文看作是天然地不如原文。这就过分强调了翻译失败的一面,从而否定了翻译自身的价值。图里认为以原文为中心的研究,保护原文的合法性,主要针对的是应用,如翻译教学、翻译质量评估等。针对译文的限制因素的研究,一直未被忽略过,但认为是次要的,是语言学之外的问题。[2]

以译文为中心建立起的翻译理论,是随描述翻译研究与翻译的目的论而逐渐形成的。翻译是目标文化具有特殊地位的事实,可能适合目标文化的需求,也可能偏离认可的模式,这些都不是故意的,而是合理的、可接

---

[1] TOURY G. Descriptive translation studies and beyond[M]. Shanghai: Shanghai Foreign Language Education Press, 2001:13.

[2] TOURY G. Descriptive translation studies and beyond[M]. Shanghai: Shanghai Foreign Language Education Press, 2001:24.

第一章　基于语料库的跨文化英语翻译理论探源

受的。[1] 即使是伪译，也都是受目标文化系统中的翻译规范而产生的，这就与原文导向所假定的原文至上形成了鲜明的对照，颠覆了翻译的本质主义思想。巧合的是，弗米尔同样提出了从目标文化出发来看待翻译的生产。只不过他采取的是一种更加现实的方法，解决应用的问题，其目标是改进经验世界；而图里关注的是以描述－解释为目标，看哪些被目标文化视作翻译，最终要形成一些理论性的规律。译文导向的翻译研究，不再仅仅把是否与原作对等看作唯一的研究对象，译作的位置、译作的功能、翻译行为、翻译形式、译作与原作的关系、翻译策略等，都可以用来确立翻译产品、翻译过程、翻译功能三者之间的关系规则。译者作为目标文化的一员，应该意识到制约文本、文本－语言现象等的前景因素，尽可能选择增强译作可接受性的因素，从而采取相应的策略。

针对译文导向的研究过分强调译文而忽略原文，不同的学者提出了各种补救措施。如，皮姆提出多维度研究文本转换的方法，需要不断地加以更新，并把它引进后殖民翻译研究。后殖民翻译研究、女性主义翻译研究，具有较强的实践性，原文自然不被忽略，原文与译文的不对称关系是其中的一个重要因素。当然图里也意识到这个问题，"译文导向，只是一个研究的导向问题，采取的是不同的视角，关注的焦点不同，它和原文导向不是截然对立的，从任何一端开始，通常都会走到另一端去"[2]。国内有关翻译理论与实践关系之争，恰恰没有认识到这种研究视角的转换对翻译观念带来的全新的认识，一些翻译实践者误把从译文出发解释翻译的理论当作了从原文出发指导如何译的理论。

---

[1] TOURY G. Descriptive translation studies and beyond[M]. Shanghai: Shanghai Foreign Language Education Press, 2001: 28.

[2] TOURY G. Descriptive translation studies and beyond[M]. Shanghai: Shanghai Foreign Language Education Press, 2001: 173.

第二章 英语翻译中跨文化视角转换及翻译技巧

语言的形成受多种自然或社会因素的影响，语言的翻译是具有高度复杂性的系统性工程。在英语翻译中，翻译者不仅要从词汇、语句方面对英语文本进行翻译，还需要深入挖掘文本背后的文化内涵和文化隐喻，通过对国家和民族思维的分析，掌握二者的习俗和风俗差异，才能在翻译文本的同时体现出原文所表达的思想内涵。在这一过程中，需要直面跨文化视角转换为英语翻译带来的难点，根据原文语句选择合理的翻译技巧，才能通过跨文化视角转换提升英语文本的翻译水平。

一、英语翻译中跨文化视角转换

（一）翻译中文化视角转换的含义

语言是社会现象，也是文化现象，语言反映文化，又受文化的制约，语言与文化的密切关系注定了翻译与文化的关系。翻译不仅是语言层面的转换，更是两种文化和思维角度的转换。在翻译中不仅语言有异，而且文化背景、传统习惯、思维方式也会有所差异，因而导致各自语言中负载着特定的文化气息和时代烙印。美国著名的翻译学家奈达曾经指出读者是决定翻译语言的重要因素。所以英汉互译要以人为本，以读者为中心。翻译作品的语言要符合译语读者的语言表达形式和思维方式。语言的发展离不开文化的发展变化。世界上任何一种语言都是随着历史的发展变化受人们居住环境和生活习惯的影响形成的独有的不同于其他语言的表达方式。同时，使用不同语言的人也形成了对自己所属的那个语言体系独特的表达方

第二章 英语翻译中跨文化视角转换及翻译技巧

式。为使译语符合译语读者的民族语言的表达习惯，使其更容易被接受、被理解，就需要转换表达方式。这种语言转换就需要通过翻译的文化视角转换来实现。那么，什么是文化视角转换呢？从深层次看，语义上的相似之处在不同语言中都有体现，但在语言的表现形式上却是变化多端的，差异一目了然。这就要求翻译者在不涉及特殊文化背景的前提下，把原语信息用目标语来重组，转换表达的角度，使译文与读者的语言习惯趋于一致，使读者容易接受，这就叫"视角转换"。再如重组原语信息的表现形式，从与原语不同甚至相反的角度来传达同样的信息，这就是所谓的视角转换。这种翻译方法使得译文更符合译语习惯，同时也能更好地传达原作信息。在汉英、英汉翻译中，所谓文化视角的转换有下列几种情况。（1）正反转换。正反转换是最主要的视角转换类型之一，英语与汉语从不同的角度传达同样的信息，或者从与汉语相反的角度传达同样的信息。（2）形象转换。在成语和比喻修辞的翻译中，视角转换常体现在形象转换中。（3）虚实转换，基于英汉语言特点的差异所需使用的虚实转化。英文虚写的必须实译，或者英语实写的地方汉语虚译，从而降低语言差别给翻译带来的损失，使译文产生同样的效果。在翻译中注意文化差异的异域性及原语和目的语的视角转换被认为是一个合格的译者最重要的品质。（4）词类转换。在翻译过程中，由于英汉两种语言的表达方式不同，英文中有的词能逐词对译，而有的词却不能。为了有效保证英语翻译的质量，经常需要进行名词、动词、副词、形容词的相互转化，才能使汉语译文通顺自然，遵守"忠实、通顺"的翻译标准。（5）正面和负面词的转换。在中文和英文中，某些负面含义的日常表达或者某些肯定意义的日常表达，无论是中文还是英文，在特定情况下都存在相反的肯定词用法。换句话说，在特定情况下表达反面含义。因此，在英语翻译过程中，这就要求翻译人员在翻译过程中必须注意正负词的使用情况，并做好正负转换，表达正确含义，在一般反义词问题的答案中清楚地了解整个上下文，然后正确翻译，以保证翻译的准确性。[1]此外，还有人称转换、句式转换等。此处不一一列举。

---

[1] 刘昱吉. 跨文化视角下英语翻译障碍及对策探究[J]. 现代英语，2020（04）：43-45.

(二)跨文化视角转换的根源分析

1. 地域及自然环境的差异

影响语言本身是表达思想的手段,而所表达的思想则又必然归属于某种专门知识。地域文化是一重要因素。地域文化一般是指特定区域源远流长、独具特色、传承至今仍发挥作用的文化传统,是特定区域的生态、民俗、传统、习惯等的文明表现。它在一定的地域范围内与环境相融合,因而打上了地域的烙印,具有独特性和相对的稳定性。同时,生活在不同自然环境中的人也会形成不同的文化,每种文化都因其地域、气候、环境的特点而具有不同的特征。地域文化会对词汇、句式及说话的方式和习惯产生重要的影响。不同的地域文化使得不同的民族对同一种事物也会有不同的认知和差异。英汉两个民族因所处的地理位置不同,政治环境与生活经历不同,必然存在各自独特的民族个性,使语言有浓厚的民族色彩。例如:在我国文学中,"东风"让人联想到和煦温暖,草长莺飞,但是"西风"则恰好相反,有一种砭人肌骨的味道。马致远的"古道西风瘦马"就是很好的佐证。在英语中,情况却与汉语不同。例如塞缪尔·巴特勒(Samuel Bulter)的"biting east winds"(刺骨东风);关于西风,则有约翰·梅斯菲尔德(John Masefield)的"It's a warm wind, the west wind, full of birds' cries"(那是一种温暖的风,西风吹时,万鸟争鸣)。这两种文化的差异源于中国和英国的地域差异。地域文化方面的差异,使得不同民族在对同一事物的认识上也存在着差异。人们的生活离不开土地。比喻"花钱浪费,大手大脚",英语是"spend money like water",而汉语是"挥金如土"。李白《江上咏》中有"功名富贵若长在,汉水亦应西北流",此处翻译的枢纽就在于如何理解"西北流"。我国地形特征是西高东低,李白用"西北流"喻指功名富贵如过眼烟云,不可能与江河永流。这一比喻是基于我国的地理特征,但因为英美国家处于不同的地理位置,地形特征相异,如采用直译法,很多英国人可能并不解其真正含义,这就要求翻译"西北流"时做适当的变通,于是译成"But sooner could flow backward to fountains; This stream, than wealth and honor can remain",这样译文顶用"flow backward(倒流)"表达了原文中"西北流"所蕴含的"不可能"之意,但却不能体现原文的工整对仗及中国的地域特征。在一种语言文化里有些事物具有丰富的内涵和外延，能激起美好的联想，但是在另一种语言文化里却平淡无奇。例如牛在中国的农耕历史上具有重要地位。那是由于自古以来人们用牛耕地，牛与农民朝夕相处，牛被赋予了勤恳吃苦的精神，人们常把那些勤劳忠厚、任劳任怨的人比喻为具有老黄牛精神的人。与中国不同，英国古代主要以马耕地，因此马在英美文化中则是吃苦耐劳的象征。汉语中有"力大如牛"之说，如要把它译成英语，则译成"as strong as a horse"而不会译为"as strong as a cattle"，例如："Those were days when the sun never set on the British flag nor rose on many an East End home."，不了解英国的地理知识，大多数人会误译为"那些日子里，太阳从未在英国国旗上落下，也未在东方家庭升起"。实际上，从地理上来看，英国伦敦分为西区和东区，西区是富人居住的繁华地区；而东区则是穷人居住的地区，具有特定的政治内涵。因此其正确译文为"那是日不落大英帝国的黄金时代，也是伦敦贫民区千家万户不见天日的岁月"。所以在翻译时，要注意各自民族的特点和其地域差异，运用替换原喻体的方法，才可以恰如其分，形不似而神似。

2. 社会和历史背景的差异

历史渊源的不同形成了人们态度与行为上的差异，每一个民族的历史发展和社会进步对其语言的发展都会产生极大的影响。不同的国家有着不同的社会背景和历史进程。洪堡特（Wilhelm von Humboldt, 1767—1835，德国语言学家、语文学家和政治家）曾说："语言从精神出发，再反作用于精神，这反映了语言与世界观交互影响的关系，其中思维方式、特征和风格对语言的影响则尤为直接和明显。"[①]中国的社会背景和历史进程与欧美国家截然不同。我们东方人强调综合性的思维方式，注重整体和谐，在句子结构上往往以动词为中心，时间顺序为逻辑语序，横向铺叙，归纳总结，从而形成"流水型"的句式结构。但是西方民族为分析型思维方式，西方人通常注重分析方法，惯于"由一到多"的思维方式，句子结构以主语和谓语为核心，善于运用各种短语和从句，由主到次，句式结构复杂，但形散而意合，形成"树杈形"的句式结构。因此汉语和英语所承载的文化内涵也有着极大的不同。这种不同在翻译中尤其表现在对谚语和习语的

---

① 威廉·冯·洪堡特. 洪堡特语言哲学文集[M]. 长沙：湖南教育出版社，2001：12.

基于语料库的跨文化英语翻译技巧研究

英汉互译中。对原语准确的翻译必须要建立在对原语及译语历史文化和社会背景的正确认识上。例如：中国人称岳父为"泰山"，这一汉语词汇如果被直译为"Taishan"一定会使西方人大惑不解。但是如果译为"father in law"就可以避免这样的困惑，达到译文忠实于原语的效果。可见有时候为了使译文更容易被读者接受，对于原语特有的文化背景，翻译时往往要采用视角转换的方法。再例如："这叫作负荆请罪。"译为"It's called Abject Apologies."。"负荆请罪"的故事是汉语中特有的典故，出自《史记》，有着特殊的历史文化背景。对主动向别人认错、道歉，请求责罚的人，就称其为"负荆请罪"。由此可见，不同的文化来源造成了译文和翻译风格的差异。因此，我们在翻译过程中就要运用到跨文化视角转换的翻译方法，根据具体的情况和目的语的表达习惯，对原文的翻译做出适当的调整，力求翻译更加达意和顺畅。

3. 文化背景的差异

翻译是两种文化的交流。对于真正成功的翻译而言，熟悉两种文化甚至比掌握两种语言更重要。因为词语只有在特定的文化中才有意义。而所谓文化或文明，即知识、信仰、艺术、道德、法律、习俗以及其他作为社会成员的人们能够获得的包括一切能力和习惯在内的复合性整体。文化并不是抽象的，它是我们所感知的一切。人类以自己的情感、技能和智慧创造了自己的文化，更新了自己的文化。不同民族语言不同、文化各异，但人类的能力本质是相同的。因为人类所创造的文化在深层意义上反映了人类的共同能力。各民族的文化都有同一性，不同国家、不同民族活动的多样性和观念的多元化使其文化内容和形式出现多样性，这就是文化差异的渊源。翻译则是运用一种语言把另一种语言所表达的思维内容准确而完整地重新表达出来的语言活动，是两个语言社会之间的交际过程和交际工具。语言是社会现象，也是文化现象，语言反映文化，又受文化的制约，语言与文化的密切关系注定了翻译与文化的关系。语言和文化是息息相关的，有什么样的文化，就会有与之相对应的语言来反映它。另外文化是一个极为复杂的概念，因此在翻译这种跨文化活动中，对不同民族之间的文化差异的处理极为重要。再者汉语和英语是建立在不同文化基础上的两种语言，他们各自反映着自己特殊的民族文化和历史传统。反过来，有什么样的语言，就会反映出与之相对应的文化来，也就是学习一门语言就要学习它所依附的文化，因为语言是依附于文化而存在的。汉英两种语言带来了浓郁的民族色彩。从形式上看汉字是以方块为特征的表意文字，是形意结合体，具有形象性和可解性。而英语则是字母为特征的表音文字，具有抽象性和不可解性。如中国有些说法外国没有：盖了帽了、老油条、炒冷饭、唱红脸、班门弄斧等。同样英语中也有一些独特说法：Achilles'heel 阿喀琉斯的脚后跟——致命弱点；Penelope's web 珀涅罗珀的织物——永远完不成的工作；a Pandora's box 潘多拉的盒子——罪恶之源。再如人会变老是自然规律，但在不同的文化背景下，人们对"老"这个词会有不同的心理反应。在中国"老"是智慧和经验的象征，如"老骥伏枥""老马识途"等。对年长者，我们称呼时也往往冠以"老"字，如："老寿星""老先生"等。这类称呼中的"老"字，其语用功能主要是体现对长者的尊重，"年老"之意被淡化。但在英美人中"老"意味着"没有价值的，无用的"，所以"old"是忌用词，要用 elderly 或 senior 来代替。汉语中常说："说曹操，曹操到。"曹操是中国历史上的著名人物，但许多英语读者就不知他为何人。不过英语中有类似的说法"Talk of the devil, and he's sure to appear."。这种差异只有了解文化的差异才能使翻译更加贴切传神。所以对于翻译首先要处理的问题是克服和解决文化差异。正确地理解文化内涵，分析原语与译语所依存的文化背景对于翻译来说是至关重要的。达到原语文化与译语文化的完全对等是不太可能的，但我们可以借助视角转换的方式达到意义上的对等。

4. 生活习惯及习俗的差异

由于中国与其他使用英语的国家在地理环境上有很大的差异，历史发展进程也截然不同，地理环境很大程度上决定了人们的生活习惯。在此基础上孕育出的语言自然也就各不相同，人们的语言表达呈现出很大的差异。例如，英语环境下表达强者生存、弱者淘汰的生存法则是"natural selection, adaptive evolution"，而中文翻译为"物竞天择，适者生存"。也正是这样的差异，造就了不同国家有着不同的语言特色。如果仅仅是进行直译，往往会因为生活习惯差异造成理解错误。再如在打招呼上，中国人在和比较熟悉的人进行打招呼时,经常会采用客套的语言,如"你吃了吗？"，这些语言十分接地气、通俗易懂，但是西方国家的居民在见面打招呼时，就不会采用这种方式，其很容易引起他人误解。所以，在翻译中，还需要考虑到具体生活习俗，将西方习惯英语转变成中国人的用语习惯，从而保证翻译出来的内容更加贴近实际。

5. 思维方式的差异

由于各国的生活习惯不同，历史文化不同，导致各国人民的思维方式和思维习惯也存在巨大的差异。在思维方式上中国人的思维更加保守、谨慎，因此对于语言的表达也更加含蓄。而西方人的思维则比较开放，对于语言的表达也更加直观。思维方式的差异导致汉语和英语的表达方式存在很大的差异，再加上我国的文化当中习惯抽象思维，在语言表达当中有许多的联想和想象。例如：西方国家的菜品cheeseburger（芝士汉堡）、chocolate quick puff pastry（巧克力千层饼）等都可以直接看到菜品当中所使用的食材，表达十分直观。而中国的菜品起名十分抽象，例如"老婆饼、鱼香肉丝、佛跳墙"，如果直接翻译必定会出现很大的理解差异。因此，思维习惯也导致中外语言表达方式存在很大的差异。

综上所述，翻译的失误，往往并不是因为译者遇到了语音、词汇或语法方面的障碍，而是由于译者只注意语言形式的对等，忽略了转达语所承载的文化内涵所造成的。在跨语言交际中，交际双方文化背景不同，传统习惯以及行为、思维模式各异，因此在翻译时，我们必须尊重译入语读者的思维模式和价值观念等文化观念，不能把原语读者的文化观念强加给译入语读者，也不能用本文化类型和标准来解释其他文化。因此，译者要加强对文化背景知识的学习，深刻了解中西文化差异，并通过两者的对比，作出对等的文化传译翻译技巧和原则，将原文内容灵活处理，相互补充和完善，紧密联系习语的文化背景，回归原文内容以及文体风格的基础上，达到信、达、雅的标准，使翻译这一跨文化交际得以流畅和谐地完成。

二、英语跨文化翻译技巧

翻译就其本质而言就是语言之间的转换，同时语言又是文化的载体，语言的文化性集中表现在语言的文化属性、文化价值和文化功能等方面。作为语言内涵的文化，给予语言的影响是全方位的。所以翻译也就理所应

第二章 英语翻译中跨文化视角转换及翻译技巧

当的是两种文化之间的交流。翻译的目的就是为了达到交流和沟通，这就要求译者通过翻译，尽量加强和增进不同文化在读者心目中的可理解性，缩短由于缺乏理解甚至误解所产生的障碍和距离，是个既合理又符合愿望的要求。语言翻译集中表现在三个方面——语音、词汇、语法，这几方面又决定语言的指称内容与形式。那么按照跨文化视角转换的角度来讲，分为两种内涵，即广义和狭义。广义的视角转换包括多方面的内容；而狭义的视角转换主要包括从相异角度传达相同信息、从相悖角度传达同样信息，那么针对这种情况，运用视角转换技巧，我们在翻译时可以使用归化策略和异化策略，具体可以使用转换形象、转换虚实、转换修辞、转换词类和意译等方法。在下文中会对这些现象和翻译技巧进行详细的阐述。

（一）跨文化视角转换翻译的归化策略技巧

归化策略主要是翻译者以译文读者所在区域为基础，将所译语言的异质成分转变成译文读者可以理解的成分，让译文读者可以很轻松地阅读文章，并从中感受到不同文化。在中西方语言描述中，表述内容虽然相同，但是表达方式却有所差异，其主要原因在于中西方人们的思维方式有所差异，如中文中的主语一般是"人"，而英语中的主语则大多是"物"，所以在英文翻译中，需要对主语进行调换，从而保持原语的特色。如"The morning sun greeted us as we came out on deck"翻译成中文是"我们在甲板上看到红日缓慢升出海平面"，在这里英语中的主语是"The morning sun"，而翻译出来的中文主语则是"我们"。

中西方语言习惯、用词搭配都存在一定差异，所以在翻译过程中，还应该结合中文读者的文化需求进行相对应的术语转化。以"head"为例，在不同的语境下，翻译出来的意思是有所差异的。如：She has a good head for Chinese.（她的汉语水平很好。）；He was badly wounded in the head.（他的头伤得很厉害。）；The dinner cost us three dollars a head.（这顿饭我们每人花了3美元）。可见在翻译过程中，还需要结合译文读者所在地文化进行相应的术语转换，这样才能保证翻译出来的内容更加契合译语的习惯。从相异角度表达相同信息时，我们可以采用以下几种途径的翻译技巧：译文中使用不同的主语、译文中使用不同的搭配词、在无主句翻译中使用不同的翻译技巧。

1. 主体间视角的转换

中西方文化存在十分明显的差异，无论是表述习惯还是表达方式均需要通过仔细推敲，以主语的表达作为案例，在汉语中通常将人当成主体，对于物的表述会随着对人的描写而展开，往往会在特定情况下将物作为语言描述的主体，而英语表达中，往往会将物当成表述主体，这就体现了文化方面的差异。因此，翻译人员在开展翻译工作的过程中，需要在保持原语本质不变的前提下，对主体进行转换。对西方国家语言表述习惯进行分析后，能够发现这种表述习惯容易给人注意礼貌的认知，所以在对语句进行翻译时，应结合原句中的人称顺序来进行翻译，例如，有人需要承担责任时，应把第一人称作为表达主体，若将第一人称放置在后面，容易给人不尊重的感觉。另外，我们在翻译时对于人和人之间的转换还有称谓的差异也要留意。中华民族是历史文化源远流长的礼仪之邦，长幼尊卑观念非常浓厚。但是对于工业化比较早，有着商业文化传统的英国人来说，他们对亲属的称谓名则非常笼统，我们同一代人里有直系和非直系的姑表亲、堂表亲、舅表亲和姨表亲。但是，英语中很多则是同一个表述用词。因此在英译汉时一定要搞清楚原语里各人物的关系，只有这样才可以准确表达人物的亲疏关系。

2. 词类转换翻译技巧

在跨文化视角转换翻译中，在某种场合下，出于对译语优势、可接受性和可读性方面的考虑，对那些正面译不通顺的英语表达从反面来译，从反面译不通顺的从正面来译，有些肯定表达必须采取否定的译法，而有些否定的表达则可以采取肯定的译法，只有经过这样的转换处理，译文才能符合汉语的表达习惯。这种转换视角，又称"正说反译法或反说正译法"。动词、副词、形容词、介词短语、连词、名词、某些固定短语或句子都常涉及这种翻译法。但是在一种语言中，词与词之间的搭配是相对稳定的，而两种语言之间词的搭配却有很大差异。例如，"If Mary leave him, he would be totally lost."这里的 totally lost 不是指"迷路"，而是指"心里没主张或没成熟的想法"，故应采用正说反译法，译成带有否定意味的"茫然不知所措"。汉语词汇丰富多样，有时候我们会发现一个相同的英语词汇

第二章　英语翻译中跨文化视角转换及翻译技巧

在汉语语言环境中用不同的汉语词汇来表达更为贴切。这个在英语颜色词语翻译时比较常见到。例如 green 这个词在不同语境下的释义分析：He is a green hand. 他是个菜鸟 / 新手（此处指没有经验的，新来的）；Do you see any green in my eyes? 你以为我是好欺骗的吗（不能译为"你从我眼里看到绿色了吗？"）；green eyes 的意思是"嫉妒的眼睛"；green old age 则为"老当益壮"。

在翻译过程中，由于英汉两种语言的表达方式不同，英文中有的词能逐词对译，而有的词却不能。为了有效保证英语翻译的质量，经常需要进行名词、动词、副词、形容词的相互转化，才能使汉语译文通顺自然，遵守"忠实、通顺"的翻译标准。例如，"Let's go home and take a bath."和"I don't want to have a talk with you."句中的"bath"与"talk"本身都是名词，但是表现出来的含义却是两个动作，分别为"洗澡""谈话"。"He is always helping the poor."句子中"poor"是形容词，但是与定冠词连用时，表示与其有关的一类人，该形容词转译成名词。译者采用跨文化视角来分析、转换，优化翻译方式、提高翻译效果。

3. 句式转换的翻译技巧

在英语翻译活动当中，句式翻译在其中占据极大的比重，不过在遇到相对特殊的英语句式时，想要保证翻译准确是非常困难的。例如在英语中经常会见到无主语的倒装句、there be 句型、祈使句、省略句等，有时我们在翻译时用适当的名词或代词补出主语。在语态翻译时，我们也往往会借助于被动语态。上述这些语言现象我们可以考虑使用视角转换的方法从不同角度来表达与原语相同的意思。有的语句非常短小，在翻译过程当中要运用增译的方式处理。比如在对论语进行翻译的过程中，考虑到西方人对文言文和孔子的故事并不了解，于是在翻译过程当中需要增加一定的解释，让语句的含义表达更加清楚准确。也有一些句子句式过长，翻译时会比较啰唆，于是就要通过减译的方法处理，在确保语义不变的情况下进行删减。

（1）视角转换的倒装句翻译

我们使用汉语时，倒装句式并不多见，但在英语中倒装句却被广泛应用。人们通常会因为想要突出或强调句子中的某一成分，而调整句子的原有次序，形成倒装句的句子结构。在英语中，倒装句可以分为全部倒装和部分

41

倒装。全部倒装是指将全部谓语动词都放在主语之前。部分倒装是指将谓语的一部分如助动词、系动词或情态动词放在主语之前。如果句中的谓语没有助动词或情态动词，则需添加助动词，并将其放在主语之前。在翻译汉语的某些无主句的时候，我们可以考虑使用英语的倒装句，这样不仅可以保持句子的完整性而且也符合英语的语言习惯，同时还起到了强调的作用。例如：Splendid is the architecture of Manhattan, the heart of the city, with its hundred and more skyscrapers. 全句只有一个谓语动词：is。该句是一个完全倒装句，按照正常语序应该是：The architecture of Manhattan, the heart of the city, with its hundred and more skyscrapers, is splendid. 汉语译文：作为这座城市的中心，曼哈顿的摩天大厦有百余幢之多，其建筑十分壮观。倒装结构强调式的运用充分体现了英语结构匀称、重点鲜明的特点。

（2）无主句"there be"句型的翻译

为使译文更加符合目标语的表达习惯，使译语更容易被读者所接受。当无主句表示某种存在的时候，可以考虑转换视角使用英语中的"there be"句型来翻译。无主句是具有汉语特点的句型，中国人很容易理解，在翻译无主句时可以改变其原有句子结构。例如"没有顺利，无所谓困难"可以被翻译成"Without facility, there would be no difficulty"。

（3）被动语态的翻译技巧

被动语态是英语中的常见句型，英语中的被动语态使用得比汉语要多、要普遍。在被动语态中主语是动作的承受者，或者说动作不是由主语而是由其他人完成的，则用被动语态。对于汉语的无主句结构我们可以使用被动语态来翻译。使用被动语态不仅可以更明确地表达原语的含义，还可以使句子结构更符合目标语的表达习惯。例如："本剧场内禁止吸烟"可以译为"Smoking is not allowed in this theater"。无主句是汉语的语言特色之一，将上面例子中汉语的无主句译为英语被动语态的结构，也符合英语的表达习惯和思维方式。我们可以看出英语译文中的主语是汉语句子中的宾语，像这样的例子还有很多，例如："革命者是杀不完的"可译为"Revolutionaries can never be wiped out"。

（4）省略式祈使句的翻译

省略是一种避免重复、突出关键词语并使上下文紧密连接的语法手段。

第二章 英语翻译中跨文化视角转换及翻译技巧

英语谚语中，因其口语化的特点，高度压缩的省略句式相当常见。这些省略句式中，有时甚至只保留需要强调和突出的中心词语，其余的部分均省略。但省略的前提条件是表达无歧义。省略后的句子结构格外简练，语义更为突出，表意能力也大为增强。在翻译祈使句和感叹句时，经常会使用这种翻译技巧。在汉语中祈使句是表示要对方做或不做某事，带有祈使语气的句子，有时也借助语气词"吧、啊（呀、哇、哪）"等表达。在进行英语翻译时，则为用于表达命令、请求、劝告、警告、禁止等的句子。例如："去洗你的手吧"我们可以译为"Go and wash your hands"，"上学不要迟到"可以译为"Don't be late for school"。

（二）跨文化视角转换翻译的相悖策略技巧

不同语言体系会有相应的语言表达方式，通常会存在不同句式表现相同的语义，多种多样的表达方式丰富了世界语言系统，但是对不同语言的转换也提高了翻译的难度和质量标准。比如：进行英汉翻译转化时，常常会运用到逆向思维翻译方法，也就是相悖策略，将正面翻译不通顺的表达，从反面切入进行翻译；相反，如果反向翻译不通顺，就正面翻译。所以，翻译技巧不是仅从字面含义上考虑，还需要从内容、形式、翻译技巧上多重方式去考虑。想要提高翻译水平，就不能局限于语言之间的简单字词转换，要立足于语言特定的文化背景，结合语境，分析恰当的表达。这对翻译者来说有着很高的翻译水平要求，需要翻译者对句子整体有充分的理解，提炼出句子的关键信息内容，并利用不同语言系统下对应的词句，按照翻译语言的表达习惯，转换思维逻辑，对句子重新组织和安排词句，这样才能符合阅读者的语言逻辑习惯。如果翻译者仅仅按照被翻译句子的字面含义进行转换，那么只能翻译出句子的形式，而无法体会句子内在的含义，表达也不够专业，翻译效果会大大降低。如果遇到比较特殊化或者地道的表达，按照字面含义理解，就很容易出现理解错误，从而造成翻译表达的失误。使用不同的语言作为载体，可以利用相同思维内容表达出不同的内涵，但是并不一定会在形式、内涵和语境等方面取得相同的意义。所以，基于正反翻译视角来看，为了保障翻译效果，可以从目标语言的可读性以及可接受度出发，保留翻译原文的内涵，舍弃翻译形式。在英语语言系统中，由

43

于表达习惯的差异,常常会利用虚拟来达到正话反说的目的和效果,所以,翻译过程中,也要充分考虑到这一点。具体来看,相悖策略下包含以下逆向思维翻译技巧。

1. 正反义翻译

利用正反思维翻译包含以下几种情况。第一,从语法结构上,以正反向不同表达来提升翻译的质量与效果。比如:在中英文翻译时,汉语表达中常用主动语态,而英语中常用被动语态。如果翻译这个句子:"那些难题还需进一步解决",译文为"Those problems have yet to be further solved"。从中英文对比分析来看,译文运用了被动语态,这个翻译就完全按照英语表达的习惯。再如在翻译"Individualized tuition is carried on to help the students"时,可以从被动结构进行翻译,即"开展个别化辅导能有效帮助学生"。第二,正反义词的转化,运用词语的所属性质,将原文中比较形象化或者特殊化的不好翻译的内容,通过正反义词的替换,翻译成目标语言,这样既可以有效地传达出原文的含义与意象,也能够凸显出原语言的表达特色。如"Everyone felt nervous that evening, and they all went about their work in an unusually careful manner"这句话可以翻译成"在那个夜晚,每个人都不像往常那样轻松,都小心翼翼地完成手里的活儿"。在这里"Everyone felt nervous that evening"正面翻译是"那个晚上大家都很焦虑",让人读起来会感觉十分生硬,因此可以对其进行相悖处理,翻译成"在那个夜晚,每个人都不像往常那样轻松"。

2. 语态相悖翻译

不管是哪种语言体系,在语法范畴中都有"语态"的区分,即主动语态和被动语态,或者说是主动式和被动式。从中英文表达习惯上看,汉语基本上会直接客观地陈述事实,往往不会特意强调主体。但是英语则不同,为了保障句子结构完整,主体是不可缺少的。所以,可以从句子语态和语法结构上找到动作实施者以及动作接受者。从具体情况分析,第一,带有被动标记的被动句翻译为被动句。第二,主动句翻译为被动句。如经纪人按买家和卖家的吩咐进行交易,从中收取佣金。翻译为:The broker was paid commission by the buyer and the seller for executing their orders。这个汉英转化翻译是运用英语被动语态进行译文转换的,不仅突出了句子中"收取佣金"这个核心内容，而且主动变被动的英汉转换表达也比较流畅。如果按照原句的结构，利用主动语态来翻译，是符合英语表达习惯的，但会显得句子比较刻板和拖沓。

（三）虚实转换翻译技巧

由于中国人与英美国家的人思维习惯不同，英汉两种语言在表达上存在着很大的差异，英语倾向于使用抽象的，具有概括性的表达法，而汉语却倾向于使用具体的、形象的表达手段。虚化、抽象的表达在英语各类文体中都使用得相当普遍，但是汉语表述上却存在着很大的差异。西方人使用语言描述事物时喜欢开门见山，而中国人往往喜欢有所铺垫后再引出所要表述的话，语言表达含蓄。翻译时，为了更好地传达原文信息，达到意义上的对等，就不能进行逐字逐句的翻译而要使用转换虚实的翻译技巧。英文虚写的必须实译，或者英语实写的地方汉语虚译，虚实转化也属于视角转换的范畴。原语与译语之间语义相同但表达方式上可能存在差异，这是由于语言习惯、地理环境等的影响造成的。通过对原文和译文分析进行虚与实的转换，变抽象为具体或变具体为抽象，使原文与译文达到了语义上的对等，使译文忠实于原文，从而降低语言差别给翻译带来的损失，使译文产生同样的效果。

1. 具体抽象化的译实为虚

在翻译时如果想达到原语和目的语的语言意义上的等值，就必须要考虑原语与译语语言习惯及文化背景的差异。为了解决存在的语言差异，有些在英语中十分具体的词句在汉译时需作模糊化的处理化实为虚，达到意义上的等值。译者在受到译语文化差异的局限时，不得不舍弃原文的字面意义，以求译文与原语的内容相符，这在翻译时我们称为实虚转化。在翻译实践中我们不能逐字逐句地进行翻译，比如英语中具有实在意义的词传达的语义却是抽象的概念，这种情况下我们在翻译时就要考虑使用译实为虚的方法。例如：由于汉英语言文化背景不同，一些委婉语如果直译可能会造成读者的费解或误解，这时，我们可以忽略委婉语的表面意思而直接翻译其隐含意义。例如，成语"杞人忧天"与"塞翁失马，安知非福"，直译是不能被外国读者所理解的，补充注解又不妥，此处最好不考虑其文化背景，译出其真正的内涵意义"unnecessary anxiety""A loss may turn out to be a gain"。这样的虚实转换，反而可以明确表达出成语含义，也更容易让人明白，更加好理解。再如：The master was finally settled under the table. 意思是：事情最终私下解决了。原语中"table"一词本意是指具体的实物，是具体的概念。而"私下解决"在汉语中传达的却是一种抽象的意义，正好可以传达原文所表达的语义。对译语读者来说，如果直译模糊或难以理解，我们就可以采纳具体抽象化的译实为虚的方法。

2. 抽象具体化的译虚为实

在英汉语言翻译过程中，语言的发展受历史、地理及风俗习惯等多种因素影响，不同语言具有不同的语言特点和用词习惯。汉语语言具有模糊性的特点，强调意合。英语语言用词直白，强调形合。有些人容易受原文用词、句子结构和语言表述的影响，在翻译时，不考虑原语与译语语言方面的差异性，按照原文的句子结构逐字逐句地进行翻译，结果往往产生词不达意的错误。有时我们在翻译时需要把原文中抽象化的概念具体化，具体来讲是指把词义或词组义从抽象引向具体、从一般引向特殊、从概括引向局部、从"虚"引向"实"的过程。例如：A large segment of mankind turns to untrammeled nature as a last refuge from encroaching technology. 意思是：许多人都想寻找一块自由自在的地方，作为他们躲避现代技术侵害的世外桃源。本句话中把"a last refuge"引申译为"世外桃源"，符合汉语形象的说法，也使该句具有时代的意义，很好让人理解。

由于中西方社会习俗、历史发展、文化传统、价值观念等诸多方面存有明显差异，不同语言中的语用功能不尽相同，这就使得英汉两种语言存在着很多的差异。在英汉翻译中，要求译者在英译汉时必须进行动静之间、虚实之间的转换，实现译文语言的地道自然、表意清晰。灵活使用汉语中的各种各样的具体表达方法，具体到每个语境，从而避免固守原有的语言形式造成的语言生硬及不自然。因此，实译与虚译是翻译中很重要的技巧。译者应始终坚持从文化角度去思维，准确把握语言的语用功能意义，结合语境"对症下药"，将原语所蕴含的文化内涵忠实无误地传达给读者，从而使跨文化交际得以顺利进行。

（四）形象转换翻译技巧

在翻译过程中，由于不同的民族在历史地理、宗教信仰、风俗习惯和价值观念上都各不相同，因此许多事物的形象在不同的语言中就有差异。从辩证的观点出发，原作风格与译者风格是矛盾的两个对立体。尽管在很大程度上，译者风格依附原作风格存在，但是，作为译作的润色剂，译者风格又是相对独立的。方梦之曾说："在翻译的过程中，译者将原作提供的表象材料、知识经验等，凭着理智与直觉，组合成富有情感色彩的审美形象体系，然后把它再现出来。在这个过程中，译者的部分心理要素特征与风格特征与原作碰撞而需自我克制，而另一部分心理要素与风格特征顺应原作者和原作得以舒展，因而可同时表现出原著风格和翻译个性。"[1]因此，追求原作风格与译者风格的统一对于翻译作品来说是非常重要的，译者应该缩小与原作风格的距离，避免其风格与原作风格背道而驰。那么在英汉互译时就要处理好形象的保留与转换。否则就有可能出现语言生硬甚至语句不通的问题。为了避免这一问题，有的可以直接引进，以保留异国情调；有的却要适当归化，即进行形象转换，使译文更符合目标语的表达习惯。那么形象是什么？这里所谓的形象即是形象语言，也就是指充满联想的、富有感情色彩的文学语言。在翻译时通过转换这种语言产生形象，变高深的事理为浅显易懂的语言，使复杂的事物变得简单明了，使抽象的事物具体生动，比如人物、动物、数字等。从这个意义上说，没有转换就没有翻译。但是因为两种语言的差异太大，形象的替换若使用不恰当，甚至勉强为之，易造成对原文内容的曲解，最终往往会弄巧成拙、事倍功半，达不到翻译的真正目的。原语中所使用的形象是目标语的读者所陌生的，我们往往使用形象转换，用目标语读者所熟悉的形象来代替原语中所使用的目标语读者所不熟悉的形象，这样就不会使目的语读者产生理解上的误解和错误。

形象转换是视角转换的一个重要组成部分，形象转换又是一个复杂的问题，转换时所选形象使用的正确与否直接影响到译文的质量高低。这里主要从形象转换的喻体和形象转换的方式两方面来进行论述。

---

[1] 方梦之. 译学辞典[M]. 上海：上海外语教育出版社，2004：56.

1. 形象转换的种类

由于英汉民族的思维方式和文化背景不同，同一形象所承载的语义可能就不尽相同。一方面，英汉指称意义相同的形象，其语用意义可能相去甚远，甚至完全相悖。另一方面，在原语中含有丰富的语用意义，在译语中却失去了意义，在译语里不能产生等值的联想意义。无论是英语语言还是汉语语言都存在比喻这种修辞手法。喻体是比喻的一部分，它是与本体相对而言的。对本体特征进行有效并极其形象的修饰就是喻体的功能。使用喻体对本体特征进行描述，能使本体的描述变得更加形象生动。

（1）形意相同。尽管汉民族和英语民族在思维方式、语言体系、价值观念等方面有很多差异，但是并不是说它们之间就没有共同成分。英汉两族人民在观察同一事物时，也会产生相同的认识和感想，这也体现了文化之间的包容性，这时在视角转换时应采用等值翻译再现原语形象，例如：pink-eyed（嫉妒），crocodile tears（鳄鱼的眼泪），lose face（丢脸）。

（2）形同意别。在翻译过程中，出现原语和译语文化中都有却具有不同的联想意义的形象时，相互借用现象是常见的，借用来的词语补充、丰富了语言的表达手段，并保留原来的形象和意义，以求达到交流的目的。例如：Billy hit me, so I give him back tit for tat. 意思是：比利打了我，所以我也以牙还牙打了他。汉语中还有许多在中国读者心目中已经"约定俗成"的习语，如"空中楼阁"（castle in the air）等，其实都是从外语中直接引入的。这些短语在传媒中频频使用，现在已经成为汉语的一部分。

（3）形异意同。为了目标语读者的理解和接受，译者在翻译时往往采用归化的手法，在目标语文化里找到喻义对应甚至等同的形象。例如：fish in the air（水中捞月），remain a dead letter（石沉大海）等。

在研究颜色词混合习语时，我们可以看到许多共同之处，应注意到民族文化也有相同的一面。因此我们在翻译的时候，考虑到汉语译文读者的文化背景和语言习惯，应保证原语习语文化信息传递的信息度，同时保证习语文化信息传递的有效度。

2. 形象转换翻译技巧

翻译过程中由于原语与目标语在文化、语言习惯方面的差异，译者需要充分考虑两种语言的文化因素和表达形式，对习语形象的处理要反复推

第二章 英语翻译中跨文化视角转换及翻译技巧

敲，具体情况，具体分析，只有这样才能使汉英的翻译达到传神达意、形义兼备的效果。那么怎样处理翻译中的形象才能确保翻译达到这一效果呢？下面通过译例分析来介绍保留形象、替换形象、增添形象以及舍弃形象这四种处理的方法。

（1）保留形象

奈达说，世界的语言和文化惊人地相似，相似之处占90%，不相似之处仅占10%。不同民族分布在世界各地，各自创造和发展自己的文化，其文化特质和模式有所差异，但不同民族的文化在很多方面都有着相同之处，即文化具有共性。[①]当译语中无现成的习语形象与原语中的习语形象相对应，为了保持原文的风格和效果，让译语读者获得与原语读者大致相同的感受，可采用直译法将原语的习语形象移植到译语中去，但要确保移植的形象不至于引起错误的联想，并能为译语读者所理解和接受。例如 miniskirt 在西方流行的时候，中国根本就没有此类事物，因此在目标语文化中无法找到对应物，这时就不得不使用音译，或者意译，或者音译意译相互结合，汉语译为"迷你裙"，此译一出，音义兼备，大受欢迎。

当形象和语义的结合在原语和译语中是共同的，或原语形象所承载的意义不难被读者所理解时，宜采用异化，直译原文，保留原语的形象，既保留指称意义，也同时传达语用意义。再如"Birthday suit"，大多数读者都会叹服其语言的睿智、含蓄及幽默，也自然让人想起婴儿呱呱坠地之时赤身裸体的可爱模样，为了保留原语的语言美感，通过借词，译作"生日盛装"。再如："A son never thinks his mother ugly, and a dog never shuns its owner's home however shabby it is"可以翻译为"儿不嫌母丑，狗不嫌家贫"。比较英语原文与汉语译文我们发现原语中的形象在翻译时没有做任何改变使用直译法保留了形象。这样翻译既忠实于原文，译文的表达方式又被译文读者所熟知和接纳。

（2）替换形象

在翻译时，如果原语形象所承载的语义无法在译语中再现，可以根据具体的上下文采用归化方法，用译语中读者所熟知的形象替换原语形象，

---

① 熊德米. 奈达翻译理论评述[J]. 重庆大学学报（社会科学版），2001（04）：85-89.

49

即指称意义用译语形象传达,而语用意义相同,这时替换目标语形象可以完整地传达原语的信息,从而使译文达到与原文相同或相近的表达效果。但是这样做的前提是目标语中相对应的表达方式为目标语读者所熟知、所接受。习语形象的移植有利于不同文化的交流,起到输入异国情调、丰富本国语言、增强不同语言的融合的作用,也使世界人们交流起来更加融洽。例如:"Cats hide their claws"可以翻译为"知人知面不知心"。"知人知面不知心"在汉语中表示的意思是认识一个人很容易,但要了解他的内心却很难,与英文原文"Cats hide their claws"表达的意思一致,"cat"转换为人的形象更容易被汉语读者所接受,也遵循了美国著名翻译家奈达的翻译要以读者为中心的理论。有些英语的习惯表达在形式形象上与汉语极为相似,使译者很容易联想到汉语的习惯表达,如"move heaven and earth"很容易联想到汉语的"翻天覆地",但它的实际意义是"想方设法"。汉语中同样存在大量独特的说法,翻译成英文,如:"狗嘴里吐不出象牙""One doesn't expect ivory from a dog's mouth"从语言层面的直译要复写原作的"思想",忠实地再现原作的"风格和笔调","思想"与"风格和笔调"带有浓厚的异国情调,翻译中必须采用保留形象的方法,使得译文像原作一样通顺,译者在语言表达中,一定要注意保持原语的特色性和原汁原味。

(3)增添形象

当译语中无现成的习语形象与原语中的习语形象相对应时,为了保持原文的风格和效果,让译语读者获得与原语读者大致相同的感受,可根据表达需要适当采用直译法增添形象到译语中去,但要确保移植的形象不至于引起错误的联想,并能为译语读者所理解和接受。中国成语中常常出现极富中华民族色彩的人物形象,如"班门弄斧""事后诸葛亮"中的"班"(鲁班)和"诸葛亮"。英语中的对等谚语,译作"Never to teach fish to swim""It is easy to be wise after the event",也许谚语的比喻意义表达完整了,却自动放弃了让外国读者了解具有中国特色的历史人物"鲁班"和"诸葛亮"的机会,岂不是可惜。而若仅音译作"Lu Ban"和"Zhuge Liang",又会让外国读者不着边际、一头雾水。如果我们融合"所指意义"和"修辞意义"两全之译,通过增添形象翻译,效果就可以两全其美。译作"Never show off one's skill with the axe before the master carpenter, Lu Ban"和"After event one becomes the master mind, Zhuge Liang"。

为了使译语更贴切达意,易于为读者所接受,原语虽有形象,内涵意义体现不明的或者形象的意义表述模糊的,也可以增添形象。例如:"Every flow has its ebb"可以翻译成"潮有涨落日,人有盛衰时"。译文中出现的"人有盛衰时"是原文中没有的字面意思,但是这样的增译却译出了原文中所要表达的真正内涵意义。习语形象的移植有利于不同文化的交流,起到输入异国情调、丰富本国语言、增强不同语言的融合的作用。

(4) 舍弃形象

语言与宗教文化、饮食文化等交融一处,原语中的某些习语在译语中既找不到合适的对等习语,而且其形象也无法转换或移植到译语中,"译"则难尽其义,原语的睿智用心在直接译文中出现空缺,翻译时唯一的办法就是舍弃原语习语中的形象,译出语义了,如"white elephant"应该翻译成"废物,大而无用的东西"而不是"白象"。再如,Among so many well-dressed and cultured people, the country girl felt like a fish out of water. 译为:同这么多穿着体面又有教养的人在一起,这位乡下姑娘感到很不自在。原文中的"like a fish out of water"如保留形象直译为"感觉像鱼儿离开了水",容易引起错误的联想"鱼儿活不了";如转换形象译成"如坐针毡",又显得不太忠实原文。因此要舍弃原形象,而取它的确切含义。但舍弃形象并不意味着"跳过"原习语不译,对它的文化意象视而不见,而是要在透彻理解原习语的基础上用简洁、生动的语言译出它的含义,尽可能缩小译语读者与原语读者所产生的语义联想和艺术感受的差距。因此了解原语与目标语两种语言的背景和语言习惯,舍弃形象意译,译文反而会显得言简意赅。

(五) 不同翻译需求之间转换的翻译技巧

翻译技巧的使用并不是千篇一律的,不同种类的英语翻译在需求层面是不尽相同的。比如,政治层面的英语翻译需求会更加偏重于翻译的准确性、严谨性以及原则性。英语译文一定要确保最终的翻译效果与中文所表达的意义是一致的。而文学作品的英语翻译,译者则需要充分考虑目的语国家有什么样的语言特点和风俗习惯,要想办法借助英语翻译技巧来让读者更好地接受和理解文学作品的内容和所表达的情感。比如,在翻译广告作品时,译者需要进行创新变换,一是要充分考虑经过英语翻译之后的广告作品内容是否能满足受众群体的心理需求;二是要注意词汇的选择,避免出现词汇与目的语国家文化冲突的情况。

1. 词语选择。在选词过程中,需结合词语在段落中、文章中的语境,并将重点词语贯穿于整个翻译中。同时也需选择词义,这主要是由于每个词在意义上会有所不同,需和实际情况结合在一起,尽量选择和具体语境相适应的意思,这对于词义确定十分重要。在语言中,多词一义是比较常见的现象,也就是虽然词语不同,但是表达出来的意义相同。进行英语翻译时,辨义和择词十分关键,在此过程中,需和上下文语境结合在一起。在英语中,词语的意义可能比较直接、表面,也可能内涵比较深入,因此在判断词义时不能单纯基于表层含义作出判断,而是需和整个文章结合在一起。语境不同时,译法往往会有所不同,运用哪种译法可以基于逻辑、推理、常识等进行判断。

2. 适当增减。英语与汉语之间在表达形式和逻辑方式上有较大不同,进行翻译时经常会遇到这种情况,即了解汉语意思,但是将其表达成英语时就会出现逻辑不符和意思不明的问题,因此在翻译时需对语句作出适当增减,保证意义表达清晰明确,并且语法结构也比较完整。如"这台电脑真是价廉物美"翻译为"This computer is indeed cheap and fine"。同时在汉语中,重复现象比较常见,但是在英语中,比较倾向于运用省略表达方式,因此在翻译时需对语句进行适当增减。如"我们不后退,我们从没有后退过,将来也决不后退"翻译为"We don't retreat, we never have and never will"。对于汉语中出现的重复信息,需运用省略或者是替代方式,在此基础上才能使翻译时的流畅性与准确性获得充分保证。通过这种省略的方式,能够使句子更加简单易懂。

3. 重视伸缩。翻译时需重视创造性思维的发挥,针对语言进行适当引申,这需要在充分理解表达内容的基础上,与语境结合在一起。这种语义伸缩性与人们在运用语言时的灵活性之间联系十分紧密,具体实施过程中一般可以分为这几方面,即抽象转换为具体、一般转换为特殊、特殊转换为一般,以及具象转换为抽象。例如,"The car in front of me stalled, and I missed the green","green"本来是"绿色"的意思,但是根据上下文,可以引申为具

第二章　英语翻译中跨文化视角转换及翻译技巧

体的事物"绿灯";具体实施过程中,翻译人员必须从原文固有的基本含义出发,不脱离上下文的逻辑联系,通过这种方式能够使语言表达更清晰、明确。

4. 展开合分。对于合分法来讲,主要为表达过程中,针对文章中的段落、语句等进行合并或者是切分。汉语和英语在表达习惯上存在的差异比较大,考虑到表意行文具体需要,翻译时可以运用合分方法。基于词语搭配与词语修饰进行分析,英语中原本搭配在一起的词语,在翻译为汉语以后便会变得不是很自然。针对出现的这种情况,为确保翻译以后表达的自然性与流畅性,需对原文进行合理拆分。就句子来讲,在汉语表达中,主要运用短句,在英语表达中,主要使用长句,因此翻译时通常会将长句切分开,通过短句或者中句将其表达出来,如"They worked out a new method by which production has now been rapidly increased."这个复合句中包含了一个"by which"引导的定语从句,运用拆分法可翻译为"他们制定出一种新方案,采用之后生产迅速得到提高"。就段落而言,在过长的情况下,可以将其通过若干短句方式表达出来。在进行合并以及切分时,需将句子、段落以及词组充分体现出来。

5. 隐喻变明喻。进行翻译的过程中,一般会将翻译理论视为重要参考,当翻译中遇到暗喻时,需结合语境具体内容,找出二者存在的平衡点,将难以被理解的暗喻内容变为明喻形式,使最终翻译出的内容易于读者接受,并且需与相关文本要求和文化背景结合在一起,减少由于文化差异产生的认知障碍。在此基础上,才能使读者在阅读时产生情感上的共鸣。

6. 重视运用意译。翻译中,意译属于较难掌握的翻译技巧,需翻译人员熟悉文化背景,并且具备较强的组织能力和语言表达能力,实现对不同类型表达手法的有效运用,准确表达英语内涵,如"It rains cats and dogs",可以将其表达为"倾盆大雨"。翻译工作中,需加强对意译的运用。在此情况下,最终翻译以后得出的文本便不会十分生涩,读者在阅读时可以产生一种熟悉感,进而使翻译内容易于读者接受。

在使用跨文化视角进行翻译时,翻译人员应注意,如果盲目地进行翻译,读者很难理解原来语言的内涵和风格,只能接触同化的翻译。在正式的英语翻译中,译者要保持文化中立态度,避免干扰翻译的顺畅性和增加读者理解难度的现象出现。换句话说,如果译者使用归化翻译技术,则必须确保翻译的流畅性不会受到损害,并合理地运用归化,注意保留原文的品位和内涵,在作者与读者之间找到一个很好的融合点。在英语翻译中,如果翻译人员使用异化(相悖)翻译技术,应注意语言形式和文化要素的异化,异化等翻译技巧的融合点绝不是一般意义上的终点。① 此外,翻译人员应注意为读者的理解提供方便,以促进优势和避免劣势。

总之,英语翻译结合跨文化视角转换的翻译技巧,追求原文本和目标文本之间的对等,满足英语和汉语的转换,融汇中西方文化的特点,充分表达原文本在目标文本中传达的思想。英语翻译是一种高学识的艺术。西方文化在英语翻译中,要求译者对中西方文化进行深入的分析研究,语言表达方式也应适应读者的思维方式,通过成功的英语翻译,我们可以促进国际友好交流和经济全球化的发展。当然,为了更紧密地进行国际交流,译者要做好英语翻译工作以体现英语翻译的重要价值,进而促进国际文化的交流与融合。

---

① 徐立群,马莹. 中医院校通用英语教学中融入专门用途英语的可行性 [J]. 国际中医中药杂志,2015(08):741-743.

第三章 基于平行语料库的汉语把字句与英语被动句的跨文化翻译技巧

平行语料库蕴藏着丰富的双语对应资源,除用于翻译理论研究和自然语言处理外,在辅助翻译实践方面,也受到学者们的推崇。人们普遍认为,与词典等工具相比,平行语料库对于翻译实践的优势在于:帮助准确翻译术语,译文更加地道自然,适应目的语的文体风格,帮助译者研究借鉴人的翻译策略。除对翻译质量的影响之外,与词典、互联网等参考工具相比,平行语料库还能够提高翻译的效率。

本章以《哈利·波特与魔法石》(以下简称《哈》)及其译作为例考察汉语把字句与其英语对应句句法结构上的特点,揭示了语料库中每一类把字句与其英语对应句的句法结构。

一、平行语料库对翻译的作用

(一)平行语料库在翻译实践中的用途

理解和表达是翻译中的两个基本要素。在表达过程中,如何提供地道的译文是译者,尤其是目标语非本族语的译者所遇到的重大难题。解决此难题将促使高质量译文的产生。然而,众多译者青睐的传统英汉、汉英词典不足以解决这一难题。在这种情况下,平行语料库便以其独特的检索功能和丰富的自然语料在众多译者工具中脱颖而出。

"语料库,尤其是'平行'语料库的创建是为了方便在英语及其他语

基于语料库的跨文化英语翻译技巧研究

言之间进行对比分析,推进翻译理论的发展,提高外语教学。"①平行语料库不同于传统的译者工具,如英汉、汉英词典,它为译者提供了大量真实、自然的语言材料。在平行语料库中,语料以句对齐的方式排列,译文紧跟在原文下面,便于译者快速找到所需译文。

外国学者在1997年所做的研究中表明,在将外语翻译成本族语的过程中,查阅平行语料库极大提高了译者解决各种翻译问题的能力。由于译者可以方便地接触到自然语言环境中地道的表达法,因此译者便能够提供具有较少错误且更加地道的译文。平行语料库在辅助译者将本族语翻译成外语的实践中,可以发挥更大的作用。毕竟,一般来说,与本族语相比,译者对外语的掌握程度、感知能力和表达水平要差很多。平行语料库,尤其是那些设计精良的平行语料库,包括了丰富的译文样例。译者可以根据特定的语境,从样例中选取合适且地道的译文。有学者使用例证指出,平行语料库是新译员的工作平台,有助于提高译者对原语的理解能力和使用更为流畅的目标语进行翻译的能力。

平行语料库有助于翻译实践吗?如果有助于,平行语料库是如何做到的?笔者特意抽取了部分常用词汇、短语和句子结构。它们的译文往往灵活多变,但却无法在普通词典中查询到,因而给译者造成了一定的困难,这就给了语料库发挥作用的机会。

1. 语词索引

在《牛津高阶英汉双解词典》中,"assure"一词的第一条释义为:"明确地或有信心地告诉(某人);向(某人)保证。"译者遇到"assure sb. of",通常会将其译为"向……保证"。但在有些情况下,尤其是当特殊语境需要特殊译文时,"保证"一词无法保证译文生动。在查询了两个英汉平行语料库后,笔者得到116个带有"assure"及其变体的样例。以下是笔者选取的其中一部样例。

(1) I can assure you of my full support for your plan.

我可以向你保证全力支持你的计划。

(2) And I will send a few lines by you to assure him of my hearty consent to

---

① MEYER C. English corpus translation[M]. Cambridge: Cambridge University Press,2002:22.

his marrying whichever he chooses of the girls.

我可以写封信给你带去，就说随便他挑中我哪一个女儿，我都心甘情愿地答应他把她娶过去。

（3）He assured me of his readiness to help.

他使我相信他随时愿意提供帮助。

译者可以从以上例子中随意选取适合语境的翻译，或者根据需要对译文进行相应的变动。可以确定的是，平行语料库确实为译者提供了比词典释义更多的选择。更为重要的是，译者从平行语料库中获取的不是生硬的定义，而是在活生生的语境中活的译文。但当译者需要语境来确定语料库中的译文是否可以借用时，查看检索词所在的文本就相当有必要了。

如果译者想要将"向……保证"翻译成英文，查询平行语料库一样可以得到启发。下面是平行语料库为译者提供的一些除去"assure sb. of"之外的选择。

（1）我向你保证确是这样。

My word upon it.

（2）每当他巡店时，都会鼓励员工和他一起向顾客保证："……我希望你们能够保证……"

During his many store visits, he encouraged his associates to take pledge with him: "I want you to promise that..."

（3）我们满怀信心地向您保证，您所给予我们的任何任务，我们都会以完全令您满意的方式去执行。

We can confidently assert that any business with which you may favour us will be transacted in such a manner as will afford you the fullest satisfaction.

的确，汉英词典也为译者提供了诸多选择，例如"pledge, guarantee, assure, ensure"，并且附上了例子，译者同样可以通过查询汉英词典，得到恰当的译文。但是不可忽视的是，随着语料库的广泛应用，现在有些汉英词典中的例子便是来源于平行语料库，这也充分说明了平行语料库在翻译实践中不可忽视的作用。

平行语料库的强大功能在于它丰富的语言材料。译者会发现，有些译文在传统词典中找不到，但却会出现在平行语料库中。当原语的结构具有该种语言及文化典型而特有的特征时，这种现象就尤为明显。这使得平行语料库成为翻译实践中译者传统工具的必要补充。在汉语翻译中，成语给译者带来了极大的困难。平行语料库为译者省却了不少时间。

外语教育与研究出版社出版的《汉英词典》（修订版索引版）为"目瞪口呆"一词提供了以下的参考译文：gaping, dumbstruck, stupefied, be struck dumb with fear, 但并未给出任何例句，这无法使译者明白如何使用这些表达方法。译者只有经过再次查询其他词典，才能确定这些词语的用法及适用环境。现在来看一下平行语料库里会有什么。

（1）And they will, to everybody's surprise.

这些国家将能够参与竞争，使所有的人目瞪口呆。

（2）Computing technology today allows people to create stunning graphics, the likes we have seen in.

现今的计算技术允许人们创建出令人目瞪口呆的图形，比如我们曾经看过的。

（3）Everyone gawked at the smashed cars on the freeway.

每个人看到高速公路上那部撞得面目全非的车都目瞪口呆。

（4）He was paralyzed with terror.

他吓得目瞪口呆。

（5）Her questions drew blank looks all round.

她的问题把大家问得目瞪口呆。

（6）It kind of blows you away.

那里雄伟壮观的景象会让你目瞪口呆。

（7）She was shocked to the marrow by his actions.

他的行为把她吓得目瞪口呆。

（8）Well, totally gobsmacked.

嗯，真是目瞪口呆了！

（9）Mr. Smith was flabbergasted, but he went on in spite of his embarrassment.

史密斯先生目瞪口呆，可是他顾不上自己的窘迫，继续说道。

通过以上例句可见，语料库里例句丰富多样，译者可以对词的用法一目了然。

2. 结构索引

平行语料库也可以用来寻找一些特定句子结构的对应翻译。这是传统词典无法做到的。"here is"这一结构有时表达的意思太过笼统含混，译者也许会觉得翻译起来比较棘手。

（1）Here is your seat.

您的位置在这里。

（2）Here is your prescription.

这是你的处方。

（3）Here is how it works.

其流程如下。

由于笔者所使用的平行语料库规模较小，所选语料的类型也较为局限，在搜索"here is"这一结构时只找到三个例句，但从中还是给了译者一些词典无法给出的选择。由于平行语料库的检索功能有限，对特定句型的查询目前还存在很大困难。譬如一些在形式上比较松散随意的结构，如英文中的强调句型，在平行语料库中便无法轻易获取。

通过对比传统词典与平行语料库，笔者发现平行语料库有助于提高翻译质量。原因在于平行语料库可以为译者提供单词、短语，甚至是句型的样例翻译，最重要的在于，这些样例翻译存在于活生生的语言环境中，是真实可靠且地道的语言材料。而传统英汉词典有的只给出可供选择的参考翻译，即便有的会用例子说明，也缺乏足够的语境帮助译者判断是否可以用在自己的翻译中。

（二）双语平行语料库在翻译研究及翻译教学中的作用

1. 平行语料库与纯翻译研究

（1）基于平行语料库的翻译普遍性的研究

基于语料库的研究有助于翻译研究从规定性向描述性转化，因为大量真实语料的获得可以激发归纳性的探索。翻译语料库对探索翻译的普遍规律，发掘并验证翻译文本的"普遍性"具有指导意义。语料库翻译研究的主要趋势之一是对翻译语言特征的研究，而所谓的普遍性，就是"译文而

基于语料库的跨文化英语翻译技巧研究

非原文的典型特征,这种特征不是特定语言系统相互作用的结果"①。贝克尔(Mona Baker)等人提出利用平行语料库来研究翻译的这些特征并证实了翻译普遍性的如下假设:①简略化(simplification),是指译者无意识地简化语言或信息;②明晰化(explication),是指译者在翻译中趋向于把内容讲得更明确;③规范化(normal-ization),是指译文趋向于符合目的语中最常见的模式或做法;④整齐化和集中化(leveling out & convergence),是指译文趋向于中间化,而不是向边缘发展。② 语料库翻译研究对翻译普遍性的探讨具有明显的优势:它将过去直觉的、模糊的形式变得清晰、具体可操作,将小规模、人工的、有限语言之间、有限文本类型的研究变成大规模、系统性、连贯的、目标明确的研究;更重要的是,它将先前零星的、不具有说服力的研究变成能解释趋势及具连贯性的研究。语料库在探索翻译普遍规律、分析文本的普遍文体特征、预测翻译发展趋势与走向上起着不可估量的作用。

(2)基于平行语料库的翻译规范的研究

利用语料库和计算机,我们可以快捷、可靠地分析翻译规范。在特定的社会、历史、文化环境中,翻译会出现一些带规律性的特征,这就是贝克尔的翻译规范(norms of translation)或图里的操作规范(operational norms)。在一定时期内,翻译语言普遍特征的积累是这一时期翻译概念和翻译规范建立的基础,认清这类特征有助于我们在翻译研究中更好地认识特定时期的翻译规范。例如,贝克尔在分析当代非文学英语作品的翻译时发现,在法语、阿拉伯语和日语三种翻译文本中,日语文本对外来翻译词汇的容忍度远远高于法语和阿拉伯语。由此可见,翻译行为的规范因社会文化不同而大相径庭。利用语料库可以研究诸如"男性与女性译者翻译的策略或语言是否存在差异""某些语言特征或翻译策略是否经常表现于某些特定的翻译类别,如小说、新闻或演讲稿上"等。

---

① BAKER M. Corpora in translation studies: an overview and some suggestions for future research [J]. Target, 1995(02):223.

② BAKER M. Corpora in translation studies: an overviewand some suggestions for future research[J]. Target, 1995(02):240–241.

（3）基于平行语料库的译者风格的研究

语料库在译文文体和译者风格的研究上也是大有作为的。传统的文体研究能对文体做出细致的分析，但是对于各种文体标志出现频率等方面的认识则带有主观性。要想避免主观臆断，文体的研究就必须有量化的实际语料来支持。某一种表达形式和语言行为方式是不是译者个人偏爱和重复出现的，是不是个别的或偶然出现的，仅靠经验或对个别例子的观察和内省很难得出令人信服的结论，依靠传统的方法也很难对长篇译作进行文体风格的量化研究。而翻译语料库中的语料以电子文本形式储存，经过计算机软件的自动标注和加工，能够方便快捷地对词汇密度、词频、句子长度、搭配模式、特定词汇的使用频率等进行多维度、多层面的比较和研究，从而揭示译者特有的语言使用习惯、语言的行业偏好、特殊的句法结构以及标点符号的使用等特点。

贝克尔曾利用语料库对英国当代著名翻译家皮特·布什（Peter Bush）和皮特·克拉克（Peter Clark）的翻译文体做过比较研究，布什翻译的原文出自语言分属西班牙不同变体的三位作家，体裁包括小说和传记。克拉克翻译的原文出自风格迥异的两位阿拉伯作家。通过对词频、平均句子长度、文体变化以及对"say"各种形式的使用特点与使用模式的分析，贝克尔令人信服地证明了"译者的烙印"确实存在。

2. 平行语料库与翻译教学

（1）利用索引软件共现动态语境

结构主义语言学的鼻祖索绪尔（Saussure）将语言中的词语分为横组合关系（syntagmatic）与纵聚合关系（paradigmatic）。语料库索引能为我们提供文本语境关系（contextual relations），研究者可以指定以某搜索词为中心对左右相邻的词进行横向和纵向对比分析，并对其语言生态（language ecology）进行分析，从而总结出该词的语法和语篇功能。在教学中，教师可以教学生如何利用语料库自行检索进行选词，帮助学生在语境中观察某个词的典型搭配行为，了解该词在语境中的语义特点。在做翻译练习之后，老师和学生能利用真实的语言应用实例来验证翻译练习中所使用的搭配是否地道，并可以分析在翻译中为什么用某个词搭配而不用它的同义词或近义词。例如，我们利用 Web concordancer 在布朗语料库（Brown Corpus）中

61

基于语料库的跨文化英语翻译技巧研究

对 VALID 的搭配关系进行检索，结果是：Concordances for VALID=22，即可获得 22 个与 VALID 一词的前后搭配关系，总结出该词在语料库中的搭配规律，成为该词的语言生态，为翻译实践和翻译教学提供有效的依据。

（2）利用语料库提供的原文和相应的译文观摩翻译及提高双语转换能力

双语平行语料库是翻译教学的参考工具和工作平台。以北京外国语大学中国外语教育研究中心创建的通用汉英平行语料库为例，在检索软件的帮助下，该语料库可以提供：①某一检索词或短语的丰富多样的双语对译样例；②常用及特殊结构的双语对译样例；③丰富的可以随机提取的一部多译资料作为对照参考。

以常用结构的双语对译检索为例，英、汉语中有一些特殊句型和结构，在翻译中如何处理？教科书并不能完全讲清楚，可学生能从语料库提供的丰富例句中获得更多的感性认识。例如，对 so...that 结构，教科书往往给出"如此……以致"的对应翻译，而且这种对应在教师、学生心中都是根深蒂固的。运用英汉平行语料库，把 so...that 结构和它的汉语对应结构进行描述和分析，统计分析结果显示：第一，so...that 的主要对应形式不是"如此……以致"及类似的"前后对应"式结构，而是零对应；第二，so...that 在汉语译文中有多种对应形式，而汉语原文中没有固定的结构与 so...that 对应；第三，在翻译中，非文学文本比文学文本更倾向于结构上的对应。在翻译教学中，学生对双语语料库进行对译检索，感受对译语境，即对该结构翻译的感性认识增强之后，再附以教师恰当的归纳和解释，就能取得较好的教学效果。

平行语料库还可以提供一文多译的丰富译例。有了平行语料库这个平台和工具，翻译教师可以把收集的多种译本存储其中，并可随时调出以供对比研究。孤立地看一个译本往往看不出有什么特点，但多个译本综合到一起进行对比分析，就可能有新的发现，给学生以启迪和帮助；而且语料库的检索工具能快捷、准确地进行统计，为教学的实践提供可靠的统计描述。比如，利用类/形符比（type/token ratio）可以观察不同译文用词的丰富程度；在语料库大小相近的前提下，类/形符比和平均词长的数值越大，词汇就越丰富，词汇的复杂程度也越高。①

---

① 文秋芳，王立非，梁茂成. 中国学生英语口笔语语料库 [M]. 北京：外语教学与研究出版社，2005：15.

（3）自建小型语料库应用于翻译教学

翻译教师自建小型语料库也并不是"天方夜谭",自建者只要有一些文本编辑、格式转换、内码转换等基础计算机知识,并掌握管理检索语料的定位检索软件如 Concordance、WordSmith 等,以及适合教学展示的软件,就可以在一定时间内建立应用于翻译教学的平行语料库并不断扩容,纵深发展。教师只有树立实证思想,在教学中经常求证语料库,翻译教学才能更上一层楼。有人甚至把双语平行语料库当作一个"译员培训研习班",用以提高学生理解原文并用更流畅的目标语进行翻译的能力。

当然,语料库翻译研究及其应用也存在一些值得注意的问题。马尔姆克亚（Kristen Malmkjaer）认为语料库的使用可能使翻译理论家过于注意翻译的共性而"忽略翻译中的难题,或将翻译中的难题当次要问题来处理"[1]。语料库的翻译研究也有自身的缺陷,主要表现在明显的实证主义和唯科学主义倾向,以及完全自下而上的方法。所以,翻译研究者,不论是纯翻译研究,还是应用翻译研究,都要警惕空洞的、不必要的量化研究,避免陷入单纯追求科学性的误区。

二、基于平行语料库的汉语把字句与英语被动句的跨文化翻译案例分析

本章的语料库将选用英国著名作家 J.K. 罗琳的 *Harry Potter and the Philosopher's Stone*[2] 英文原版书及中国译者苏农（即曹苏玲、马爱农,曹苏玲只参与了前半本的翻译,后半部改由马爱农翻译,后二人决定署名苏农）的汉译本《哈利·波特与魔法石》[3] 作为封闭语料库。

笔者将以把字句的句法结构分类模式为标准,对汉译本小说《哈利·波特与魔法石》中的把字句进行分类,分类同时也会从英文原创小说 *Harry Potter and the Philosopher's Stone* 中找出每个"把"字语料的英语对应句,这样我们就可以对这些把字句与其英语对应句的句法结构进行对比分析了。

---

[1] BAKER M. Routledge encyclopedia of translation studies[C]. London and New York: Routledge,1998.

[2] J K ROWLING. Harry Potter and the philosopher's stone[M].Great Britain: Bloomsbury Publishing Plc.Text,1997.

[3] J.K. 罗琳. 哈利·波特与魔法石 [M]. 苏农,译. 北京：人民文学出版社,2018.

基于语料库的跨文化英语翻译技巧研究

（一）汉语把字句的结构类型

崔希亮在《把字句的若干句法语义问题》中认为把字句"A 把 B—VP"可分为两大类，VP 是述补结构或包含述补结构和 VP 是其他形式，其中 A 可以不出现，"把"和"将"语法价值相等，用法有别。B 通常是定指的体词性成分，在现代汉语普通话这个共时平面，VP 不是简单形式，VP 也不是否定形式。[①]VP 是述补结构或包含述补结构的把字句中，"A 把 B—VP"中的 VP 是由有补充关系的两个成分组成的，V 可以叫作中心语，由谓词（动词和形容词合称为谓词）充当，P 是补充部分，也由谓词充当，起述说的作用，能回答"怎么样"的问题，有的补语前面有助词"得"作标志。这一类把字句分为四个小类，分别是：VP=（AD）+VR，AD 是状语，R 是结果补语、VP=（AD）+VR，R 是趋向补语、VP=VR，R 是由介词短语构成的述补结构、VP=VR+VP，VP 是包含述补结构的连谓结构；而 VP 是其他形式的把字句，"A 把 B—VP"中的 VP 又可分为五小类，分别是 VP=（AD）+一+V（状语加上"一"再加上单个动词）、VP=V（一）V（VP 是动词的重叠形式）、VP=（AD）+VR（R 是数量补语）、VP=0 或 VP=Idiom（VP 是零形式，这时的把字句是非完整形式，然而语义上常常是自足的；VP 是 Idiom，这时的 VP 是一个熟语形式）、VP=V（VP 是单个动词）。

根据崔希亮对把字句结构类型的分类模式，我们将语料库中的把字句进行了整理与分类，下文中我们提到的把字句将不再使用双引号，在分类过程中，我们发现此分类模式还有一些不完善和需要改进的地方，于是，我们对此分类模式做了一些增删、修改与补充说明。本书所采用的汉语把字句结构类型分类模式，及各类别把字句的简称如表 3-1 所示。

---

① 崔希亮. 把字句的若干句法语义问题 [J]. 世界汉语教学，1995（03）：12-21.

第三章 基于平行语料库的汉语把字句与英语被动句的跨文化翻译技巧

表3-1 汉语把字句结构类型分类模式

把字句（N1+把+N2+VP）结构类型分类	VP是述补结构或包含述补结构的把字句，简称"述补结构把字句"	VP=(AD)+VR(R是结果补语)，简称"结果补语把字句"
		VP=(AD)+VR(R是情态补语)，简称"情态补语把字句"
		VP=(AD)+VR(R是趋向补语)，简称"趋向补语把字句"
		VP=VR(R是介词短语补语)，简称"介词短语补语把字句"
		VP=VR+VP(VP是包含述补结构的连谓结构)，简称"连谓结构把字句"
	VP是其他形式把字句，简称"其他形式把字句"	VP=(AD)+一+V（状语加上"一"再加上单个动词），简称"一V把字句"
	VP是动词量化，简称"动词量化把字句"	VP=V(一)V（VP是动词的重叠形式），简称"动词重叠把字句"
		VP=(AD)+VR(R是动量补语)，简称"动量补语把字句"
		VP=Idiom（VP是一个熟语形式），简称"熟语把字句"
		VP=AD+V（VP为状中式），简称"状中式把字句"
		VP=(AD)+V+动态助词"了、着、过"，简称"动态助词把字句"
		VP=V+N3（VP为述宾式），简称"述宾式把字句"

我们将对表3-1中的汉语把字句结构类型分类模式进行说明，对于将把字句"A把B—VP"分为两大类，VP是述补结构或包含述补结构和VP是其他形式这一分类模式，我们没有异议。但对这两大类中的各小类把字句的分类模式，我们则持有一些不同意见。

首先我们来看VP是述补结构或包含述补结构的把字句，我们简称"述补结构把字句"，崔希亮将这一类把字句分为了四个小类，我们对其中两个小类进行了补充说明，并加入了一个新的小类。

1. VP=(AD)+VR，AD是状语，R是结果补语，我们简称"结果补语把字句"，这一类和崔希亮的把字句分类一样。结果补语表示因动作、行为导致的结果，结果补语前头不用助词"得"，它紧跟在谓词性词语后，中间不能插进别的成分，如打开、买着、贴上、穿上、看到、得到、卖掉、丢掉、脱下、忙坏了等，例如：

（1）你把裙子都弄湿了。①

---

① 本章中的例句均来自崔希亮的《把字句的若干句法语义问题》及我们的语料库《哈利·波特与魔法石》。

（2）费格太太把腿摔断了。

2. VP=（AD）+VR，R 是情态补语，我们简称"情态补语把字句"。这是我们新加入的一类述补结构把字句，我们认为第 1 小类"VP=（AD）+VR，AD 是状语，R 是结果补语"中的 R 不仅可以是结果补语，也可以是情态补语，情态补语用在动词后，表示对动作和状态的描写、对情况的说明与评价，情态补语前要用助词"得"，补语一般由动词、形容词及短语、小句充当。比如我们在语料库中发现了这样的句子，例如：

（3）弗农姨父当着他的面把三封信撕得粉碎。

3. VP=（AD）+VR，AD 是状语，R 是趋向补语，我们简称"趋向补语把字句"，我们对这一类把字句的划分标准进行了一个细致的说明。"R 是趋向补语"这一说法中的"趋向补语"范围有一些不明确，根据卢福波、黄伯荣等学者对"趋向补语"的定义可知，趋向补语由趋向动词组成，趋向动词是表示动作、状态发展方向的一种动词，但是我们在对语料进行整理时，却发现了这样的句子，例如：

（4）弗农姨父砰的一声把门关上。

（5）哈利非常后悔没有在走廊里就把信打开。

在例句（4）（5）里，R 都是趋向动词"上""开"等，但是这些趋向动词却不表示动作、状态的发展方向，比如趋向动词"上"表示"由低到高"，"开"表示"离开所在位置"等，所以这里就涉及趋向补语的引申义，因此我们认为例句（4）（5）也算作趋向补语把字句中的一种。所以我们会将"VP=（AD）+VR，AD 是状语，R 是趋向补语"这一小类继续分为 R 为本义趋向补语和 R 为引申义趋向补语，当 R 为引申义趋向补语的时候，我们认为它与 R 为结果补语这一类把字句的句法结构和语义关系都是一致的，后文会讨论到。

4. VP=VR，R 是由介词短语构成的述补结构，为了使分类标准更加明确及容易理解，我们认为"介词短语补语位于动词、形容词后面，由'于、自、在、到、向、往、给'等与其宾语组成的介词短语充当，补充说明动作发生的时间、处所、方向、对象、原因、来源或比较对象、数量等"[①]，所以

[①] 卢福波. 对外汉语教学实用语法 [M]. 北京：北京语言大学出版社，2015：326-327.

第三章 基于平行语料库的汉语把字句与英语被动句的跨文化翻译技巧

将"VP=VR,R 是由介词短语构成的述补结构"中的 R 定义为"介词短语补语",这一类把字句我们简称"介词短语补语把字句"。同时,有关这一类把字句中的介词短语补语,还要做一个说明,我们认为"VP=V+ 成 / 作 / 做 +NP"和"VP=V+ 趋向动词 +NP"这两个类别也属于介词短语补语把字句,因为它们的句法结构和语义关系都与这一类别的把字句大致相同,这一点会在后文进行验证,比如:

（6）他把汽车挤压成一堆废铁。

5. VP=VR+VP,VP 是包含述补结构的连谓结构,简称"连谓结构把字句",这一点遵循崔希亮的分类方法,例如:

（7）达力想把信抢过去看。

现在来看 VP 是其他形式的把字句,我们简称"其他形式把字句",如下:

1. 我们在参考叶向阳《把字句的致使性解释》[①] 中的理论之后,将崔希亮所分的第二大类"VP 是其他形式的'把'字句"中的 VP=（AD）+ 一 +V（状语加上"一"再加上单个动词）、VP=V（一）V（VP 是动词的重叠形式）和 VP=（AD）+VR（R 是数量补语）这三类归为一类,认为这一类把字句的 VP 是"动词量化",我们简称"动词量化把字句",如:

（8）邓布利多将魔杖轻轻一弹。

（9）你把头发理理。

同时,我们又在其他形式把字句中新增加了四个小类,分别是:

2. VP=Idiom（VP 是一个熟语形式）,简称"熟语把字句",如例句:

（10）他把自己的一份熏咸肉一扫而光。

3. VP 为状中式（VP=AD+V）,我们简称"状中式把字句",如例句:

（11）小家伙正在发脾气,把麦片往墙上摔。

4. VP=（AD）+V+ 动态助词"了、着、过",我们简称"动态助词把字句",如例句:

（12）因为你身上具有的某种力量把它毁了。

5. VP 为述宾式的把字句（VP=V+N3）,我们简称"述宾式把字句",如例句:

[①] 叶向阳. 把字句的致使性解释 [J]. 世界汉语教学,2004（02）:25-39+2-3.

67

(13)达力用他的乌龟把温室的屋顶砸了个窟窿。

在对把字句句法结构的分类模式进行增删与修改以后,在接下来的研究中都将以这种分类模式为基础,这种对把字句结构的分类模式涵盖了语料库中的所有把字句,所以这种分类模式也有助于对把字句与其英语对应句进行更全面的研究。

(二)汉语把字句与英语对应句的句法结构

在分析把字句和其英语对应句的句法结构过程中,会采用以下一些术语及说法。

我们将把字句的句法形式统一表示为"N1+把+N2+VP",其中VP是动词短语,如果是述补结构把字句,则可以表示为"N1+把+N2(+AD)+V+R",其中AD是状语,R是补语;其英语对应句如果是致使句形式,则可以表示为"N1+V+N2+RP",其中RP为结果短语(Resultative Phrases),RP还可以分为名词短语NP(Noun Phrases)、形容词短语AP(Adjective Phrases)、介词短语PP(Prepositional Phrases)、副词短语Adv.P(Adverbial Phrases)等。

下面我们将会逐一对各类把字句与其英语对应句进行句法结构上的对比与分析。

1. 述补结构把字句与英语对应句的句法结构

(1)《哈》中结果补语把字句与英语对应句句法结构

在汉译本《哈》中,我们一共找到47个结果补语把字句,其句法结构为:N1+把+N2+VR(R是结果补语),经过分析与观察,我们发现所有的结果补语把字句都可以转换为N1+V+R+N2结构的汉语句子,如:结果补语把字句"费格太太把腿摔断了"就可以转换为"费格太太摔断了腿"。我们根据这些结果补语把字句的英语对应句句法结构,将结果补语把字句又分为如下三类。

第一类结果补语把字句的英语对应句句法结构为N1+V+N2(结果内隐型致使句),例如:

① 他总是把什么都弄坏了!

He always sp-spoils everything!

他 总是 破坏 所有的东西

第三章　基于平行语料库的汉语把字句与英语被动句的跨文化翻译技巧

② 费格太太把腿摔断了。
Mrs. Figg's broken her leg.
费格太太　使……碎　她的腿
③ 哈利紧张地拼命把头发抚平。
Harry nervously tried to flatten his hair.
哈利　紧张地　试着　使……平　他的头发

以上及下文所列出的每个例句的顺序依次为汉译本《哈》语料库中的把字句、把字句在其英文原版 *Harry Potter and the Philosopher's Stone* 语料库中的英语对应句、根据把字句的英文原版对应句直译成汉语的句子。

在例①—③中我们发现，这些结果补语把字句"N1+把+N2+VR（R是结果补语）"中的主语 N1 都是某个人，如"他、费格太太、哈利"等自主性较强的人称代词，主语发出一个动作 V "弄、摔、抚"等，致使宾语 N2，如"什么（所有的东西）、腿、头发"等自主性较弱的生命体或无生命体，产生一个状态、性质或位置的变化，而这些变化则通过结果补语 R，如"坏、断、平"等形容词或动词来充当；这些把字句的英译形式都为 N1+V+N2，主语"he、Mrs. Figg、Harry"等也都是自主性较强的人称代词，主语 N1 发出一个动作 V，如"spoil（糟蹋、破坏）、break（摔断）、flatten（使……平坦）"等，致使宾语 N2 "everything、her leg、his hair"等产生性质或状态的改变。我们在《牛津高阶英汉双解词典》（第七版）（以下简称《英汉》）里一一对这些谓语动词进行查阅，发现它们在这里都作为及物动词使用，而且这些谓语动词中其实已经隐含了致使结果，如例①中 spoil，在《英汉》中的解释是：to change sth. good into sth. bad, unpleasant, useless, etc.（破坏；搞坏；糟蹋；毁掉）①，其本身就有"糟蹋；破坏"的意思，致使结果已隐含在动词 spoil 中，所以 spoil everything 就已经有"破坏/弄坏所有的东西"之意义，在英语中就不必再像汉语"他总是把什么都弄坏了"一样，加一个副词"坏"作为补语表达"坏了"这个含义了。同理，例句②中的 break，在《英汉》中作为及物动词的解释是：to be damaged and separated into two or more parts, as a result of force; to damage sth. in this way（使破,裂,碎），

---

① 霍恩比. 牛津高阶英汉双解词典（第七版）[M]. 王玉章，等译. 北京：商务印书馆，2009：1943.

有"使(腿)碎"的意思,致使结果"断"已经隐含在动词 break 中,所以 break her leg 就是"使她的腿骨折/摔断她的腿",就不必像汉语"费格太太把腿摔断了"一样,再额外加补语"断了""坏了"说明致使的结果了。所以这种类型的把字句一般与英语致使句中的结果内隐型致使句 N1+V+N2 相对应,且 V 为具体词汇致使动词,且为及物动词。

同时我们发现,有些结果补语把字句的补语出现频率很高,如"走""掉"等,它们的英语对应句是否也遵循一定规律?于是我们对结果补语为"走"和"掉"的结果补语把字句与其英语对应句进行了对比与分析,例如:

④德思礼先生把猫从脑海里赶走了。
Mr. Dursley put the cat out of his mind.
德思礼先生　移动　猫　出去　从　他的脑海里
⑤我最好把车弄走。
I'd best get this bike away.
我　最好　使　这辆自行车　离开
⑥哈利梦见某一位亲戚突然来把他接走。
Harry had dreamed of some unknown relation coming to take him away.
哈利　梦见　某位　不认识的　亲戚　来　拿　他　离开

我们发现在例句④—⑥中,结果补语"走"表示"离开(原来位置)"的意思,它一般与英语中的副词 away 相对应,away 在《英汉》中作为副词(adverb)的解释是:to a different place or in a different direction(去别处;朝另一个方向),如例句④—⑥,它们的英语对应句的形式为"N1+V+N2+Adv. P",例句④和⑤⑥稍有不同,是因为例句④"把猫从脑海里赶走"中,谓语动词"赶"之前还有一个状语"从脑海里"对动作"赶"进行限定,这一点体现在英语中就是 out of his mind。

接下来我们来分析结果补语为"掉"的把字句与其英语对应句之间的关系,例如:

⑦岩皮饼差点把他们的牙都硌掉了。
The rock cakes almost broke their teeth.
岩皮饼　差一点　使……碎　他们的牙
⑧他想把它扯掉。

第三章 基于平行语料库的汉语把字句与英语被动句的跨文化翻译技巧

He tried to pull it off.

他 试着 拉 它 掉

⑨ 哈利连忙把闹钟铃关掉。

Harry turned it off quickly.

哈利 转动 它 关 很快地

⑩ 我已经把信烧掉了。

I have burned it.

我 已经 烧 它

我们发现这里的结果补语"掉"表示"离开、分离"的意思，在《现代汉语词典》（第七版）（后文简称《现》）中用作动词的解释之一是："用在某些动词之后，表示动作的结果"，在例句⑨和⑩"关掉、烧掉"中的结果补语"掉"表示谓语动词"关、烧"这个动作的结果，因为在汉语中致使动词"关、烧"也包含了致使的结果，同样，它们的英语对应句中的致使动词 burn 等大都也包含了致使结果，如：burn 在《英汉》中的解释是：to destroy, damage, injure or kill sb. /sth. by fire（使烧毁、烧坏、烧伤、烧死），所以它们的英语对应句句法结构一般为结果内隐型致使句 N1+V+N2，或者结果外显型致使句 N1+V+N2+Adv.P。而例句⑦和⑧里的"掉"则表示"离开、分离"的意思，但是例句⑦的原语英语中动词用了"break"，所以例句⑦翻译为"岩皮饼差点把他们的牙都硌碎了"更合适，例句⑧里的致使动词 pull 并不是包含致使结果的动词，所以还要再加一个结果短语"off"来表示致使结果"掉"，这一点同其汉语对应形式"扯掉"一致。

总而言之，如果汉语结果补语把字句中的结果补语表示的意义较虚，如"掉（表示动作的结果）"等，其英语对应句的句法结构一般为结果内隐型致使句 N1+V+N2，如例句⑩；如果结果补语表示的意义是实际意义，如"走（表示离开原来位置）""掉（离开、分离）"等，则其英语对应句句法结构一般为结果外显型致使句，如例句④、⑤、⑥、⑧。

第二类结果补语把字句的英语对应句句法结构为 N1+V+N2+PP，共有 3 例，例如：

⑪ 皮尔则赌咒说这条巨蟒想把他缠死。

Piers was swearing it had tried to squeeze him to death.

71

皮尔 咒骂说 它 想 缠 他 到 死

例句⑪中的主语"这条巨蟒"发出一个动作"缠"致使宾语"他"产生一个结果，就是"死"，而"死"作为"缠"的补语，来补充说明这个动作的结果；在英语中，it 发出一个动作，也就是致使动词 squeeze，致使 him 产生 death 的结果，在这个句子中，to death 是动词 squeeze 的结果短语 RP，这里的介词 to 表示动作 squeeze 结束后，尚有一段时间间隔，状态变化"dead"才开始。其实在汉语中也有类似表达方法，如：我要把它折磨到死 / 我要把它折磨死（I'll torture it to death.）（自编）①。

第三类结果补语把字句的英语对应句形式为 N1+V+N2+Adv.P，共有 12 例，如上文所谈到的例句④、⑤、⑥、⑧、⑨以及以下例句：

⑫ 他把信箱钉死了。

He nailed up the letter box.

他 用钉子钉牢 信箱

⑬ 弗农姨父找来锤子、钉子，把前门后门的门缝全都用木板钉死。

He got out a hammer and nails and boarded up the cracks around the front and back doors so no one could go out.

他 找出 锤子和钉子 然后 用木板封住 缝隙 在……周围 前门 和 后门 没有 一个门 能 出去。

我们可以看到例句⑫和⑬中的主语"他、弗农姨父"发出一个动作"钉"致使宾语"信箱、前门后门的门缝"产生"死"的结果，这里的"死"是一个形容词，作为结果补语修饰动词"钉"，表示"不能通过"（见《现代汉语词典第 7 版》）的意思；而它们的英语对应句形式则用了不同的致使动词 nail（to fasten sth. to sth. with a nail or nails，用钉子钉牢，固定）和 board（board sth. up 作为动词短语，表示 to cover a window, door, etc. with wooden boards，用木板封住窗、门等），在查阅《英汉》后我们发现这些动词都是及物动词，而且属于隐含致使结果的致使动词，那么这里的副词 up 是什么意思呢，它是否也像汉语的补语一样去补充说明谓语动词呢？这

---

① 文中所有自编的汉语句子都是经过至少三位以汉语为母语的中文相关专业研究生检查确定而得来，可以保证语法、语义及语用上没有错误，而其英语翻译也是结合有道翻译和谷歌翻译并经过笔者本人以及至少一位以英语为母语的本科生或研究生确定无误而得来。

第三章 基于平行语料库的汉语把字句与英语被动句的跨文化翻译技巧

里我们采用以下的观点，认为动词短语 nail up 和 board up 中的 up 在这里只起强调作用，整个动词短语的意义主要由动词决定。①

另外，我们在将把字句转换为其他句法结构的汉语句子时，发现如果把字句后面的宾语是一个普通名词，则它在转换为 N1+V+R+N2 这一句法结构的时候，最好在这一宾语前加上一个确指的数量词来对它进行限定，如：

A. 咱们最好还是把事情办妥 = 咱们最好还是办妥这件事情

We'd better get this over with.

B. 我最好把车弄走 = 我最好弄走这辆车

I'd best get this bike away.

C. 我想把火扑灭 = 我想扑灭那把火

I tried to put it out.

D. 他也没把书全部背会 = 他也没全部背会这些书

He hadn't learned all the set books off by heart either.

黄伯荣和廖序东在《现代汉语》中认为"把"的宾语一般来说在意念上是确定的、已知的人或事物，因此前面常常带上"这、那"一类的修饰语。② 同时卢福波在《对外汉语教学实用语法》中也认为"把"字的宾语一般是确指、通指或有所指的，也就是听者要知道说话者具体所指什么，表现在形式上就是名词前一般不接受不确指的数量限定。③ 把字句本身表示一种致使义，在使用把字句的时候就已经给听者一个提示，"把"字的宾语是确指的，所以当我们将把字句转换为主谓句的时候，我们就要在宾语前加上一个确指的数量限定词，来保证听者从句子得到的信息是确指的，否则会造成意义不明确。在其英语对应句中也是如此，我们可以看到以上 4 个例句中，它们的英语对应句的宾语前面都会带上"this、that、the"等限定词，如果没有这些限定词，宾语也会是一个人称代词 he、she、it 等。

总而言之，结果补语把字句都可以转换为 N1+V+R+N2 句法结构的汉语句子，但是在转换的时候，要注意"把"字后宾语的确指问题；同时 47 个结果补语把字句的英语对应句形式中，有 19 个是结果内隐型致使句，有

---

① QUIRK R. et al. A grammar of contemporary English[M]. London: Longman, 1973.

② 黄伯荣，廖序东. 《现代汉语》（修订版）[M]. 北京：高等教育出版社，1991：15.

③ 卢福波. 对外汉语教学实用语法[M]. 北京：北京语言大学出版社，2007：12.

73

15个是结果外显形致使句,还有13个结果补语把字句的英语对应句属于其他情况,比如运用了"make""let""have"等带有致使意义的动词,由此我们可以看出大部分结果补语把字句都对应英语中的结果内隐型致使句。

(2)《哈》中情态补语把字句与英语对应句句法结构

在汉译本《哈》中,我们一共找到12个情态补语把字句,它们的句法结构是"N1+把+N2+VR",经过分析与观察,根据它们是否可以被转换为其他句法结构的汉语句子,将它们分为以下两类。

第一类是可以转换为"N1+V+得+N2+R"句法结构的情态补语把字句,在这12个情态补语把字句中有2个可以转换为这种句法结构的汉语句子,孙德金在《汉语语法教程》中认为把字句后面的动词如果带上了有"得"的补语,则必须要用把字句,①我们通过分析,认为这种说法适用于大部分情况,但是汉译本《哈》语料库中仍有两种情况可以转换为"N1+V+得+N2+R"句法结构的汉语句子,如例句:

① 如果他曾经打败过世界上最强大的魔法师,达力为什么能像踢足球那样把他踢得到处乱跑呢?(=达力为什么能像踢足球那样踢得他到处乱跑呢?)

If he'd once defeated the greatest sorcerer in the world, how come Dudley had always been able to kick him around like a football?

② 巨人又坐回到沙发上,沉重的身躯把沙发压得直往下塌。(=沉重的身躯压得沙发直往下塌。)

The giant sat back down on the sofa, which sagged under his weight.

N1+V+N2+RP,如例句①。

从例句①②中我们可以看出它们都是情态补语把字句,它们的情态补语为"到处乱跑、直往下塌",这种补语都是状中结构的短语,且其谓语中心语"跑、塌"的主语"他、沙发、我"与把字句后面的宾语N2一致。但是英语中却不这样表达,如例句(1)中的情态补语"(踢得)他到处乱跑"就对应英语中的"(kick)him around"。

第二类是不可以转换为其他句法结构的情态补语把字句,共有10例,

---

① 孙德金. 汉语语法教程[M]. 北京:北京语言文化大学出版社,2002:29.

第三章 基于平行语料库的汉语把字句与英语被动句的跨文化翻译技巧

其中有 8 例英语对应句形式为结果外显型致使句，我们选取 1 个例句进行分析，如：

③他刚要开口，弗农姨父已经当着他的面把三封信撕得粉碎。

He began, but uncle Vernon was tearing the letters into pieces before his eyes.

"弗农姨父把三封信撕得粉碎"不可以转换为其他句法结构，主语 N1"弗农姨父"通过"撕"这个动作致使 N2"三封信"产生了"粉碎"的结果，"粉碎"是"撕"的情态补语；其英语对应句的句法结构为 N1+V+N2+PP，uncle Vernon was tearing the letters into pieces，主语 N1"uncle Vernon"通过 tear 这个动作致使 N2"the letters"产生 into pieces 的结果。

总而言之，大部分情态补语把字句都不可以转换为其他句法结构的汉语句子，除了我们之前讨论到的第一类情态补语把字句。另外，情态补语把字句的英语对应句一般为结果外显型致使句 N1+V+N2+RP。

（3）《哈》中趋向补语把字句与英语对应句句法结构

在汉译本《哈》中，我们一共找到 43 个趋向补语把字句，经过分析与观察，我们根据趋向补语把字句的英语对应句句法结构及这些趋向补语把字句是否可以转换为其他句法结构的汉语句子，将这些趋向补语把字句分为如下五类。

第一类，它们的英语对应句句法结构为 N1+V+N2+Adv.P，同时，这类把字句也可以转换为 N1+VR+N2 结构的汉语句子，如例句：

①他从床底下找到一双袜子，从其中一只袜子上抓下一只蜘蛛，然后把袜子穿上。（＝然后穿上袜子。）

He found a pair under his bed and, after pulling a spider off one of them, put them on.

②哈利用颤抖的手把信封翻过来，只见上面有一块蜡封、一个盾牌饰章，大写"H"字母的周围圈着一头狮子、一只鹰、一只獾和一条蛇。（＝哈利用颤抖的手翻过来这封信 / 翻过信来。）

Turning the envelope over, his hand trembling, Harry saw a purple wax seal bearing a coat of arms; a lion, an eagle, a badger and a snake surrounding a large letter H.

③弗农姨父拆开有账单的信封，厌恶地哼了一声，又把明信片轻轻翻

转过来。（=又轻轻翻转过来这张明信片／翻转过明信片来。）

Uncle Vernon ripped open the bill, snorted in disgust, and flipped over the postcard.

④"那是写给我的！"哈利说，想把信夺回来。（=想夺回来这封信／想夺回信来。）

"That's mine!" said Harry, trying to snatch it back.

⑤把胳膊抬起来。（=抬起来你的胳膊／抬起胳膊来。）

Hold out your arm. That's it.

⑥哈利把信捡了起来，目不转睛地盯着看。（=哈利捡起来这封信／捡起信来。）

Harry picked it up and stared at it.

从例句①—⑥中我们可以看出这些趋向补语把字句的主语 N1 都是致使者，致使者发出一个动作 V，也就是"把"字后的谓语动词"穿、翻、翻转、夺、抬、捡"等，这个动作致使"把"字后宾语 N2 产生一个位置移动的结果，而在汉语把字句中，这个位移结果由趋向补语"上、过来、回来、起来"等表达，构成趋向补语的趋向动词分为单纯趋向动词和合成趋向动词，合成趋向动词表示双重方向，比如例句⑤和⑥中的"起"表示由某一点向上，"来"则表示靠近说话的人。值得注意的是，例句①—⑥都可以转换为 N1+VR+N2 结构的汉语句子，而且如果趋向补语为合成趋向动词，则宾语 N2 还可以放在合成趋向动词之间，如"哈利把信捡了起来=哈利捡起来这封信=哈利捡起这封信来"，还有一点需要注意的是，把字句在转换为 N1+VR+N2 结构的汉语句子以后，如果宾语 N2 是普通名词，最好加上一个确指的数量限定词，前文已经讨论过；我们还可以发现这些把字句的英语对应句句法结构为 N1+V+N2+Adv.P，在其英语对应句中，主语 N1 都是致使者，致使者发出动作"put、turn、flip、snatch、hold、pick"，致使宾语 N2 沿着"on、over、back、out、up"等副词所表示的方向进行移动，并产生一个位移结果，所以这些位移结果和移动路径都由英语中表示方向的副词表达。另外，汉语和英语中的谓语动词 V 都为及物动词。

第二类，它们的英语对应句句法结构为 N1+V+N2+AP，同时这些把字句也可以转换为 N1+VR+N2 结构的汉语句子，例如：

第三章 基于平行语料库的汉语把字句与英语被动句的跨文化翻译技巧

⑦ 弗农姨父伸手抱住哈利的腰，把他扔到了走廊里。佩妮姨妈和达力双手抱头逃出屋去，弗农姨父砰的一声把门关上。（＝弗农姨父砰的一声关上门。）

Uncle Vernon seized Harry around the waist and threw him into the hall. When aunt Petunia and Dudley had run out with their arms over their faces, uncle Vernon slammed the door shut.

⑧ 走，回去上那辆该死的车吧，回去的路上别跟我说话，不过我最好还是把嘴闭上。（＝我最好还是闭上嘴。）

Come on, back in this infernal cart, and don't talk to me on the way back, it's best if I keep me mouth shut.

⑨ 孪生兄弟随手把包厢门拉上了。（＝孪生兄弟随手拉上了包厢门。）

The twins slid the compartment door shut behind them.

从例句 ⑦—⑨ 我们可以看出这种趋向补语把字句中的趋向补语"上"其实表示趋向补语的引申义，也就是"靠近或合拢、关闭"的意思，所以这时候的趋向补语所对应的则是英语中表示物体性质或状态的形容词，致使者主语 N1 通过动词"关、闭、拉"等表示的动作致使宾语 N2"门、嘴"等产生"关闭、合拢"的结果，这种结果就由趋向补语"上"表示，同时，这里的把字句也可以转换为 N1+VR+N2 结构的汉语句子；其英语对应句的句法结构为 N1+V+N2+AP，主语 N1 通过谓语动词"slam、keep、slide"等表示的动作，致使宾语 N2"the door、my mouth、the compartment door"产生"shut（关闭的）"的结果。所以，当趋向补语把字句中的趋向补语所表示的意义是它的引申义的时候，这种把字句的英语对应句一般为结果外显型致使句中的 N1+V+N2+AP。

第三类，它们的英语对应句句法结构为 N1+V+N2+PP，同时这类把字句也可以转换为 N1+VR+N2 结构的汉语句子，例如：

⑩ 如果帽子扣在头上盖住他的眼睛好长时间，最后还是麦格教授把帽子从他头上拽下来，然后说，明摆着是搞错了，要他最好还是坐火车回去，那又会怎么样呢？（＝最后还是麦格教授从他头上拽下来这顶帽子。）

What if he just sat there with the hat over his eyes for ages, until Professor Mc Gonagall jerked it off his head and said there had obviously been a mistake

77

基于语料库的跨文化英语翻译技巧研究

and he'd better get back on the train?

⑪ 哈利接过魔杖，刚挥了一下，奥利凡德先生就立刻把魔杖从他手里夺了过去。（=奥利凡德先生就立刻从他手里夺过了魔杖。）

Harry took the wand and waved it around a bit, but Mr. Ollivander snatched it out of his hand almost at once.

⑫ 但是当他把第一批烤好的，六根粗粗的，油汪汪的，稍稍有点焦的香肠从拔火钳上拿下来时，达力有些坐不住了。（=当他从拔火钳上拿下来第一批……的香肠时）

But as he slid the first six fat, juicy, slightly burnt sausages from the poker, Dudley fidgeted a little.

⑬ 他隔着沙发把枪从弗农姨父手里抢过来，轻轻一撅，绾了一个节，把它扔到屋角，仿佛这支枪是用橡皮做的。（=他隔着沙发从弗农姨父手里抢过来这把枪。）

He reached over the back of the sofa, jerked the gun out of Uncle Vernon's hands, bent it into a knot as easily as if it had been made of rubber, and threw it into a corner of the room.

从例句 ⑩—⑬ 可以看出，这些趋向补语把字句中，谓语动词前都有表示处所或方向的介宾短语作状语来修饰谓语动词，其句法结构都为"N1+把+N2+从……N3 上／下／里等（方位名词）+VR"。这些趋向补语把字句虽然也表示主语 N1 致使者通过谓语动词 V 所表示的动作"拉、拽、夺、拿、抢"致使宾语 N2 "我、帽子、魔杖、香肠、枪"向趋向补语所表示的"开、下来、过去、过来、起来"等方向进行位移，但是这里宾语 N2 的位置改变有一个明确的起点，这些把字句中明确说明了被使者宾语 N2 原来的位置 N3，那么这时候，这些把字句其实也可以转换为 N1+（AD）+VR+N2 结构的汉语句子，而表示被使者 N2 原来位置的限定短语则可作为状语 AD 修饰 V，如"奥利凡德先生把魔杖（从他手里）夺了过去"可以转换为"奥利凡德先生（从他手里）夺过去魔杖"。

那么这类趋向补语把字句的英语对应句则为 N1+V+N2+PP，主语 N1 为致使者，发出 jerk（猛拉）、snatch（夺）、slide（滑）等动作 V，致使宾语 N2 发生 off his head、out of his hand、from the poker、out of Unde Vernon's

第三章　基于平行语料库的汉语把字句与英语被动句的跨文化翻译技巧

hands 的位置改变，而在英语中，这些位置的改变都由介词短语 PP 表示或由"副词+介词短语"表示，与汉语相比，英语的句法结构则较为简单清楚，如：

A.　Yeye pulled me away from Baba．

爷爷　拉　我　开　从　爸爸

（爷爷把我从爸爸怀里拉开 / 爷爷从爸爸怀里拉开我。）

B.　Professor Mc Gonagall jerked it off his head．

麦格教授　拽　它（帽子）　离开（下来）　他的头

（麦格教授把帽子从他头上拽下来 / 麦格教授从他头上拽下来这顶帽子。）

可以看出，英语的 N1+V+N2+PP 句法结构与汉语中把字句转换成的 N1+（AD）+VR+N2 结构比较相似，只不过汉语用状语（从爸爸怀里、从他头上）来表示宾语 N2 的原始位置，用趋向补语 R（开、下来）来表示宾语 N2 位置的改变方向，而英语的介词短语 PP 有时候既表示了宾语 N2 的原始位置（Baba、his head），又表示了宾语 N2 位置的改变方向（from...、off...）。

总而言之，这种趋向补语把字句由于 VP 中包含了状语 AD 对 V 的限定，所以它的英语对应句句法结构一般都要用"介词+地点"这样的介词短语 PP 来表示致使的结果。

第四类，它们的英语对应句句法结构为 N1+V+N2，同时它们也可以转换为 N1+VR+N2 结构的汉语句子，例如：

⑭ 哈利发现自己一直张着嘴，连忙把嘴闭上。（＝连忙闭上嘴。）

Harry realized his mouth was open and closed it quickly.

从例句 ⑭ 中，我们可以看出，这些把字句中的趋向补语"上"其实表示的也是一种引申义，已经不表示宾语 N2"嘴"的方向或位置的改变，如"把嘴闭上"里的趋向补语"上"表示"靠近或合拢、关闭"的意思，所以它们英语对应句句法结构为 N1+V+N2，一般为结果内隐型致使句，而且动词"close（关闭）"是及物动词，一般隐含了致使结果，所以不会再加入形容词、副词或者介词短语表示致使结果。

第五类，它们的英语对应句句法结构为 N1+V+N2+PP，但是这种类型

79

的把字句则不可以转换为其他结构的汉语句子，在汉译本《哈》中43个趋向补语把字句中，我们发现只有3个句子必须使用趋向补语把字句的句法结构，所以我们对这三个句子进行了分析：

⑮A. 弗农姨夫一边吼叫，一边把佩妮姨妈和达力朝另一间屋拖去。（=一边朝另一间屋拖佩妮姨妈和达力。）

Uncle Vernon roared, pulling aunt Petunia and Dudley into the other room.

B. 哈利拿起一本温迪克教授著的《魔咒与破解魔咒》，海格好不容易才把哈利从这本书前拖开。（=海格好不容易才从这本书前拖开哈利。）（这句话可以转换为其他句式）

Hagrid almost had to drag Harry away from curses and counter curses by Professor Vindictus Viridian.

⑯ 有一次他把我从黑湖码头推了下去，差一点把我淹死，结果什么事也没有发生。（=他从黑湖码头推我下去。）

He pushed me off the end of Blackpool pier once, I nearly drowned, but nothing happened.

⑰我想你大概是没有把坩埚从火上端开就把豪猪刺放进去了,是不是？（=就放豪猪刺进去了。）

I suppose you added porcupine quills before taking the cauldron off the fire.

我们可以看出例句⑮A 和 ⑯、⑰ 都是必须使用把字句句法结构的，它们的趋向补语"去、下去、进去"中的"去"都表示"背离说话人或叙述人的方向"，而且在句子中，也明确说明或暗含了宾语 N2 移动后的最终位置，下面我们来对这四个例子进行分析：

A. 弗农姨父把佩妮姨妈和达力朝另一间屋拖去。

Uncle Vernon pulled aunt Petunia and Dudley into the other room.

弗农姨父　拖　佩妮姨妈和达力　朝　另一间屋子

B. 他把我从黑湖码头推了下去（结果：进到湖里）。

He pushed me off the end of Blackpool pier（into the pool）.

他　推　我　从……落下　尽头　黑湖码头（进水池里）

第三章　基于平行语料库的汉语把字句与英语被动句的跨文化翻译技巧

C. 你没有把坩埚从火上端开就把豪猪刺放进（坩埚）去了。

You added porcupine quills（into the cauldron） before taking the cauldron off the fire .

你　加　豪猪刺（进坩埚里）　先于　拿　坩埚　离开　火

D. 海格把哈利从这本书前拖开。

Hagrid dragged Harry away from the book.

海格　拖　哈利　离开　从　书

A 中主语 N1 "弗农姨父" 发出动作 V "拖"（谓语）致使宾语 N2 "佩妮姨妈和达力" 的位置 "朝另一间屋" 移动，因为在把字句中的谓语 V 不可以是孤零零的单个动词，一定要连接其他成分以表示把字句所表示的宾语 N2 的位置改变结果，[①] 所以在其谓语动词 V "拖" 后要加一个趋向补语 "去" 表示 "背离说话人或叙述人的方向"；B 中主语 N1 "他" 发出动作 V "推" 致使宾语 N2 "我" 的位置 "从黑湖码头" "下去" 了，这里的 "下去" 作为 "推" 的补语表示 "由高到低，离说话人而去"，但是因为事件发生在 "码头"，所以我们都知道 N2 "我" 最终会 "掉进水池里"，也就是宾语 N2 "我" 移动后的最终位置是隐含在这个事件中的；C 中有一个假设动作和一个真实动作，我们为了方便分析将这句话转换为 "你应该先把坩埚从火上端开再把豪猪刺放进去"，我们先来分析 "你把豪猪刺放进去"，这句话不可以转换为 "你放进去豪猪刺"，因为主语 N1 "你" 通过发出动作 V "放" 致使 N2 "豪猪刺" 的位置 "进去（到坩埚里）"，宾语 N2 "豪猪刺" 的位置也是隐含在这个事件中的，因为前文已经提到了 "坩埚"，但是 "你把坩埚从火上端开" 就可以转换为 "你从火上端开坩埚"，同理，D 中 "海格把哈利从这本书前拖开" 可以转换为 "海格从这本书前拖开哈利"，因为这两句话只说明了宾语 N2 "坩埚" 和 "哈利" 的原始位置，并没有明确表明或暗含宾语 N2 被移动后的最终具体位置，而是用一个方向相对模糊的趋向补语 "开"（表示离开所在的位置）来表示宾语 N2 被移动后的位置。

我们再来看这种趋向补语把字句的英语对应句，它们的句法结构为 N1+V+N2+PP，有时候，英语的介词短语 PP 中则既表示了宾语 N2 的原始

[①] 卢福波. 对外汉语教学实用语法 [M]. 北京：北京语言大学出版社，2015：390.

位置（the end of Blackpool pier），又表示了宾语 N2 位置的改变（off, down or away from a place, 从某处落下或离开），如例句 B。

总而言之，趋向补语把字句一般都可以转换为 N1+VR+N2 结构的汉语句子，但是若趋向补语把字句中明确表明或暗含了宾语 N2 被移动后的具体位置，则这个时候最好要使用把字句，而不要使用其他句法结构的句子；43 个趋向补语把字句中，有 9 个英语对应句句法结构属于结果内隐型致使句 N1+V+N2，有 34 个属于结果外显型致使句，由此可见，大部分趋向补语把字句的英语对应句形式都为结果外显型致使句。

（4）《哈》中介词短语补语把字句与英语对应句句法结构

在汉译本《哈》中，我们一共找到 103 个介词短语补语把字句，这种类别的把字句是述补结构把字句中所占比例最大的。我们在第一章中已经做了说明，我们所研究的介词短语补语把字句中的介词将不限于"于、自、在、到、向、往、给"等，我们将动词"成/作/做"和"趋向动词"与其宾语组成的动宾短语也算作介词短语补语把字句中的介词短语补语。所以，我们将根据介词短语补语把字句中作为补语的介词短语或动宾短语将介词短语补语把字句分为以下三类。

第一类，这类介词短语补语把字句的补语一般由介词"给"与其宾语组成，"给"在《现代汉语词典（第六版）》（以下简称《现汉》）中的解释是：用在动词后面作为介词，表示交与、付出，如果动词本身有给予意义，后面可用也可不用"给"，如"送给他一本书"，如果动词本身没有给予意义，后必须用"给"，[1] 如"留给儿子一串钥匙、捎给他一个包袱"，我们在语料库中一共找到 12 个这样的把字句，例如：

① "我可以把我的身家性命托付给他。"邓布利多说。

"I would trust Hagrid with my life," said Dumbledore.

② 每年达力生日这一天，他的父母总带着他和另一位朋友出去玩一天，上游乐园、吃汉堡包或是看电影，却把哈利留给费格太太，一个住得离这里有两条街的疯婆子。

Every year on Dudley's birthday his parents took him and a friend out for the

---

[1] 中国社会科学院语言研究所词典编辑室. 现代汉语词典 [M]. 北京：商务印书馆，2012：442.

day, to adventure parks, hamburger bars or the cinema. Every year, Harry was left behind with Mrs Figg, a mad old lady who lived two streets away.

③纳威戴着帽子就跑掉了，最后不得不在一片哄笑声中又一遛小跑回来，把帽子还给了麦克道格。

Neville ran off still wearing it, and had to jog back amid gales of laughter to give it to MacDougal.

从例句①—③我们可以看出，这类把字句的句法结构是 N1+ 把 +N2+V+ 给 +N3，这一类把字句的英语对应句句法结构一般为 N1+V+N2+to+N3 或 N1+V+N3+N2，虽然例句①中的英语对应句是用动词短语"trust sb. with sth./sb.（to give sth. /sb. to a person to take care of because you believe they would be very careful with it/them；托付；托交；把……委托给某人照管）"来表达，但根据这个动词短语在《英汉》中的解释，我们其实可以将例句①中的英语对应句理解为"I would give my life to Hagrid to take care of"；同时，我们发现，这类把字句在转换为其他句法结构的汉语句子时比较别扭，比如说例句②转换后为"却留给费格太太（一个）哈利"，虽说句法结构上可以，语义上却不可以。它们的主语 N1 一般为人称代词，通过动作 V"托付、留、还"等动作，致使宾语 N2 的位置或所有权从 N1 转移到了 N3 手里，其实这类把字句也明确表达了宾语 N2 位移后的具体位置，在其英语对应句句法结构中用介词短语 PP 来表达，如例句③"Neville gave it to MacDougal"这里的介词短语 PP "to MacDougal"不仅表示物体 N2 所到达的目的地，而且还表示该物体将会有新的"所有者"N3，这一点同汉语的介词短语补语功能一样。

④他把账单和明信片递给弗农姨父。（=他递给弗农姨父一封账单和一张明信片。）

He handed uncle Vernon the bill and the postcard.

⑤而这位先生好心地同意把船借给我们。（=而这位先生好心地同意借给我们他的船。）

And this gentleman's kindly agreed to lend us his boat.

从例句④—⑤我们可以看出，这种把字句的句法结构也为"N1+ 把 +N2+V+ 给 +N3"，但是它们的英语对应句句法结构是"N1+V+N3+N2"，同时，这两个把字句可以转换为"N1+V+ 给 +N3+N2"，如例句③的汉语和英语都可做如下转换：

他把帽子还给了麦克道格。/ 他还给麦克道格那顶帽子了。

He gave the hat to MacDougal./ He gave MacDougal the hat.

其实在英语和汉语中都会有双宾语句法结构，虽然它们之间有时候可以互相转换，但是也会有一定的语义限制，我们后文再探讨，这里我们只看其句法结构是否有限制，在英语中"N1+V+N2+to+N3"转换为"N1+V+N3+N2"，只需去掉介词并将"与事"N3 提前即可，但在汉语中，若将"N1+ 把 +N2+V+ 给 +N3"转换为"N1+V+ 给 +N3+N2"，不仅需要去掉"把"字，提前"与事"N3，还要注意"受事"宾语 N2 的有定问题，在使用把字句的时候就已经告诉听者宾语 N2 是定指了，所以在转换为非把字句时，要给宾语 N2 加一个限定词。

第二类，这类把字句的句法结构一般为"N1+ 把 +N2+V+ 到 / 向 / 在 + 名词短语（+ 方位名词）"，其英语对应句句法结构一般为结果外显型致使句"N1+V+N2+PP"，一共有 66 例，如：

⑥德思礼太太把唧哇乱叫的达力塞到了儿童椅里。

MrsDursley wrestled a screaming Dudley into his high chair.

德思礼太太　塞　一个　唧哇乱叫的　达力　到　他的儿童椅　里

例句⑥中的介词短语补语把字句句法结构是"N1+ 把 +N2+V+ 到 + 名词短语（+ 方位名词）"，我们在语料库中一共找到 45 个这种句法结构的把字句，主语 N1"德思礼太太"发出一个动作 V"塞"致使宾语 N2"达力"的位置移动"到"了"儿童椅里"，介词"把"将动词 V"塞"所支配的对象 N2"达力"提到动词 V 前作状语，介词短语补语"到了儿童椅里"修饰动词"塞"，表示宾语 N2 位移后的结果。这种表示致使移动且明确表示位置移动后结果的把字句是不可以转换为其他句法结构的句子的；我们可以看到其英语对应句句法结构一般为结果外显型致使句"N1+V+N2+PP"，根据王寅先生的观点，这是英语中的一种使动构式（Cause-motion constructions），主要指施力者 N1 发出一个动作 Vt，使对象 N2 朝着某一方向，经过某一途径做出了移动[①]，（Goldberg）认为使动构式（Acauses C to move D）

[①] 王寅. 构式语法研究（下卷）：分析应用 [M]. 上海：上海外语教育出版社，2018：147.

第三章 基于平行语料库的汉语把字句与英语被动句的跨文化翻译技巧

典型的补语为介词短语，如例句⑥中的介词短语 PP "into his high chair"，这句话意为 Mrs. Dursley 发出一个动作 wrestle，使得对象 Dudley 沿着由介词短语 PP "into his high chair" 所表示的方向移动了一段路程，从而到达了一个目的地，因此，英语中这个作补语的介词短语 PP 往往可兼有"方向""路径"和"目的"的意义，在汉语里的介词短语补语"到了儿童椅里"同样具有这些功能。同时介词 into 表示"to a position in or inside sth.（到……里）"与汉语中的介词"到"和方位名词"里"相对应。我们在整理语料的时候发现与汉语"N1+ 把 +N2+V+ 到 + 名词短语（+ 方位名词）"中的介词短语补语相对应的英语对应句经常用介词"into、on、to、over、down、in、inside、onto"来表达。

⑦巨蟒猛地把头转向弗农姨父和达力那边。

The snake jerked its head towards uncle Vernon and Dudley.

巨蟒　猛拉　它的头　向　弗农姨父和达力

例句⑦中的介词短语补语把字句句法结构为"N1+ 把 +N2+V+ 向 + 名词短语（+ 方位名词）"，我们在语料库中一共找到 4 个这种句法结构的把字句，其英语对应句"N1+V+N2+PP"中的结果短语 PP 中的介词一般为"at、towards"；例句⑦中 N1 主语 the snake 发出一个动作 jerk，致使 N2 对象 its head 朝介词短语 towards uncle Vernon and Dudley 所表示的方向转，这里的 towards 表示 in the direction of sb. /sth.（向；朝；对着）与汉语里的介词"向"相对应。

⑧邓布利多把哈利抱在怀里。

Dumbledore took Harry in his arms.

邓布利多　抱　哈利　在　他的　怀里

⑨他一边把橘子酱抹在报纸上，一边高兴地提醒大家。

He reminded them happily as he spread marmalade on his newspapers.

他　抹　果酱　在　他的　报纸

例句⑧和⑨中的介词短语补语把字句句法结构为"N1+ 把 +N2+V+ 在 + 名词短语（+ 方位名词）"，我们在语料库中一共找到 17 个这种句法结构的把字句，其英语对应句"N1+V+N2+PP"中结果短语 PP 中的介词一般为"in、at、to、on、onto、underneath、under、inside、over、behind、by"；

85

基于语料库的跨文化英语翻译技巧研究

主语 N1"邓布利多"发出一个动作 V"抱"致使宾语 N2"哈利"的位置发生了改变,到了"邓布利多的怀里",而这里的介词短语补语"在怀里"则表示宾语 N2 位置改变后的目的地;其英语对应句意为 Dumbledore 发出一个动作 take,使得对象 Harry 沿着由介词短语 in his arms 所表示的方向移动,从而到达了一个目的地。

第三类,这类把字句的句法结构是"N1+把+N2+V+进/回/出/上/入(趋向动词)+名词短语(+方位名词)",我们在语料库中一共找到 18 个这样的把字句,它们的英语对应句形式一般为结果外显型致使句,如:

⑩海格把狗饼干全装回口袋里之后,就……

Once Hagrid had crammed all the dog biscuits back inside his pockets, he...

例句⑩的把字句句法结构为"N1+把+N2+V+回+名词短语(+方位名词)",这种把字句一般对应英语中的"N1+V+N2+back+in/inside+N3",英语中的 back 作为副词修饰动词 cram,意为 to or into the place, condition, situation or activity where sb./sth. was before(回原处;恢复原状),这里与汉语中的趋向动词"回"(用在动词后,表示人或事物随动作从别处到原处)相对应,而这里的 PP 结果短语 inside his pockets 则表示 N2 宾语 the dog biscuits 被移动后的方向兼目的地,但是因为汉语里的"回"是趋向动词,所以它之后可以直接加宾语"口袋",但是英语中的 back 在这里作副词,是不可以直接加宾语 his pockets 的,所以还要再加一个介词 inside。

⑪我迅速将娃娃塞进背包。

I quickly stuffed it into my backpack.

我 迅速地 塞 娃娃 到……里面 我的背包

例句⑪的把字句句法结构为"N1+把+N2+V+进+名词短语(+方位名词)",这种把字句一般对应英语中的"N1+V+N2+in/inside/into/+N3",例句⑪中的介词短语 into my backpack 与汉语中的介词短语补语"进背包"相对应。

⑫他想把皮箱搬上踏板。

He tried to lift it up the steps.

他 想 搬 皮箱 上 踏板

第三章 基于平行语料库的汉语把字句与英语被动句的跨文化翻译技巧

例句⑫的把字句句法结构为"N1+把+N2+V+上+名词短语(+方位名词)",这种把字句一般对应英语中的"N1+V+N2+to/up+N3",这里的介词 up 就与汉语中的趋向动词"上"相对应。

2. 其他形式把字句与英语对应句的句法结构

(1) 动词量化把字句与英语对应句句法结构

"动词量化把字句"是指"N1+把+N2+VP"中 VP"是动词量化的把字句,我们首先来看"一 V 把字句"(N1+把+N2+一+V),在语料库中我们一共找到 1 个这种类型的把字句,如下:

①邓布利多将魔杖轻轻一弹。

He gave his wand a little flick.

他 给 他的魔杖 一个 轻 弹

崔希亮认为其他形式把字句不是典型形式把字句,不仅因为这种形式的把字句出现的频率要低得多,而且把字句的语义重心也与述补结构把字句不同,述补结构把字句的语义重心一般在 R 上,而其他形式把字句的语义重心一般在 VP 上[①],请比较:

A. 邓布利多将魔杖一弹。

B. 邓布利多将魔杖弹到地上。(自编)

我们可以看出 A 的语义重心在"魔杖一弹",B 的语义重心在"到地上"。例句 A 的主语"邓布利多"对宾语"魔杖"发出一个动作"弹",但是并没有致使宾语魔杖产生状态或位置的改变,这里只表示动作"弹"的幅度较小,发生的较为突然。give 在《英汉》中的解释是:与名词连用描述某一动作,意义与该名词相应的动词相同,这句话可以转换为 He flicked his wand.(他轻弹他的魔杖),但是例句①这句话就表现不出来主语对"魔杖"发出的动作频率只有一次了,所以这种类型的把字句一般与英语中的"N1+give+N2+N3"相对应。

接下来我们看"动词重叠把字句":N1+把+N2+V+(一)+V,我们在语料库中一共找到 1 个这种类型的把字句:

②"把你的头发梳一梳。"姨父咆哮着。

---

① 崔希亮. 把字句的若干句法语义问题 [J]. 世界汉语教学, 1995 (03): 12-21.

87

基于语料库的跨文化英语翻译技巧研究

"Comb your hair." he barked.

梳 你的 头发

"把你的头发梳一梳",这里的"梳一梳"是动词重叠式,表示模糊的短时意义,这里的主语 N1 实际上是"你",对宾语 N2"头发"发出一个动作 V"梳",宾语 N2 的变化其实已经隐含在"梳"这一个动作里,所以其英语对应句句法结构也是结果内隐型致使句"N1+V+N2"。

(2)熟语把字句与英语对应句句法结构

熟语把字句的句法结构是"N1+ 把 +N2+VP(VP 是一个熟语形式)",我们在语料库中一共找到 3 个这种类型的把字句,例如:

①德思礼夫妇对此肯定一无所知,否则用不了一眨眼的工夫,他们就会把这一切全部据为己有。

The Dursleys couldn't have known about this or they'd have had it from him faster than blinking.

②哈利看得出达力就要大发雷霆了,于是趁达力还没有把餐桌掀翻,连忙狼吞虎咽,把自己的一份熏咸肉一扫而光。

Harry, who could see a huge Dudley tantrum coming on, began wolfing down his bacon as fast as possible in case Dudley turned the table over.

例句①和②都不可以转换为非把字句,如你不可以说"一扫而光自己的一份熏咸肉",但如果转换主语 N1,则可以说"自己的一份熏咸肉(很快就)被一扫而光"。下面我们来分析一下例句①,主语 N1"他们"对宾语 N2"这一切"发出一个动作"据为己有",致使宾语 N2 产生了被 N1"他们""据为己有"的状态改变,由此我们可以发现,其实成语"据为己有"作为 VP 已经包含了动作和动作对宾语 N2 产生的结果,这也是汉语成语的一个特点,那就是其意义的整体性,成语的意义是在其构成成分的意义基础上进一步概括出来的整体意义,是隐含于表面意义之后的。[①] 而其英语对应句则采用了 have it from him、wolf down his bacon,这其实是结果外显型致使句"N1+V+N2+RP"。

(3)述宾式把字句与英语对应句句法结构

---

① 黄伯荣,廖序东. 现代汉语:增订本. 上册 [M]. 北京:高等教育出版社,2011:254.

第三章 基于平行语料库的汉语把字句与英语被动句的跨文化翻译技巧

述宾式把字句的句法结构是"N1+把+N2+V+N3",语料库中有 3 例,例如:

①达力用他的乌龟把温室的屋顶砸了个窟窿。

He'd thrown his tortoise through the greenhouse roof.

达力 扔 他的乌龟 穿过 温室 屋顶

例句①的句法结构为"N1+把+N2+V+了+数量短语+N3",主语 N1"达力"对 N2"温室的屋顶"发出一个动作 V"砸",致使 N2"温室的屋顶"破了"(一)个窟窿","温室的屋顶"之前没有"窟窿",现在有"窟窿",是经历了一个状态的变化,但是其英语对应句的主语是 Dudley,对 tortoise(乌龟)发出一个动作 throw,致使 tortoise 穿过了温室的屋顶,这里采用了结果外显型致使句"N1+V+N2+RP",结果短语 RP 表示了宾语 N2 被扔出去后的路径及结果,汉英中为何宾语发生了改变?是因为其英译中的 through 暗含了"温室屋顶破了一个窟窿"这个结果,而汉译中的砸并不包含这个动作的结果,所以要加一个数量短语"一个窟窿"表示"乌龟砸碎了温室屋顶"这一结果。

综上所述,本章对《哈利·波特与魔法石》中汉语把字句与其英语对应句的句法结构进行了分析与比较,同时总结出了每一类把字句是否可以转换为其他结构的汉语句子以及各类别把字句所对应的英语句子的句法结构。"N1+把+N2+VP"中,VP 为述补结构或包含述补结构的把字句一般都与英语致使句相对应,大部分与结果外显型致使句相对应;VP 是其他形式的把字句一般也与英语致使句相对应,只有述宾式把字句、一 V 把字句和动量补语把字句一般不与英语致使句相对应。

第四章 基于平行语料库的成语跨文化英语翻译技巧

成语是指相沿成习、见解精辟并含有特定意义的固定短语，它是汉语词汇的一个宝库，历史渊源悠久，文化蕴藏丰富，使用范围广且频率高。[①] 成语具有鲜明的民族色彩，反映出汉族人民的风俗习惯、思维方式。理想中的成语翻译应做到不仅忠实于成语的内容信息，还保留成语的形式特征。此外，成语往往还蕴含着丰富的寓言故事、神话传说、历史典故等文化信息，因此带有鲜明的文化印记。成语就像一面镜子能明显地反映出一个民族的文化将征。也就是说，成语翻译应该在兼顾汉语成语语义、结构形式、修辞特征的同时，最大限度地移植成语中蕴含的文化信息。但事实是由于汉英两种语言的差异，译者在翻译过程中很难将汉语成语的特点全部移植到英语中，因此译者在具体翻译中会根据实际情况有所变通，即使同一成语在不同的译者手里也会出现多样化的译文。

本章将借助今文《尚书》《三国演义》《红楼梦》中英文平行语料库，分析其不同译本的翻译，探讨不同译文的异同与得失，探索各个译者在处理这些成语时的规律性方法，期望能对成语英译研究和实践有所借鉴。

一、基于平行语料库的研究范式

语料库翻译学利用语料库的技术优势，提取关于翻译事实或翻译现象的丰富语料作为研究对象，进行数据分析，归纳出翻译语言特征和翻译过程的内在规律，从而有效避免传统译学研究的主观性和片面性缺陷。随着

[①] 邵敬敏. 现代汉语通论[M]. 上海：上海教育出版社，2016：124-125.

第四章 基于平行语料库的成语跨文化英语翻译技巧

语料库翻译学的兴起，语料库翻译学为中国古代文学典籍的英译研究增加了新的范式。

总体而言，国外语料库翻译学的发展过程大致分为两个阶段：研究范式奠定时期（1993—1998年）和迅速发展时期（1999年至今），[①]随着语料库技术的日臻完善，语料库翻译研究范式越来越得到学界的认可。学界先后开发了一批平行语料库、可比语料库和翻译语料库，其中比较知名的译学研究平台有：《圣经》多语平行语料库、翻译芬兰语语料库、德语—英语文学平行语料库、ACTRES平行语料库，一大批涉及翻译语言特征、译者风格、口译、翻译教学与实践的语料库翻译学研究成果相继发表与出版，各种形式或层次的语料库翻译学学术会议先后召开，语料库翻译学的学术交流非常频繁，有力促进和推动了语料库翻译学的发展。相比而言，国内语料库翻译学研究起步稍晚，但发展形势同样喜人，大体上可分为两个时期，即语料库翻译学引介时期（1999—2004年）和快速发展时期（2005年至今）；[②]自廖七一等学者引介了国外语料库译学研究范式及具体应用之后，王克非、胡开宝、刘泽权、黄立波等学者的一系列深入研究，一定程度上推动了国内语料库翻译学的发展，国内学者越来越重视将语料库运用于翻译研究，成果颇丰；[③]许多语料库翻译学相关的研究项目得到国家社科基金和教育部人文社科基金资助，语料库翻译学呈现出强劲的发展势头。

根据语料库所收录语料的组成、规模、特性和用途不同，翻译研究的语料库主要有平行语料库、可比语料库、翻译语料库和口译语料库等。[④]平行语料库是指收录某一原语文本及其平行对应的目的语文本构成的双语/多语语料库。平行语料库将翻译好的成品展现给人们，从这些成品中人们可以了解不同语言之间的相似或不同之处，比较便利地研究译文的语言特

---

① 胡开宝. 语料库翻译学概论[M]. 上海：上海交通大学出版社，2011：7.
② 胡开宝. 语料库翻译学概论[M]. 上海：上海交通大学出版社，2011：22.
③ 部分重要成果有：廖七一. 语料库与翻译研究[J]. 外语教学与研究，2000（05）：380-384. / 王克非. 新型双语对应语料库的设计与构建[J] 中国翻译，2004（06）：73-75. / 王克非，等. 双语对应语料库研制与应用[M]. 北京：外语教学与研究出版社，2004. / 胡开宝. 语料库翻译学概论[M]. 上海：上海交通大学出版社，2011. / 胡开宝，朱一凡，李晓倩. 语料库翻译学[M]. 上海：上海交通大学出版社，2018.
④ 胡开宝. 语料库翻译学概论[M]. 上海：上海交通大学出版社，2011：33.

性和译者的文体等诸多因素。

平行语料库建设中的一个重要环节是两种语言间的对齐（alignment）问题，平行语料库的双语对应程度有单词级、句子级、段落级和篇章级几种，目前，大多数平行语料库都进行了句子级的对齐，平行语料库对翻译研究和机器翻译研究具有重要价值。平行语料库按翻译方向的不同有三类：单向平行语料库（uni-directional parallel corpora），指所收录语料为一种语言的原语文本及其译成另一语种的目的语文本；双向平行语料库（bi-directional parallel corpora），所收录的语料由 A 语言原文本和其 B 语言译本，以及 B 语言原文本和其 A 语言译本组成；多向平行语料库（multi-directional parallel corpora），所收录的语料包括同一种语言的原文本及其被翻译成两种或两种以上语言的译文文本。

近年来国内学者建成了一些通用和专门用途语料库，特别是将语料库应用在典籍英译研究上，如上海交通大学胡开宝教授负责建设的"莎士比亚戏剧英汉平行语料库"、西南大学胡显耀教授创建的"当代汉语翻译小说语料库"、燕山大学刘泽权教授开发的"《红楼梦》中英文语料库"、红河学院刘克强教授研制的"《三国演义》汉英平行语料库"，特别是绍兴文理学院孙鸿仁教授和杨坚定教授主持研制的"中国汉英平行语料大世界"，其文本包含鲁迅小说、伟人作品、传统经典、四大名著、其他名著，以及法律法规，属于大型双语平行语料库，这些平行语料库的研制为各领域的实证研究提供了真实可靠的基础。此外，近几年一些自建的小型平行语料也被应用于基础研究和应用研究中，相关的成果大量涌现，如：管新潮、胡开宝、张冠男《英汉医学平行语料库的创建与初始应用研究》，刘孔喜《小型〈楚辞〉汉英平行语料库的创建与应用》，汪定明、李清源《〈老子〉汉英翻译平行语料库建设》，吴晓龙、高博《〈诗经〉多译本平行语料库的创建》，向士旭《孙子兵法汉英平行语料库的建设及其应用》，张仁霞《〈论语〉四译本平行语料库的创建》，邹瑶、郑伟涛、杨梅《冬奥会冰雪项目英汉平行语料库研制与平台建设探究》，等等。

二、基于平行语料库的成语跨文化英语翻译技巧案例分析

(一)《尚书》中的成语及其翻译

1. 《尚书》成语及其翻译的相关研究

现代汉语成语源远流长，源自经传的成语最早可追溯到今文《尚书》。《尚书》语言虽然晦涩难懂、诘屈聱牙，是古籍中最难通读的一种，但是其以记言为主，具有鲜明的口头语特点，常有诸多形象简明而文约旨丰、意蕴丰富的四言格式。《尚书》成语的历时演变、发展的定型模式对汉语成语的语言形态标准产生了重要影响。

目前未有专门著作研究《尚书》成语，只散见于《尚书》相关词汇研究的著作之中，如钱宗武先生的《今文〈尚书〉词汇研究》中第四章"成语的结构类型、音律节奏和演变规律"，着重分析了今文《尚书》成语的33个原型结构与37个非原型结构、成语的语法结构、语义关系、语义分类、语义构成方式，以及成语的音律节奏、演变方法，确定了四字格是《尚书》成语发展的定型模式，四字格是判断汉语成语的主要标准，并对成语作出了明确的界定：成语是由四个字组成的具有书面语色彩的定型性惯用性固定短语。[1] 钱宗武先生对今文《尚书》成语的精心爬梳和系统研究，开辟了汉语词汇学研究的新领地，为汉语成语研究提供了重要参考。

除此之外，还有几篇相关硕士论文与期刊论文对今文《尚书》成语进行了研究。卢一飞的硕士论文《今文〈尚书〉文学研究》从文学审美视角解读了今文《尚书》成语：凝练的形式蕴含着丰富的文学能量，表达了深刻悠长的含义，使文本形象生动、富有哲理和感染力。[2] 马国栋、杨世理依据成语内容将《尚书》成语为三类：品德修养类、治国之道类、人生哲理类。[3] 葛厚伟从语义历时衍化角度详细分析了今文《尚书》成语的语义结构类型及其认知机制。[4]

---

[1] 钱宗武. 今文《尚书》词汇研究 [M]. 郑州：河南大学出版社，2012：186-249.

[2] 卢一飞. 今文《尚书》文学性研究 [D]. 扬州：扬州大学，2005：37-40.

[3] 马国栋，杨世理.《尚书》成语格言及其文学价值类析 [J]. 时代文学（上半月），2011（04）：198-199.

[4] 葛厚伟. 今文《尚书》成语语义衍化及认知机制 [J]. 青海师范大学学报（哲学社会科学版），2018（05）：126-130.

目前学术界逐渐加大了对《尚书》英译的研究，但关于《尚书》成语翻译的研究并不多见，仅有陈静从语义翻译之视角探讨了理雅各《尚书》成语翻译，理雅各从文化概念意义、文化思维方式和文化整体风格三方面进行了文化传真，力求保持原作的文化特色和独特的表达方式，其翻译对于典籍外译具有重要的理论价值和实践价值。①

语言始终处于不断的发展变化之中，语言具有共时性静态特征和历时性动态特征，词汇语义是语言体系中发展变化最为活跃的部分。虽然汉语成语结构固定，但其言简意深，具有完整性和晦涩性的语义特征，成语英译一直是一个难题，译者常常很难找到完全对等的表达形式来准确翻译其内涵与外延意义，特别是对于源自《尚书》这些中华文化典籍中的成语，其翻译的难度和复杂性可想而知。

2. 语料与研究方法

钱宗武先生以《尚书》中的原始形式为分析物件，将成语分为原型结构和非原型结构，所谓原型结构即现代通行的形式沿用了《尚书》中的原始形式，没有任何改动；而非原型结构则是通过增减改换字词、拼合相关语词、概括引申语义等途径改造了《尚书》中的原始形式。②基于已创建的《尚书》中英文平行语料库，本文借助 ParaConc 检索软件，以钱宗武先生的《今文〈尚书〉词汇研究》中所收录的 33 个原型结构成语为原文，逐一检索出每个成语所对应的四个译文，以"一对四"的形式输出并另存为 txt 文本格式（详见附录一"原型结构成语出处及译文平行语料索引"）；然后，对所检索统计的译文进行对比分析，考察原文成语在译文中的处理情况，并且对成语及其翻译方法分别进行了标注，标记形式和主要内容分为四类：直译（L），意译（F），习语翻译（I），省略（O），从而客观地描述四个译本在语言使用和译者风格上的异同。

3. 分析讨论

（1）原文成语语义分类统计

钱宗武先生根据成语语义构成方式，将《尚书》成语分为组合义成语

---

① 陈静. 语义翻译在文化传真中的应用——以理雅各《尚书》成语翻译为例[J]. 阜阳师范学院学报（社会科学版），2014（06）：39-42.

② 钱宗武. 今文《尚书》词汇研究[M]. 郑州：河南大学出版社，2012：186.

第四章 基于平行语料库的成语跨文化英语翻译技巧

和隐含义成语两大类,这是遵循语法常规和逻辑常规对语言运用推行理性思维的结果。组合义成语的整体意义是由各个组成部分的意义组合而成的,具有视而可识、见语明义的语用效果,[①]如:光被四表、扑作教刑、予违汝弼、退有后言、罔水行舟等。隐含义成语的整体意义不是由各个组成部分意义合成的,有些理据模糊甚至消失了,但这类成语的整体意义具有形象化特征,可由各个组成的表层意义推导出隐含义,[②]根据这类成语使用的修辞格,可以分为:比喻性、白描式、对偶式、对举式、拟人类、互文类成语等,如:如丧考妣、兢兢业业、无偏无党、遗大投艰、百兽率舞等。根据这一分类方法,对今文《尚书》中的成语统计如表4-1所示。

表4-1 成语使用情况统计

类别		数量	比例
组合类		14	42.4%
隐含类	比喻性	4	12.1%
	白描式	1	3%
	对偶式	2	6.1%
	对举式	6	18.2%
	拟人类	3	9.1%
	互文类	3	9.1%

从表4-1统计数据可以看出,今文《尚书》成语语义类型比较丰富,其表达方式也生动多样,约42.4%的成语能从字面理解其意义,而57.6%具有隐含意义,总体上《尚书》的组合义成语略少于隐含义成语,两者数量和比例相差不大,这是《尚书》成语语义表达的特点,也与《尚书》的文体特点相一致。《尚书》的基本内容是君王的文告和君臣的谈话记录,主要分为"典、谟、训、诰、誓、命"六种文体,各文体具有政治范导、伦理训诫的功能,说服力较强,而语言的说服力在于语言本身的简明和形象;上古汉语文约意丰、素朴显豁,《尚书》成语的语义构成正反映了上古汉语简明形象的语言特点。

[①] 钱宗武. 今文《尚书》词汇研究[M]. 郑州:河南大学出版社,2012:238.
[②] 钱宗武. 今文《尚书》词汇研究[M]. 郑州:河南大学出版社,2012:239.

(2)翻译方法统计分析

由于汉英两种语言无论在语言形式上,还是在表达方式、意象指称上都有很大的不同,同时中西方存在思维方式、宗教信仰、地理环境、生活习俗等方面的差异,这些都给成语英译造成种种障碍与困难:英语中很难找到与之完全对应的习语;即使英语中有相似的对应词,但其使用语境不同,两者都有不同的隐含义;不仅要英译出成语字面意义还要传达其隐含意义。

《尚书》中的成语辞约旨丰、意境深远,多用形象思维来说明抽象事物或深奥哲理,承载了中国古代传统的品行修养、道德规范、经邦治国等重要思想以及人生经验哲理。根据表4-1,组合类成语和隐含类成语在今文《尚书》中都占有相当大的比重,本章就其在不同译本的翻译进行详细比较,分析如表4-2所示。

表4-2 成语翻译方法及所用数量统计

类别	译本	用英语习语翻译		其他翻译方法		省略未译
		完全用	部分用	直译	意译	
组合类	理译	0	0	12	2	0
	高译	0	1	12	1	0
	彭译	0	3	5	6	0
	杜译	0	2	9	2	1
	合计	0	6	38	11	1
隐含类	理译	1	2	15	1	0
	高译	1	3	14	1	0
	彭译	1	0	10	8	0
	杜译	1	0	11	6	1
	合计	4	5	50	16	1

从表4-2可知,四个译本中组合类成语和隐含类翻译皆以直译为主,其所占比例分别为77.6%和75.8%,直译方法整体比例约为76.5%。总体而言,译者有意保留了原作简明形象和素朴显豁的语言特点,尽量忠实地再现了原语的文化特质。进一步分析得出,四译本中理译使用直译最多,共27个,高译26个,杜译20个,彭译则最少,只有15个;这些成语中有20.5%(共27个)被意译传达,其中以彭译最为突出,共14个,杜译8个,理译3个,而高译最少,只有2个。

第四章 基于平行语料库的成语跨文化英语翻译技巧

（3）翻译方法对比

①形义对等之"借译"

如果一些汉语成语在内容、形式、修辞色彩上和英语习语大体符合，那么在翻译此类成语时，译者可以采用借译法，直接套用英语现成的习语，使得译文自然贴切。借译法的"以形义易形义"平行转换模式，能保证译文的可读性和形象性，巧妙的借译常让读者拍案叫绝、回味无穷，这是成语翻译的最理想境界。但由于中西方诸多语言文化特征差异，成语很少找到"貌合神似"、完全对应的英语习语，在翻译时译者可以稍加变通，使用部分对应的英语习语来弥补这一缺憾。如表4-2所示，四译本中仅有一例完全套用了英语习语。

例1 日月逾迈

源于《周书·秦誓》篇中"：我心之忧，日月逾迈，若弗云来。"

理译：The sorrow of my heart is that the days and months have passed away, and it is not likely they will come again.

高译：My heart's sorrow is that the days and months pass on, and it is as if they would not recur.

彭译：It saddens me that the days and months go by and they will never come again.

杜译：I am deeply grieved that days and months go by as though they will never return.

在上述例子中，逾：越、过；迈：行。"日月逾迈"为拟人类成语，表示时间一天天过去了，英语习语"time goes by"和"time passes away/on"也为拟人类成语，其内涵为时间飞逝、光阴荏苒，所以两者意义等同。而且四个译本均将表示"时间"概念的"日月"译为"days and months"，保留了原文的"时间"内涵，译文都完整保留了该成语的内容和形式，自然贴切，可读性强。

此外，高译将4个成语部分译成英语习语，数量最多；彭译有3个，理译和杜译均有2个。

例2 马牛其风

源于《周书·费誓》："马牛其风，臣妾逋逃，勿敢越逐。"风：走失、奔逸。"马牛其风"语源意义是"牛马走失了"。

理译：When the horses or cattle are seeking one another, or when your followers, male or female, abscond, presume not to leave the ranks to pursue them.

高译：When horses or oxen run about in heart, or when slaves and slave women abscond, do not dare go away and pursue them.

彭译：If any horses or oxen, come to that, servants of yours—whether male or female—run off, don't rush off after them.

杜译：Do not leave your ranks to pursue mating oxen and horses that have gone astray and male and female slaves who have run away together.

除了理译之外，其他译文将成语中的"走失"之义分别翻译成英语习语"run about""run off""go astray"，可见，译者在找不到完全对应的英语习语时，应尽可能寻找"部分对应"。另外，《尚书正义》援引后汉贾逵注："风，放也，牝牡相诱谓之风。"[1]即公的和母的牛马，在一起互相引诱，叫作"风"，所以高译增用了"in heart"（意为"发情"）这一习语，杜译则增加了"mating"（意为"交配"）一词，尽量增加"风"之"发情"义。

②开门见山之"直译"

据表4-2中统计，四个译本中组合类成语和隐含类翻译皆以直译为主，所占比例均在70%以上。在合乎译文语言规范的情况下，译者在英译汉语成语时可以采用直译法，通过保留原作表达方式来保留原语的比喻、形象和民族色彩；直译简单明了、开门见山，强调通过在译文中再现原文形式，实现在形式和内容上对于原文的忠实。

例3 无偏无党

源于《周书·洪范》："无偏无党，王道荡荡。"偏：不公正；党：偏私。其意义是公正不偏私，形容处事公正，没有偏向。

理译：Avoid deflection, avoid partiality. Broad and long is the royal way.

高译：Have nothing one-sided, nothing partial. The king's way is smooth and easy.

---

[1] 孔安国. 尚书正义[M]. 济南：山东画报出版社，2004：712.

第四章 基于平行语料库的成语跨文化英语翻译技巧

彭译：Without factions, without prejudice, the royal path is smooth, is easy.

杜译：From no cliques and practise no favouritism, the royal path will run smooth and even.

"无偏无党"为对举式成语，此结构是由两个结构相同、语义对应，且各自不独立的成分组成的，共同表达一个完整的意思，该类习语对仗整齐，读起来朗朗上口。四译文分别采用"avoid""nothing""without""no"显性否定词表达"无"之完全否定概念；理译的"deflection""partiality"，高译的"one-sided""partial"，彭译的"factions""prejudice"，杜译的"cliques""favouritism"，共同表达了原文的"偏"与"党"的"偏私"内涵。可见，四译本都保留了原文的对举式语言表达形式，完整地显示了原文的词汇—句法—语义结构，最大限度地在译文中再现成语的修辞色彩，同时语言流畅易懂，译文读者能够得到与原文读者大致相同的感受。

例4 子子孙孙

源于《周书·梓材》："欲至于万年惟王，子子孙孙永保民。"其意为子孙后代，世世代代。"子子孙孙"也为对举式成语，通过对举使对举项"子"和"孙"互为参照点，从而使语义"所有所出的后辈"得到了加强，同时也加强了语势，增强了韵律。

理译：Your dynasty may continue for myriads of, and your descendants always be the protectors of people.

高译：Unto a myriad years the king's sons and grandsons may forever have charge of the people!

彭译：If you are successful, your descendants will rule for ten thousand years as the true protectors of people.

杜译：Only by managing the people effectively through generations can we sustain the rule for ten thousand years.

高译将"子子孙孙"译为"sons and grandsons"保留了原文的修辞形式，用具体形象来描述抽象概念，使用与原文相近的表达方式，保留了原语的风格，忠实传达原文内容，把汉语固有说法传播到目标读者面前，使读者读来感到自然流畅。其他三个译文则未采用直译法，而是将"子子孙孙"译为"descendants"和"generations"等抽象概念，舍弃原文形式，未能产

99

生相同的效果。

③形变义不变之"意译"

成语的语义具有整体性，往往不能从组成成语的单个词语意义中猜测出来。许多汉语成语如果直译成英文，尽管读者能了解成语中每个字的含义，但很难理解该成语的整体意义，此时译者应舍弃成语的原文形式，灵活采取其他翻译策略，在译文中传达该成语的蕴涵意义。与直译相比，意译则从原文的意蕴出发，将目的语读者的接受程度作为衡量译文质量的重要指标，即不注重原文的形式，译文自然流畅即可，形变而义不变，力求做到虽失原作之形貌，但不失原作之内容精髓，而且与原作的风格相适应。

例5 光被四表

源于《虞夏书·尧典》篇中："允恭克让，光被四表，格于上下。"被：加于，及于；四表：四方极远之地，亦泛指天下。该成语的概念意义为光辉普照四方。在原文语境中该句描写和颂扬尧的品德，意思是尧对他人恭敬，又能让贤，德光普照四方，至于天地。"光被四表"的语源意义是君王的品德像阳光一样给四面八方带来光明。

理译：He was sincerely courteous, and capable of (all) complaisance. The bright(influence of these qualities) was felt through the four quarters(of the land), and reached to heaven above and earth beneath.

高译：He was truly respectful and could be modest. He extensively possessed the four extreme points(of the world). He reached to Heaven above, and Earth below.

彭译：He was also sincere, able and his reputation lit up the four corners of the world, reaching from Heaven itself down to Earth.

杜译：Reverential and magnanimous, he was known to the four & tremities of the empire and renowned both in Heaven and on Earth.

以上四译文均未将原文的"光"简单直译为"the light"，否则会词不达意、不合逻辑、效果不佳；译文根据上下文语境，意译为"influence of these qualities""his reputation"或行为主体"he"，充分传达要义——"德光"，帮助读者理解其隐义——尧品德高尚。意译中译者并未对内容随意删改，而是深入钻研原文，抓住要点，达到融会贯通。

第四章 基于平行语料库的成语跨文化英语翻译技巧

值得注意的是理译采用了释义法,在译文中直接解释了原词在上下文中的意义,其特点在于既能保留直译的形象生动,又能确保译文容易为读者理解。为了在译文中凸显"his reputation",彭译中使用了转换法,将名词"光"转换为动词习语"light up(shine lights on sb./sth.)",使译文信息得到明晰传达,译文逻辑连贯,流利顺畅,臻于完善。

例6 退有后言

源于《虞夏书·益稷》:"汝无面从,退有后言。"该词的语源意义是当面顺从,背后又去议论。现在"退有后言"的现实意义仍然是背后进行非议。

理译:Do not follow me to my face, and, when you have retired, have other remarks to make.

高译:You shall not to my face accord with me, and, having retired ,have (other) words afterwards.

彭译:Don't malign me.

杜译:Do not oblige me in my presence but complain behind my back.

"退有后言"中的"言"非一般意义上的动词"说话",受"后"的修饰与影响,"后言"的整体义为背后訾议,背后发表不服从的言论。理译和高译分别直译为"have other remarks to make"和"have (other) words afterwards"无论是"remarks"还是"words"均未能传达"非议"之言。相反,彭译和杜译分别使用了动词"malign(说坏话、中伤)"和"complain(抱怨、发牢骚)",十分恰当。

④简洁流畅之"省译"

省译法是指从译文的可接受性出发,在不影响原文思想的情况下,删去不符合目标语语言习惯、可有可无的词语。换言之,出于译文文化背景、表达习惯、读者期待和双方交际的需要,翻译过程中省略了原文中视为当然,甚至必不可少而在译文中视为累赘的词语,使得译文简洁明快、严谨精练。根据表4-2统计,四译本的成语译文中,仅在杜译中使用了2例省译法。

例7 罔水行舟

源于《虞书·益稷》:"无若丹朱傲,惟慢游是好,傲虐是作。罔昼夜頟頟,罔水行舟。朋淫于家,用殄厥世,予创若时。"罔水行舟的语源意义是水已经平定了,还坐在船上让人推着游玩。

杜 译：The emperor continued, "Do not emulate Dan Zhu, who is given completely to dissipation, extravagance and corruption. For these evils, I punished him and exterminated his offspring as a warning to others."

《益稷》中舜和禹之间讨论了君臣之道，该句是舜的言论，舜申述了惩罚丹朱的理由，并告诫禹应以此为戒，不要犯丹朱那样的错误。杜译连续并排使用了"dissipation""extravagance""corruption"三词，意义相近、结构相似、语气相同，加强了语势，充分描述了丹朱放纵轻浮、纵情声色、奢靡腐化这些罪行，而省译了原文中的"罔水行舟"，使得译文简洁流畅，不损原意，符合译入语的表达习惯。

例8 有为有守

源于《尚书·洪范》："凡厥庶民，有猷有为有守，汝则念之。"为：作为；守：操守。有为有守就是有作为有操守之义，其语境意义是为天子办事，根据天子所建立的原则要求自己。有为有守属于典型的同义语素同位对举式成语，前后两部分平仄搭配、结构对称、语义对仗，短小精悍的结构表达了充实的思想内容。

理 译：Among all the multitudes of the people there will be those who have ability to plan and to act, and who keep themselves (from evil); do you keep such in mind.

高 译：Among all the people, when (some) have plans(principles), have activity, have self-control, you should bear them in mind.

彭译：Those who refrain from doing what is wrong and show ability should to be looked upon with favour.

杜译：Remember and appreciate those living in all parts of the empire who bear in mind and serve the interests of the sovereign.

分析以上译文，除杜译外，其他三个译文完整地传达了"作为"和"操守"之意。尤其值得注意的是，高译采用直译法将该成语译为"have activity, have self-control"，保留了原文的对举式语言表达形式和修辞效果。杜译将"有为有守"译为"serve the interests of the sovereign"，显然该译文只传达了"有为"，而省译了"有守"，使原文意义部分缺失，未能有效使译文读者获得与原文读者同样的理解和感受。由此可见，虽然英语讲究句型结构严谨规范,语言简练明了,避免冗杂拖拉,但译者在使用省译法时,需要坚持忠实原文这一前提,省词而不减意,不能违背"信"的翻译原则。《尚书》是中国乃至世界最早的典籍,为"七经之冠冕"。今文《尚书》成语语言简明形象,意蕴丰富,在语言发展变化中历经沧桑,生生不息。由于中西语言和文化的差异,成语英译是一项艰巨的任务;尽管如此,四位译者仍不懈努力以其不同的方法和风格,试图再现原文成语的语言艺术和文化内涵,在对语料进行全面对比分析的基础上,可以发现四位译者对今文《尚书》中成语的翻译方法基本分为四类,即借译、直译、意译和省译。其中,借译和省译的比例都比较小,大多数采用了直译和意译。无论是采用直译、意译,还是借译、省译,都为成语翻译提供了有益的借鉴,也推动了中华典籍"走出去"和中国优秀传统文化的传播。

(二)《三国演义》中的成语及其翻译

作为一种特殊的社会现象,成语在语言的表达与发展上有着极大的作用,具有极强的表现力。可以说,任何一部成功的文学作品都将成语当作一种重要的语言表现手段,我国古典名著《三国演义》也不例外。《三国演义》的作者罗贯中堪称语言大师,文白娴熟,精于成语,在写作中大量、出色地运用了成语,这对《三国演义》独特语言风格的形成起着重要作用。《三国演义》是我国文学史上第一部章回体小说,是历史演义小说的开山之作,也是第一部文人长篇小说,是我国四大名著之一。根据王今铮的统计,《三国演义》中有380多处使用了成语。① 因此,可以说,《三国演义》是研究中国成语的活化石之一。在《三国演义》的诸多英译本中,以英国汉学家邓罗(C.H. Brewitt-Taylor)的译本(以下简称"邓译本")最受学界推崇。绍兴文理学院《三国演义》汉英平行语料库整理选用了邓译的《三国演义》一百二十回全译本,是学科研究的有利平台。基于绍兴文理学院《三国演义》汉英平行语料库和中国成语大辞典工具书库,本章选取《三国演义》有力地验证了成语英译的两种基本方法:直译、意译。

1. 直译

许多成语不妨直译,以便保持原文形象生动的比喻、耐人寻味的历史

---

① 王今铮. 《三国演义》的语言与成语[J]. 汉字文化, 2004(01): 33-34.

与神话典故、巧妙的修辞手法和独特的民族风格，从而丰富汉语的语汇和表达方式。基于语言层面的字面翻译属于直译法（literal translation）或者语义翻译（semantic translation）；而基于认知层面和现实层面的翻译则属于意译法（free translation）或者交际翻译（communicative translation），这两种基本方法要求：翻译认知意义和聚焦场景解读①。现代语义学的研究表明不同语言的词汇所构成的语义场并非完全一一对应，不同语言中单词的语义分布也并非完全等值。直译或者语义翻译指的是既保持原文内容的原汁原味，又保持原文形式的翻译方法或翻译文字。在英汉成语互译中，直译或者语义翻译可以保存喻义，传达出原文的修辞风格，达到喻义自明的效果。

例1 原文：孔明索纸笔，屏退左右，密书十六字曰："欲破曹公，宜用火攻；万事俱备，只欠东风。"

译文：Zhuge Liang got out writing materials, sent away the servants, and then wrote a few words: "To defeat Cao Cao, you have to use fire; all are in your wish, but wind from the east."（《三国演义》第四十九回）

分析："万事俱备，只欠东风"这句成语源自《三国演义》，原指周瑜定计火攻曹操，做好了一切准备，但忽然想起若不刮东风，则无法取胜。后以此比喻一切准备工作都做好了，只差最后一个重要条件。译文"all are in your wish, but wind from the east"采用了直译手法，将"只欠东风"直译为"but wind from the east"，便于延续保持原文耐人寻味的历史典故和中文独特的民族风格。

例2 原文：刘豫州不识天时，强欲与争，正如以卵击石，安得不败乎？

译文：Your master has not recognized the fateful moment, and to contend with a man so strong is to try to smash stones with eggs. Failure is certain.（《三国演义》第四十三回）

分析：这句话的意思是指刘备不明白当下的境遇，争强好胜与他人相争，不自量力，怎么不会失败呢？"以卵击石"又作"以卵投石"，指拿蛋去碰石头，比喻不估计自己的力量，自取灭亡。直译"smash stones with eggs"，既不会招致不必要的歧义，又保证了译文的原汁原味，因此，翻译

---

① 王寅. 体认语言学视野下的汉语成语英译——基于《红楼梦》三个英译本的对比研究[J]. 中国翻译, 2019, 40（04）：156-164.

第四章　基于平行语料库的成语跨文化英语翻译技巧

得十分成功。

例3　原文：谋事在人，成事在天。

译文：Human proposes；God disposes.（《三国演义》第一〇三回）

分析："谋事在人，成事在天"的意思是策划事情的是人，至于成不成事就看上天安排了。译文直接用英语成语"Man proposes；God disposes"的变体"Human proposes；God disposes."传递汉语成语的交际意义：由于汉英两者表述的喻义一致，语言色彩大致相同，两种文化对于世界的看法有着不谋而合的相似之处，因此，将汉语成语中"谋事在人，成事在天"的儒家、道家的文化因子"天"转化为基督教文化受众所熟悉的"God"（上帝），实现了汉英两种不同语言的功能等值（functional equivalence）。

例4　原文：话说天下大势，分久必合，合久必分。

译文：Domains under heaven,after a long period of division,tends to unite；after a long period of union，tends to divide.（《三国演义》第一回）

分析："天下大势，分久必合，合久必分"出自《三国演义》第一回："话说天下大势，分久必合，合久必分。周末七国分争，并入于秦。及秦灭之后，楚、汉分争，又并入于汉。汉朝自高祖斩白蛇而起义，一统天下，后来光武中兴，传至献帝，遂分为三国。"用来指人或事物变化无常，分合无定。译文采用了直译，将"天下大势，分久必合，合久必分"直译为"Domains under heaven, after a long period of division, tends to unite；after a long period of union, tends to divide."表明人和物发展过程中注定会有分合；由于译语语义清晰，目的语读者很容易感知汉语成语的意义与文化。将第四十九回的"天有不测风云"直译为"Heaven's winds and clouds are not to be measured."及第六十五回的"拨云雾而见青天"直译为"Seeing the clear sky when the clouds have been swept aside"，亦是如此。唯一的缺陷——按照英文的语法，译文句子中主语为Domains，因此tend不应使用单数。

例5　原文：反败为胜

译文：turn a defeat into a victory（《三国演义》第十六回）

分析："反败为胜"指的是扭转败局，变为胜利；比喻打了败仗不泄气，重整旗鼓，如果在敌人松懈、思想麻痹时进攻，就能转败为胜。"反败为胜"既体现了中国古代的军事文化，又反映了历史人物的胜败观。译文采用直译，

105

直接套用英语中既存表达"turn a defeat into a victory"进行翻译,充分利用了两种文化之间的"同",从而避免了文化的失真,不仅再现、还原了汉语成语的语言意义,还再现了原文的文化意义。

例6 原文:郭嘉谏曰:"刘备远来救援,先礼后兵。"

译文:But Guo Jia remonstrated, saying, "Liu Bei has come from afar to help Tao Qian, and he is trying the effect of politeness before resorting to arms."(《三国演义》第十一回)

分析:"先礼后兵"的意思为"先以礼貌相待,如果行不通,再用武力或其他强硬手段解决"。译文中将"先礼后兵"译为 try the effect of politeness before resorting to arms,其中 try the effect of 及 resort to 都属于英语中的常见表达,动词的取舍十分明显。try 不仅有"尝试"的意思,还有"努力"的意思,生动地传达了原文对"礼"和"兵"二字在实践中的取舍;而 resort to 的意思为"诉诸,求助于",在英语中更倾向于武力方面,放在此处对比鲜明。另外,before 也简练地表达了先后顺序这一层面的意思,体现了独特的中文韵味和英文语言的逻辑性。

2. 意译

在英译某些汉语成语时,如果找不到与汉语成语意思相当或者近似的英语成语,或者汉英词典提供的英语成语的意思大相径庭,为了防止目的语受众曲解汉语原义,译者只能采用意译,用"动态对等"(dynamic equivalence)的方法力求做到"得'意'忘形",虽失原作形貌,但从不同范围的上下文看,仍不失原作的内容,且与原作的风格相适应,这种翻译方法叫意译。

由于两种语言的文化背景不同,有的成语和俗语经过直译后,让读者或受众不能理解,这就需要改成或补之以意译。因为英汉民族在长期的生活中各自形成了不同的文化背景、生活习惯等,从而导致人类的生活方式或模式、思维模式对同一事物的不同,因而不同民族的人们在观察世界以及表达自己的思想感情时也不尽相同。当直译不能令读者产生预期的联想,甚至引起误解时,译者可脱离原文的形象,利用读者所熟悉的形象,适当地变通,以译出原语的隐含意义,实现语用效果一致的目的。

例1 原文：直杀到天明，却才收军。杀得尸横遍野，血流成河。

译文：Next morning the countryside was strewn with corpses and drenched with blood.（《三国演义》第三十九回）

分析：例1中的"尸横遍野""血流成河"是对当时情景的生动描绘，用比喻手法还原了当时战场血腥的现场，形容被杀的人极多，表现了战争的惨烈程度。其中"尸横遍野"采用的是直译，而"血流成河"总体采用的是意译。译文则采用了形合翻译汉语中的意合，再现了英语中的逻辑：blood 保留了原成语中的喻体形象"血"，be drenched with（浸透）则很好地表现了"河流"的特点，与第九十二回"当夜三路兵夹攻，大破魏军一阵。邓芝引兵接应，杀得尸横遍野，血流成河"（During that night the army of Wei was smitten till corpses covered the earth and gore ran in rivers.）中的直译 gore ran in rivers 一样形象。

例2 原文：左右夺剑劝曰："公（许攸）何轻生至此？袁绍不纳直言，后必为曹操所擒。公既与曹公有旧，何不弃暗投明？"

译文：But his people prevented that. They said, "If Yuan Shao rejects your honest words, then assuredly he will be taken by Cao Cao, why not abandon the shade for the sunlight?"（《三国演义》第三十六回）

分析："弃暗投明"的意思是离开黑暗，投向光明。比喻在政治上脱离黑暗的旧势力，投向光明的新势力。《三国演义》中两次用到"弃暗投明"这一成语，第十四回行军从事满宠劝徐晃投曹操时直译为 leave darkness for light；第三十六回中袁绍谋士许攸遭到袁绍怀疑，欲拔剑自刎，左右夺剑相劝时则译作 abandon the shade for the sunlight：即将"暗"具象化，译为 the shade（背阴）；将"明"具象化，译为 the sunlight（阳光），符合英语的行文习惯，年轻人很容易联想到著名爵士歌手玛黛琳·蓓荷（Madeleine Peyroux）的话"Making this record felt good, like opening a shade into sunlight in the morning"（制作这张唱片感觉很好，就像在早上慢慢打开窗帘迎接阳光一样）。因此，译文在选词和逻辑构建上符合英语语言表达习惯及审美取向，不仅表达形象，而且语义贴切。

例3 原文：黄忠即日拔寨而进，步步为营，每营住数日又进。

译文：Then camp was broken, and the army marched forward a certain distance.

Then they encamped. After some days' rest the march was repeated; and then again.（《三国演义》第七十一回）

分析："步步为营"中"步步"表示距离短，一般可用 consolidate at every step 表示，意思是军队每向前推进一段路程就设下一道营垒，形容行军谨慎，防备严密。译者通过 the army marched forward a certain distance. Then they encamped 表达"步步为营"。而"黄忠即日拔寨而进，步步为营，每营住数日又进"同一回，邓罗将"可激劝士卒，拔寨前进，步步为营，诱渊来战而擒之"译作"Your way now is to work up the enthusiasm of your soldiers, then break camp and advance. Do this in a series of marches, and you will excite him up to the point of giving battle, when you can capture him"。译者用 do this in a series of marches 表示"步步为营"；其中，march 呼应原文中的"行军"，而 in a series of 则很好地表现了"步步"中的"稳步前进"的内容，利用了译入语中与原语意思对应的短语表达，生动地再现了原成语所蕴含的信息和意义。

例4 原文："足下深知安邦定国之道，何在唇齿之戏哉！"

译文："You, honored Sir, know that the tranquility and safety of states are no matters to joke with."（《三国演义》第八十六回）

分析："唇齿之戏"指不是嘴皮上说说而已之事。显而易见，如果仅仅按照字面意思译作 play of the tongue and teeth，则会使目的语读者不知所云，因此，译者根据原作上下文的具体含义及文字下隐藏的文化信息将其意译作 no matters to joke with（并非玩笑之事）。由于汉语成语在选词上更具有我国文字独有的东方美，如果采用直译的方法翻译原文中的"唇""齿""戏"，则不能使目的语读者产生理想的联想，更甚会引起误解，反而妨碍了文化之间的沟通交流，这与翻译的初衷背道而驰。故此，邓罗采用 no matters to joke with 这一简练而地道的表达，清晰又准确地传达了原文的含义。

例5 原文：维望山中而走，背后郭淮引兵赶来；见维手无寸铁，乃骤马挺枪追之。

译文：... so when he set off for the hills with Guo Huai in pursuit, Jiang Wei had nothing to oppose to the spears of his pursuers.（《三国演义》第一〇九回）

分析："手无寸铁"中的寸形容细微短小；铁指武器。意思是手里没有任何武器。因为成语中"寸"和"铁"的特殊性,所以翻译时如果按照字面含义,同时目的语读者缺乏相应的中文知识,则容易引起文化的失真。邓罗采用了意译的方法,使译文意明,流畅度好,有较好的可读性。译为 have nothing to oppose to the spears of his pursuers,不仅避免了直译后的译文过于啰唆,而且进一步明确了"手无寸铁"的意蕴和精髓。译文的处理不是从弱小者(手无寸铁的人)的角度出发,而是从其对手的视角进行翻译,从而使读者深入体会中国古典文化的语言魅力。

(三)《红楼梦》中的数字成语及其翻译

《红楼梦》是中国古典四大名著之首,具有极高的历史、艺术及文学价值,可谓中国封建传统文化的百科全书。小说语言逼真切实、新鲜别致、淳朴自然又不拘一格,其英文译本中尤以霍克斯(Hawkes)译本和杨宪益、戴乃迭夫妇译本的国际认可度最高。《红楼梦》中运用了大量的成语描写语言、人物、神态等,成功塑造了一个个饱满、生动的人物形象。据巩晓统计,《红楼梦》中仅四字格成语就运用了720多条,其中,数字成语数量可观,可以视为从事汉语数字成语英译学习和研究的良材。①

下面基于《红楼梦》双语平行语料库,以霍克斯、闵福德(Minford)译本(*The Story of the Stone*)(以下简称"霍译")和杨宪益、戴乃迭译本(*A Dream of Red Mansions*)(以下简称"杨译")为例,对《红楼梦》中的数字成语汉译英进行分析。

1. 关于"一"的成语

在《红楼梦》中,包含"一"的成语有"一损俱损,一荣俱荣""一言难尽""一无所知"等。比如:

例1 原文:说来话长,其中细理,一言难尽。(第八十回)

霍译:It's impossible to do them justice in a few words.

杨译:It would take too long to tell you that in full.

分析:"一言难尽"指"事情曲折复杂,用一句话说不清楚"。霍译采用直译法,将整个成语的内涵表露无遗。杨译似乎把这个成语与句中的"说

---

① 巩晓.《红楼梦》中同一成语在不同语境下的翻译[J]. 喀什师范学院学报,2014,35(04):44-47.

来话长"放在一起合译了，显得简洁大方。

例2 原文：那雪雁此时只打量，黛玉心中一无所知了。（第九十回）

霍译：Certain that Dai-yu, if not actually dead, was by this time at any rate "dead to the world."

杨译：Under the impression that Daiyu was unconscious.

分析："一无所知"指"什么也不知道"。霍译采用意译法，能让目的语读者一下子就理解该成语所表现的状态。杨译直接将其解释为"无意识的"，优点是表达简练，容易理解，但缺点是失去了原成语所表现的画面感。

2. 关于"二"的成语

有些成语可以望词猜义，而有些则不能。如：

例1 原文：此方人家……接二连三……将一条街烧如火焰山一般。（第一回）

霍译：The fire leaped from house to house until the whole street was blazing away like a regular Fiery Mountain.

杨译：The flames spread from house to house until the whole street was ablaze like a Flaming Mountain.

分析："接二连三"指"一个接着一个，接连不断"。霍译与杨译差别不大，只是在动词的选择上不一样，一个用了 leap，一个用了 spread，两相比较，leap 更生动。

例2 原文：原来二马同槽，不能相容，互相蹶踢起来。（第六十五回）

霍译：The two animals sharing the same manger had taken a dislike to each other and started kicking.

杨译：Where the two horses, unwilling to be tethered together, had started kicking each other.

分析："二马同槽"指"两个性格刚烈或有利害关系的人在一起，必然会发生矛盾"。霍译选择了意译法，体现了原语的特性；杨译选择了直译法，将其情感色彩表达了出来。

3. 关于"三"的成语

在《红楼梦》中，关于"三"的成语有"狂三诈四""三六九等""不

第四章 基于平行语料库的成语跨文化英语翻译技巧

三不四"等。

例1 原文：我们老太太……比不得那个狂三诈四的那些人。（第三十九回）

霍译：Our old lady is ... not the least bit pretentious or stuck-up like some I could mention.

杨译：Our old lady is ... not haughty and high-handed like some people.

分析："狂三诈四"意指"一味欺诈、傲慢专横"。霍译和杨译都选择了归化法，对成语进行了解释，便于目的语读者的理解。由于中西方文化的差异，在翻译时不可能做到字字对应，因此，霍译和杨译在此处的处理十分恰当，值得借鉴。

例2 原文：只不过这一会子输了几两银子，你们就三六九等了。（第七十五回）

霍译：Now, just because I've lost a few taels, I'm not good enough for you.

杨译：Now as soon as I lose a few taels of silver you start cold-shouldering me.

分析："三六九等"指"有许多等级和差别"。对此成语，霍译和杨译都选择了意译法，表达都很地道。

4.关于"四"的成语

在《红楼梦》中，涉及"四"的成语有"四通八达""四角俱全"等。

例1 原文：两边厢房鹿顶耳房钻山四通八达，轩昂壮丽，比贾母处不同。（第三回）

霍译：The whole formed an architectural unit of greater sumptuousness and magnificence than anything Dai-yu had yet seen that day.

杨译：This was the hub of the whole estate, more imposing by far than the Lady Dowager's quarters.

分析："四通八达"指"通向各方"。霍译选择了意译法，并未将成语的内涵表达出来，因此，缺少了原语的美感；杨译虽然也选择了意译法，但其对该成语进行了必要的解释，可以让目的语读者一目了然地明白这个成语的意思。

例2 原文：不如把你林妹妹定给他，岂不四角俱全？（第五十七回）

111

霍译：I think much the most satisfactory arrangement would be to betroth him to your Cousin Lin here.

杨译：Then why not engage him to Daiyu? Wouldn't that please everyone?

分析："四角俱全"指"完美无缺"。霍译和杨译都选择了意译法。霍译将其译为"各个方面都令人满意"，杨译将其译为"让所有人都满意"。相对而言，杨译对该成语的把握更精准。

5. 关于"五"的成语

在《红楼梦》中，与"五"有关的成语有"牵五挂六""三年五载""恨五骂六"等。

例1 原文：眼前我还要出门去走走，外头逛个三年五载再回来。（第四十七回）

霍译：It will probably be three or four years before I come back again.

杨译：But soon I shall be setting out on a long journey. I don't expect to be back for three or four years.

分析："三年五载"指"多年"。值得注意的是，霍译和杨译对该成语的翻译完全一致，只是杨译最后并未加任何单词，而霍译选择了增译法，添加了before I come back again。这么做的好处是有始有终，有"走"有"回"。

例2 原文：于是尤氏一行人悄悄的来至窗下，只听里面称三赞四……又兼着恨五骂六……（第七十五回）

霍译：You-shi and her party were thus able to steal right up to the windows and could hear everything that was going on inside ...some uttered exultantly and with raucous shouts of laughter, others angrily or despairingly and to the accompaniment of curses and profanities.

杨译：When Madam You and the rest tiptoed up to the windows they heard quite a noise inside jokes and compliments interspersed with complaints and curses.

分析："恨五骂六"指"投骰子时的叫骂声"。在正式的书面表达中，英语善用名词，这一点在霍译和杨译的翻译中也有体现。他们都使用名词性的表达对该成语进行了解释，只是霍译更烦琐，而杨译更精简。

第四章 基于平行语料库的成语跨文化英语翻译技巧

6. 关于"六"的成语

在《红楼梦》中,与"六"相关的成语有"六亲同运""三街六巷""三姑六婆"等。

例1 原文:这三街六巷,凭他是谁,有人得罪了我醉金刚倪二的街坊,管叫他人离家散!(第二十四回)

霍译:Anyone this part of the town troubling neighbor of Dime's, don't care who he is, guarantee put him out of business.

杨译:If anyone in the three streets or six lanes nearby, no matter who he is, offends a neighbour of the Drunken Diamond, I'll see to it that his relatives are scattered and his home destroyed.

分析:"三街六巷"指"大街小巷"。霍译选择了意译法,直接将此成语解释成这个"镇"的一部分,范围更加宽泛。杨译则采用了直译法,虽然较好地保留了原语的形式美,但不可否认的是,目的语读者不一定会明白,可能会产生困扰。

例2 原文:我说那三姑六婆是再要不得的。(第百十二回)

霍译 I said we should have no truck with such women. They're witches and whores the lot of them!

杨译:I've always said those nuns, bawds, go-betweens and the like are no good!

分析:"三姑六婆"指"社会上各式市井女性"。中国的成语带有感情色彩,这个成语属于中性词,在句中的感情色彩为贬义。霍译通过意译法将其所表达的贬义色彩直接表现了出来;杨译则把"好的坏的"全包了,范围更广,对成语内涵的把握更精准。

7. 关于"七"的成语

在《红楼梦》中,与数字"七"有关的成语有"七上八下""七手八脚"。

例1 原文:探春道:"林丫头刚起来了,二姐姐又病了,终是七上八下的。"(第四十九回)

霍译:"Cousin Lin has only recently got up ,and Ying-chun is ill again ," said Tan-chun.

杨译:Daiyu's just out of bed and Yingchun's ill again. There's always

113

someone missing.

分析："七上八下"指"心里慌乱不安"。霍译使用了省译法，未能表现出主人公内心的焦急状态。而杨译对其做了简要的解释，保留了原成语的内涵。

例2 原文：小丫头子们……七手八脚抢上去，一顿乱翻乱掷的。（第六十一回）

霍译：The young maids ... threw themselves with great gusto into the work of ransacking the kitchen.

杨译：... the young maids crowded forward and started turning the whole place upside down.

分析："七手八脚"指"人多手杂，动作纷乱"。同上，在此处，霍译仍然译出了成语表现出的感情色彩，即主人公们是很乐意手忙脚乱的。相比，杨译则只是作简单的解释，让此成语在英译本中丧失了画面感。

8. 关于"八"的成语

在《红楼梦》中，与"八"有关的成语有"三灾八难""七死八活"等。

例1 原文：怎么我去了几天，你病的七死八活。（第六十二回）

霍译：Yet I only have to be out of the house for a few days and there you are.

杨译：How come then that when I was away for a few days and you were laid up.

分析："七死八活"指"受尽痛苦"。一看到这个成语，脑子里会有生动的画面感。霍译虽然给了人们足够的想象空间，但是也有可能让读者不知所云。杨译则直接给出了读者画面。对于这一句的翻译，杨译本优于霍译本。

例2 原文：俗语又说"女大十八变"。（第七十八回）

霍译："For a growing girl there are eighteen hazards." the proverb says.

杨 译：As the saying goes, "A girl changes eighteen times before reaching womanhood."

分析："女大十八变"指"女子在成长过程中，性格和容貌的大量变化"。霍译和杨译都选择了意译法，但是，霍译选择 For a growing girl，即"对于成长之中的女子而言"理解很到位，而将"十八变"译作 hazards（危险

114

则与原文偏离较多；从意义角度而言，杨译本的主谓宾结构符合语法规则，意义理解也很到位。

9. 关于"九"的成语

在《红楼梦》中，与"九"有关的成语有"九死一生""九霄云外"。

例1 原文：你祖宗九死一生挣下这个家业。（第七回）

霍译：It was your great-granddad, whose life I saved when he was given up for dead, that won all this for you, by the sweat of his brow.

杨译：It was your great-granddad who built up this estate, and nine times I snatched him back from the jaws of death.

分析："九死一生"指"经历许多次危险而生存下来"。霍译和杨译都选择了意译法，不同的是句式的安排。霍译将其作为插入语表现出来，而杨译则采用了并列结构，使整个句子看上去前后平衡，各有千秋。

例2 原文：黛玉听了这话，不觉将昨晚的事都忘在九霄云外了。（第二十八回）

霍译：Dai-yu's resentment for the gate incident had by now completely evaporated.

杨译：By now Daiyu's resentment over the previous evening was completely forgotten.

分析："九霄云外"指"远得无影无踪"。中西方文化背景不同，对一种状态的表达，在西方，往往一个形容词即可。如该成语，霍译和杨译都使用了 completely 一词，分别构成 completely evaporated 和 completely forgotten，简洁明了。

10. 关于"十"的成语

汉语中与"十"有关的成语不少，如"十全十美""五光十色"等，但《红楼梦》只涉及一个"一五一十"。

例 原文：便一五一十的告诉了。（第百十九回）

霍译：She went on to tell Grannie Liu the whole story.

杨译：She drew her aside to explain the situation.

分析："一五一十"指"从头到尾，原原本本地将事情讲出来"。霍译和杨译都选择了意译法，不同的是，霍译用的动词是 tell，杨译选择的动

115

词是 explain。该成语的意思更偏向"讲"事情，而非"解释"事情，因此，霍译更好。

11. 关于"百""千""万"的成语

例1 原文：前日那小丫头子回来说，我们这边，还都赞叹了他一会子。都像宝丫头那样心胸儿、脾气儿，真是百里挑一的！（第八十四回）

霍译：When my maid came back and told us what had happened that day; and the way she coped with it, we were all singing her praises. Such a wonderful disposition! She's a girl in a million.

杨译：The other day when the maid came back to report, we all lauded her to the skies as one in a hundred, so broad-minded and sweet-tempered!

分析："百里挑一"中含有两个数字且间隔出现，属于主谓型成语，"百里"作主语，"挑一"作谓语。"百"和"一"对比强调人物的杰出性，其中，"百"为虚指，表范围的广泛；"一"为实指，表独一无二的特性。为了彰显中国文化，"读起来不仅能够再现原文的意义和新奇特征"[①]，"让目标读者易于理解，产生文化上的共鸣。"[②]，霍译采用意译法，用 million 而不用 hundred，以达到夸张的效果，表达成语的含义。杨译采用直译法，将"百"译作 hundred，"一"译作 one，既忠于原文的意义，又保存了原文的形，这种异化式翻译很好地保留了原文的"风姿"。

例2 原文：嗳哟哟，那可是千载希逢的！（第十六回）

霍译：That's the sort of thing that scarce some once a thousand years.

杨译：Ah, such a thing only happens once in a thousand years.

分析："千载希逢"中仅含有一个数字，属于偏正型成语，"千载"修饰"希逢"，意思为"一千年也就只会发生一次"，形容发生概率小。"千"在此为实指，表发生的范围之广，所以杨译和霍译均采用直译法将"千"直译为 thousand。其中，为了表现出"只发生一次"的概率，均增译 once 来更加具体地还原成语含义。

---

① 张顺生，丁后银. 话"洪荒之力"之英译 [J]. 中国科技翻译，2016（04）：53.
② 杜镇涛，张顺生. "国体"和"政体"的英译与思考 [J]. 上海翻译，2017（04）：74.

例 3 原文：刘姥姥越发感激不尽，过来又千恩万谢的辞了凤姐儿。（第四十二回）

霍译：Overwhelmed by so much kindness, Grannie Liu went back into the other room to take her leave of Xi-feng, and after thanking her many times over.

分析："千恩万谢"中含有两个数字且间隔出现，属于并列型成语，"千恩"与"万谢"并列。"千""万"皆为虚指，强调感谢之意。霍译采用动词加宾语的形式，用 many times over 修饰 thank。

总的来说，关于《红楼梦》的英译本，业界人士普遍认为杨译本策略更"归化"，霍译本策略更"异化"。从上面的例子可以知道，对于数字成语这一特殊的文化负载词，霍译和杨译使用的策略基本上是异化，也许是因为数字成语直译更加困难。但这也从侧面说明，归化、异化是翻译的两种策略。英汉成语互译时较大的困难是保存原文的形象特点，所以要具体问题具体分析。

成语的意义并不是成语中各个单元意义的简单相加，而是具有相对独立意义的语言单位，具有固定性、整体性及不可替代性等特征。由于不同文化之间具有相通之处和相似点，在表达技巧和句法结构上都惊人的相似，给人带来无独有偶的感受。英汉成语中有很多尽管具体形象不同但是寓意和语言色彩相同或者相似的例子。比如，汉语成语"胆小如鼠"便可直接套用英语习语 as timid as a mouse，以求同；汉语成语"一箭双雕"便可模仿英语习语 kill two birds with one stone 的结构直接译为 kill two hawks with one arrow，以求似；遇到新鲜的表达，译者也往往采用语言创新的手法直接翻译原语，以存异，《三国演义》第七十四回中"初生之犊不惧虎"的译文 The new-born calf fears not the tiger. 便是典型的例子。

译者在选择对应的英语成语时必须精挑细选，仔细甄别，把握不同文化之间的关系和相互交流的发展走向，否则就会出现文化失真，增加英汉语言文化交流的隔阂。对英汉双语的翻译，不仅需要大量的语言知识储备、灵活实用的翻译技巧，还需要对各个民族文化有着刨根问底的探究精神，领略不同文化之间不谋而合的趣味，在保持对本国本民族文化探究的同时，开阔胸襟，放开眼界，了解、品味、借鉴其他国家和民族的多彩文化，体会异质文化在本民族文化发展、传播过程中的作用和地位。正如王佐良教

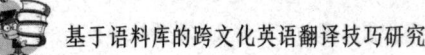

授曾说，翻译工作者必须是一个真正意义上的文化人。只有这样，才能不仅做到语言意义上的等值，而且做到真正文化意义上的等值。①

---

① 朱耀先. 浅谈中西文化差异与翻译 [J]. 中国翻译，1997（04）：7-11.

第五章　基于语料库的中国文学经典英译中人物对话翻译技巧

作为小说语言中重要的一部分，人物对话的翻译质量在相当大的程度上影响着译本整体的艺术效果。以中国古典名著《红楼梦》为例，《红楼梦》中的人物对话堪称中国古代小说的语言典范。先从篇幅上看，人物对话超过三十万字，几乎快要占据小说总字数的一半，足以说明其在整部小说中的地位举足轻重。再从作用上看，人物对话中无论是鲜活生动的词语还是精炼动态的句式，不仅能准确地刻画出不同人物的个性，揭示人物之间的关系，还能推动故事情节的发展。

本章以《红楼梦》为例，借助语料库，探讨人物对话英译的规律和途径，尝试对比分析译者主体性因素和翻译策略。

一、人物对话语料库的创建

笔者首先建立了《红楼梦》原文中的一些主要人物对话的语料库（该语料库中包含若干个以人名命名的小语料库），再一一从已有的《红楼梦》双语平行语料库中检索出两个英译本（杨译本和霍译本）中与这些人物对话相对应的译文，分别整理成以相应的人名命名的各个小语料库，然后进行各种对比研究。在选取人物对话译文组建语料库的过程中，笔者也遇到过一些小的译文与原文有出入的现象，这时笔者会分别查阅外文出版社2003年出版的 *A Dream of Red Mansions*（杨译本）以及上海外语教育出版社2012年出版的 *The Story of the Stone*（霍译本），以纸质版内容为准。

笔者发现，《红楼梦》原文中主要人物对话语言，字数加起来超过了

基于语料库的跨文化英语翻译技巧研究

30万（分别为女性217224字，男性91739万字）。表5-1列出了原文中一些不同人物各自对话的字数（仅列出对话语言在1100字以上的人物）。

表5-1 《红楼梦》原文中主要人物对话语言字数表

人物	字数	人物	字数	人物	字数
王熙凤	38497	尤氏	4570	冷子兴	1714
贾宝玉	37329	鸳鸯	4443	贾惜春	1682
贾母	21758	刘姥姥	4388	宝蟾	1613
薛宝钗	21291	晴雯	4234	妙玉	1523
袭人	16157	贾珍	3749	尤三姐	1498
林黛玉	14536	周瑞家的	3713	林之孝家的	1495
贾政	13450	贾蓉	3427	尤二姐	1383
王夫人	13333	薛蟠	3311	警幻仙姑	1255
贾琏	11470	贾雨村	3258	秦可卿	1243
平儿	11166	邢夫人	2541	贾迎春	1218
贾探春	8614	香菱	2416	柳湘莲	1166
薛姨妈	7747	贾芸	2314	薛蝌	1155
史湘云	5539	赵姨娘	2258	甄士隐	1151
紫鹃	5391	茗烟	2172	邢岫烟	1134
李纨	5209	夏金桂	1974	贾环	1134

译文语料库在选择语料时，是以中文引号里面的对话内容为参照，从双语平行语料库里找到对应的英译部分，进行选取。但是难免会遇到各种特殊情况，现以刘姥姥对话语言为例——进行说明。

（一）间接引语的对话部分收录

译文里译成间接引语的对话部分不多，都被收录进了语料库。

例1 原文：刘姥姥只得蹭上来说："太爷们纳福。"

杨译：Granny Liu edged forward and said, "Greetings, gentlemen."

霍译：Grannie Liu waddled up to them and offered a respectful salutation.

上例中杨译相对忠实于原文的形式，依旧译成引号里的对话，因此被选取进语料库。而霍译虽然把刘姥姥的话语译成了间接引语，但如果剔除，势必会影响后面数据对比的结果，因此也被收录进语料库。

例2 原文：刘姥姥只叫"饶了我罢！"

杨译：...while she pleaded to be let off.

霍译："Let me off this game!"

上例中出现了相反情况，霍译较忠实地译出了刘姥姥原来话语里的内容，引号里的内容被录入语料库。而杨译却把这句"饶了我吧"直接翻译成了"pleaded to be let off"，即"请求被放过"，也被录入语料库。

（二）心理活动的对话部分收录

人物的心理活动，如果原文里用到了引号，则视为人物跟自己的对话，相对应的英译部分，如果也译成引号里的话语，则被选取，如果被译成间接引语，也同样被选取。

例3 原文：便忽然想起："常听大富贵人家有一种穿衣镜，这别是我在镜子里头罢。"

杨译：Suddenly Granny Liu recalled having heard that rich folk had in their houses some kind of full-length mirror. It dawned on her that this was her own reflection.

原文：猛想起："常听见富贵人家有种穿衣镜，这别是我在镜子里头吗？"

霍译：Suddenly the truth dawned on her: "I've heard of rich folks having what they call 'dressing mirrors' in their houses. Mayhap I'm standing in front of one of them and it's myself I'm looking at."

在上例中，霍译将刘姥姥的心理活动译为引号里的对话，因此被收录进语料库。杨译虽然将其译成描述性的文字，也被收录进语料库。

（三）底本差别不大的可比性译文的收录

底本个别字上有差异，但整体意思上差别不大。

例4 原文："若我们也这样，那些庄稼活也没人作了。"

杨译："If we were all like you, who'd do the farming?"

原文："我们要也这么着，那些庄稼活也没人做了。"

霍译："We couldn't all be like Your Ladyship, or there'd be no one to do the farming."

在上述两例里，中文虽然不是每个字都完全相同，但是整体意思差别不大。从这个角度看，不同译者的翻译，仍是基于同样的文本，因此译文具备可比性，所以都被纳入了语料库。

（四）分开翻译的对话合并收录

译文把原文中一句完整的对话分开来翻译的，录入语料库时被合并起来组成一个完整的句子。

例5 原文：刘姥姥忙道："才刚那个嫂子倒了茶来，我吃过了。"

杨译："That sister-in-law there brought me some just now," put in Granny Liu hastily. "No more, thank you."

例6 原文："别的罢了，我只爱你们家这行事，怪道说，'礼出大家'。"

霍译："What I like best of all here,"she said,"is your way of doing things. I'm not surprised they say that 'good breeding is to be found in great houses'".

以上两例中，两位译者都出现了将一个完整的句子拆成两半的现象，在收录进数据库时，这些句子都被连接起来，方便后期的统计分析。

表5-2中列出了笔者根据以上所列的各项原则，整理创建并使用的《红楼梦》人物对话英译语料以及原文语料的字数对比。

表5-2 《红楼梦》中部分人物对话语言原文和译文字数对比表

人物	原文字数	杨译字数	霍译字数
王熙凤	38497	28857	37234
薛宝钗	21291	16186	21884
林黛玉	14536	10419	13323
贾政	13450	10561	14174
史湘云	5539	3990	5086
贾母（前40回）	4606	3475	4735
刘姥姥	4388	3267	4221
秦可卿	1250	935	1290
焦大	523	371	480

从表5-2可以清晰地看出，霍译的字数与原文的字数相差不大，有时稍多出几百字，有时少了几百字（可能是由于译文语料库里剔除了少量被译为间接引语的句子）。而杨译体现在字数上，与原文的差异相对较大，几乎少了近四分之一。如王熙凤的对话语言原文接近四万字，而杨译却只

第五章 基于语料库的中国文学经典英译中人物对话翻译技巧

有三万字不到。又如林黛玉的对话原文是一万四千多字,霍译与之相差近一千字,而杨译却相差四千字。所有的数据都表明,杨译体现在对话语言上,较之霍译似乎也是偏精炼的。当然,这只是最粗略的印象。

二、基于语料库的中国文学经典英译中人物对话翻译策略案例分析

(一)《红楼梦》译者主体性因素对比

对于翻译者主体性的正确认识有利于我们从译者的视角对译文客观、真实地进行理解。翻译者的主体性是主体固有的本质特性,如果译者要摒弃"翻译搬运工"和"翻译机器"的做法,那么就需要译者展现其特有的翻译主体性。因此,翻译者的主体性的作用就是通过译者灵活地运用异化或归化等翻译策略向译文读者传输可接受和理解的原文信息。

1. 翻译动机

翻译动机是激发、指向、维持和调节译者完成翻译作品的内在动力,也是指导译者翻译策略的导向工具。因此,译者在翻译前一般会先形成翻译动机,接着才会根据翻译动机来选择合适的翻译策略。

霍克斯对《红楼梦》翻译动机的建立是以非常纯净的内心喜好为基础的,因为他对《红楼梦》的翻译仅仅是为了向具有英语背景的文学爱好者分享他所珍爱的中国古典文学作品。为了实现这宏伟目标,他毅然辞去牛津大学中文系主任的教职,全心投入到《红楼梦》的翻译工作中,自主翻译出世界上第一本《红楼梦》的英文全译本。在翻译过程中,霍克斯以所有掌握英语的西方读者作为服务对象,带着与所有文学爱好者分享中国这一经典"文化小说"的强烈愿望开始了翻译过程。因为他个人具有深厚的英语文化背景以及读者群体限定在掌握英语的西方读者中,所以他的译文不仅考虑到了《红楼梦》特有的中国文化特色,而且还遵循了英语文化的规范。在翻译过程中,霍克斯为了让西方读者在阅读《红楼梦》过程中,感受中国广博而深厚的文化内涵,满足这些西方学者接触和了解两百多年前东方文化的需求,在翻译策略选择上,确立了译本以服务译入语的读者为首位,重视译本拟合英语文化和语法习惯。最终,霍克斯遴选归化和意

123

基于语料库的跨文化英语翻译技巧研究

译作为其主要翻译策略。并且,霍克斯还努力从西方读者视角出发,把原文翻译为可被读者接受和理解的英语文学作品。这样在实际翻译过程中,他根据自己固有的文学翻译理论对译文进行适度的增减,在维持和满足西方主流意识形态基础上,向西方读者展现《红楼梦》东方文学之美,努力消除东、西方之间的跨文化差异。特别值得敬佩的是,霍克斯的译文还特意地将原著中因为文化差距的存在而具有明显汉语文化特征、不好理解的语句增进了解释,进一步强化了读者对译本的阅读性、理解性、欣赏性和感受性。总之,在翻译策略上,霍克斯以"可接受性"为原则,在翻译过程中,遵循了"读者为中心"和"译入语文学"规律。多元系统理论作为翻译学的经典理论,为霍克斯的《红楼梦》译本的成功做出了合理的诠释。该理论由以色列文学家佐哈提出,一经公布就获得了世界翻译界的广泛共鸣和认同。该理论的核心观点认为:翻译学不仅应该,而且也必然是世界文学体系中一个重要组成部分;译者在进行翻译的过程应该用审视的眼光,通过对历史时光的穿越,用综合、宏观、广泛和动态的眼光展开翻译研究。该理论成功地搭起了文学和翻译的桥梁,增加了翻译的灵活运用的"灵魂",强调了翻译过程中对特定文化的重视,拓展翻译学的理论体系,为译者提供了一个全新的思维和视角。该理论形成以前,翻译者习惯遵循和延续翻译的固有原则,并认为翻译者的作品就应该依照原文固有的文学,不应该随意改变。因此,该理论彻底改变了以往译者在翻译过程中过于死板、僵化、故步自封的认知,使译者对文学翻译的感知有了一个更深层次的理解,这对译者翻译动机的形成和维持具有深刻的意义。更为值得关注的是,该理论使得译者在翻译过程中发动和强化了更为深刻、清晰的翻译动机,并真真切切地推动译者的翻译动机,最终形成翻译文学作品的心理动因和内心驱动力。考虑到近代中国因为贫穷落后,在鸦片战争后中国文学一直处于被西方社会和学者蔑视的历史环境下,反观霍克斯一往无前地选择《红楼梦》为翻译对象,我们就会更清晰地看到霍克斯单一、纯净的忠于个人内部心理抉择的私人化行为。

现实翻译事件中翻译动机作为维持和推动译者翻译活动的心理导向,翻译动机的形成还会受到译者所处社会地位、政治文化、历史背景的影响,译文正是译者在原文和译入语所处不同语言文化的综合因素作用下形成的

第五章 基于语料库的中国文学经典英译中人物对话翻译技巧

翻译动机。

杨宪益和夫人戴乃迭在外文出版社的要求下开始着手《红楼梦》的翻译工作,外文出版社希望可以通过这部经典名著《红楼梦》的英译版把中华民族光辉伟大的历史文化传播得更远,发扬光大。多种因素的影响会对动机的强度和方向产生影响,我们通过对杨宪益夫妇合著《红楼梦》译本的过程中的动机影响因素进行了解,将有利于我们更好地了解杨宪益夫妇共同翻译《红楼梦》的翻译动机。首先,杨宪益和夫人戴乃迭在进行《红楼梦》翻译前,在国际翻译界已经具有较高的社会地位,他们的翻译作品能够为中西方文化所共同认同。其次,当时国家也迫切希望翻译家向世界文学爱好者介绍我国传统的古典名著,便于国外读者真正地了解东方大国,以及中国文化的博大精深。再次,杨宪益和夫人戴乃迭拥有深厚的感情,彼此具有良好的心灵沟通,进行《红楼梦》翻译前就形成了默契配合的翻译主动权,夫妻都渴望利用二人娴熟的翻译技巧和强烈的爱国主义激情向世界所有热爱文学的读者推送中国古典小说《红楼梦》巨著。因此,有关杨宪益夫妇进行《红楼梦》翻译的翻译动机的确立存在着不同的观点。有的观点认为,杨宪益夫妇对《红楼梦》的翻译动机不够单一,他们认为杨宪益夫妇在形成翻译动机的时候更多的是对自我译者情况的熟识,而他们对即将进行翻译的《红楼梦》原著的内心需要和完整认知程度还不明确。有的观点认为,杨宪益夫妇决定对《红楼梦》开始翻译时,处于特殊的大语境和特有的译界小语境,使得他们缺少了对翻译对象选择的主动权。还有的观点认为,杨宪益和夫人戴乃迭选择《红楼梦》的翻译动机还可能受到当时文学翻译界流派和原著影响力的影响,这可能有两个方面的原因:一方面,当时中国翻译界的主流沿袭鲁迅先生的"充分性"原则,但是这种"充分性"还没有完全考虑到读者需要的内在表现;另一方面,《红楼梦》作为经典名著,外部环境限制了杨宪益夫妇的翻译动机,他们缺少自主、单纯地根据个人的喜好去选择具有明显指向性的原文。总之,根据学者的这些观点我们可知,杨宪益夫妇不是内部需求下主动选择的《红楼梦》著作,他们可能只是根据外部条件的需要去完成相应的工作任务,但是他们对《红楼梦》的翻译动机还是非常强烈的(也许在没有外部条件的压力下,他们不会选择《红楼梦》作为原文,但是特定的历史环境下,他们对《红楼梦》

基于语料库的跨文化英语翻译技巧研究

的翻译动机其实并不单纯,该翻译动机涵盖着多种因素的综合影响)。

杨宪益夫妇和霍克斯等尽管在翻译过程中选择了不同的翻译策略和英文表达方式,并且可能翻译动机的内部需要和外部条件的影响存在一定的差别,霍克斯等受资本主义自由化的影响,翻译动机更单一,杨宪益夫妇受当时中国的政治环境和出版社请求等诸多外部条件的影响,翻译动机受外部条件干扰不小,但是杨宪益夫妇和霍克斯等的翻译动机的主要内因应该是完全一致的,都是希望西方读者可以更多地了解中国文学,了解曹雪芹的巨作《红楼梦》。

2. 翻译观

翻译工作者的翻译观与个体的世界观具有很大的相似之处,不同之处在于世界观是个体对整个人类世界的看法和观点,而翻译观是翻译工作人员在翻译过程中对翻译作品的看法和观点。树立一个正确和高尚的翻译观对指导翻译工作人员的翻译实践活动具有重要的意义,因为译者的翻译观将会对译者在翻译过程中使用的翻译策略、翻译方法和翻译原理的利用产生深刻和明显的影响,最终将对译者在整个翻译过程中的翻译态度产生深远的影响。

总体来看,杨宪益与夫人戴乃迭译本和霍克斯与其女婿闵费德先生的译本都是为了推进中国文化经典文学《红楼梦》向世界传播,从这方面看,译者的翻译观的最终目标的大方向是一致的。

霍克斯与其女婿闵费德先生译本的翻译观似乎更多的目的是与读者分享东方文学的美妙,译本出版的目的主要是以个人喜好为出发点向英语读者推送东方文学《红楼梦》。正如霍克斯先生的女婿闵费德先生所指出,霍克斯并不是因为学术的原因选择了《红楼梦》进行翻译。学术翻译时一般要求译者用第三者的视角,译者不应改变原著的原貌,译者应该用科学、严谨的翻译技巧去展现原著的文学思想和内涵。基于这点来看,霍克斯与其女婿闵费德先生的译本没有杨宪益夫妇的译本学术严谨。虽然霍克斯与其女婿闵费德先生的译本的学术性不够严谨,但是他们在翻译中重视"忠实原则"也是该译本的特色,该忠实原则包括三个内容,即忠于原文作者、读者和艺术。此外,该译本对翻译美学的呈现也做出了巨大贡献,使得该译本被学术界公认为东西方文学翻译中的一个经典的"交际翻译"作品。

第五章 基于语料库的中国文学经典英译中人物对话翻译技巧

总之,霍克斯与其女婿闵费德先生的译本的翻译观既简单又平实,完全以自我内心对原著真诚的喜爱为基础,为了追求翻译文学的艺术价值,他们凭着自身拥有的扎实的翻译理论和熟练的翻译技巧,怀着热烈和迫切的心态向学者和读者推送了他们引以为傲的《红楼梦》译文。

想要更为深入地了解杨宪益夫妇《红楼梦》译本的翻译观,我们就需要站在他们的视角去审视《红楼梦》翻译。杨宪益夫妇作为中国优秀的翻译家,经典名著《红楼梦》为他们所熟知,在翻译《红楼梦》时自然怀着强烈的民族骄傲和自豪感。他们渴望让世界所有民族的人民阅读和欣赏《红楼梦》,他们有着坚实和广博的中华民族文化背景知识,在翻译过程中能够向读者和学者最为完美地展现《红楼梦》原著的风格。然而,由于汉语文化与英语文化的跨文化差异,译本虽然恰如其分地表达了汉语的文化风格,但是在英语学者和读者眼里却缺少了符合英文化的可读性。

杨宪益夫妇经过深思熟虑,欣然接受了出版社的热情邀请,下定决心向西方世界展示中国古典文学小说《红楼梦》巨作的文学之美。因为树立了宏伟的翻译观,他们能够用精细、严谨、忠实的翻译态度进行《红楼梦》的翻译。在翻译过程中,他们以翻译美学和忠实原著为第一目标,经过长期和反复的推敲,最终完成了为中国翻译界学者和以汉语为母语去学习与欣赏英文小说的读者所认可的翻译巨作。虽然西方英语翻译学者和读者认为杨宪益夫妇的译本没有霍克斯与其女婿闵费德先生的译本更符合英语翻译学者和读者的文化思维,但是西方英语学者和读者将其全部归属于杨宪益夫妇的母语文化背景的解释是有失公正的。

笔者认为,西方英语文学翻译学者、读者与中国文学翻译学者、读者对两个版本不同的评价可能与他们对译者的翻译观还没有正确和清楚的认知有关。通过上述对两个译本的深入讨论,我们最终可以从以下两点来对两个译本的翻译观进行精确定位。首先,霍克斯与其女婿闵费德决定开始翻译工作完全凭借个人对中国古典文学《红楼梦》的热爱,渴望与他人分享。杨宪益夫妇决定开始工作既出于出版社官方的热情邀请,又出于夫妻双方对中国古典文学的热诚。其次,霍克斯与其女婿闵费德的翻译工作完全属于个人行为,译文不受官方审核和限制;杨宪益夫妇的翻译工作是在国家需要下展开的,译文需要考虑国家和民族的价值,但是根据翻译理论的严谨性，这种受限只是要求作者在翻译工作中摒弃个人情感，忠实原文。最后，当学者和读者具有不同的母语文化背景时，翻译学者和读者对两个译本的评价不可避免地受到母语文化的影响。

汇总上述对比分析，我们对译者翻译观的理解可以获得这样的结论：霍克斯与其女婿闵费德先生的翻译观以自我喜欢和欣赏为中心，目的较为单纯，其翻译目的是向西方英语读者传播中国文学小说之美，可能没有深刻考虑小说所处的历史文化背景和小说所包含的典故、俗语、诗歌等中国传统文化；杨宪益夫妇的翻译观则以向西方英语读者传播中国历史文化为己任，在翻译中强调忠于原作、忠于学术的严谨性，应该是从更高的国家和中国传统历史文化的利益出发确立的翻译观。

3. 译者素养

译者的素养是一种综合能力，绝不是懂得一门外语加上手边有几本外语词典就具备了翻译素养，就可以开始翻译了。一名合格的译者需具备扎实的双语基本功、广博的科学知识、对原语国家文化的充分理解等素养。具体来看，良好的译者素养应该至少具备以下几点：一是对翻译事业活动的强烈热爱；二是熟练掌握母语和译语的知识体系和历史文化背景；三是拥有广博的自然和社会科学知识体系；四是具有坚实的翻译理论和娴熟的翻译技巧；五是具备优良的翻译职业道德和严谨的学术规范。

霍克斯与其女婿闵费德先生深受西方哲学理论影响，非常重视翻译交互主体性，他们在《红楼梦》译本写作过程中的翻译交互主体性应用表现在以下四个方面。第一方面，霍克斯与其女婿闵费德先生重视汉文化古诗的古籍注释，重视古诗对仗的修辞的均衡和美感，在翻译实践中利用熟练的翻译技巧力求英语译文与原文相对应，从读者的主体视角出发实现译文的易懂性和可接受性。如对《好了歌》的翻译，他们筛选西方最珍爱和推崇的"二一律"，即"A-B;A-B"借以实现"韵脚"，在翻译的每个英文句子的最后单词押韵。例如"halls-calls; thrive-alive; beams-gleams; recite-white"。第二方面，由于具有深厚的西方文化历史背景，"个人英雄主义""英雄改变世界"的观念深入霍克斯与其女婿闵费德先生的内心，因此他们在翻译过程中强调译者、读者和原著主体身份的介入，这些翻译主体的交换思维精神被巧妙地运用于古诗、辞赋、诗歌等翻译过程中。第三方面，考

第五章　基于语料库的中国文学经典英译中人物对话翻译技巧

虑到原文中涉及的道家文化和中国佛教对西方英语读者的陌生和遥远，霍克斯与其女婿闵费德先生从读者主体的视角出发对这些宗教文化原文进行了适度的修改，采用西方英语学者和读者熟悉的基督教文化进行了替代，以满足西方英语文化学者和读者的研究和阅读习惯。譬如将"潇湘馆"翻译为"the Naiad's House"，这是因为西方学者和读者对古希腊神话小说中的 Naiad（她是水中仙女，由于居住于湖泊和江河水边，所以特别擅长游泳）更为熟悉；中国佛教的"阿弥陀佛"（又称无量佛或无量寿佛），则借鉴基督教被翻译成"Holy Name, Bless his Holy Name"。第四方面，以西方英文化推崇的"个人英雄主义"和西方英文化对小说中人文的审视适度地修复了原文人物的形象勾画和塑造。我们选择贾雨村的一段描写翻译进行对比如下。原文："虽才干优长，未免贪酷，且恃才侮上，那同寅皆侧目而视。"霍译：But although his intelligence and ability were outstanding, these qualities were unfortunately offset by a certain cupidity and harshness and a tendency to use his intelligence in order to out with his superiors, all of which caused his fellw-officials to cast envious glances in his direction。《红楼梦》的原著中虽然有关贾雨村的章、回有限，但是作者曹雪芹对于该人物的描写可谓"入木三分"。常常用画龙点睛的几笔就生动形象地刻画了其从书生到科举如仕，然后当官被贬，再到重新获得机会复出后升为高官，直至被告入狱获罪的跌宕起伏的一生。对该人物的选择和引用体现了作者的用心良苦。该人物的刻画对小说整体具有深远的衬托作用，原文中深入地形象的刻画了一个满腹经纶、踌躇满志的读书人如何被封建黑暗官场吞噬，最终成为一名贪赃枉法和磨灭人性的罪犯。原文的本义含有讽刺、挖苦和对其人品的贬低之意。但霍克斯与其女婿闵费德先生的译文似乎改变了原文的本义。针对霍克斯与其女婿闵费德先生用西方文化思维理念导致译文偏离原文本义的译文部分，中国翻译专家实事求是地做出了评论。正如申丹学者指出霍克斯与其女婿闵费德先生的译文遴选了"unfortunately、a certain、a tendency"等词语，并选择了偏中性的贬义词"harshness"品评人物贾雨村，特别是采用这一英文单词"offset"，最终会使得读者感觉贾雨村具有西方崇尚的"个人中心主义"，贾雨村的优点可能比缺点多。这使得学者和读者认为霍克斯与其女婿闵费德先生在翻译过程中可能忽略了原文的主体性，翻译素养还不

129

够成熟。黄国彬先生则为霍克斯与其女婿闵费德先生的译本做出辩论，他认为该译本因为重视意译，强调读者和译者的主体性，所以才出现这样的情形。周珏良先生也认为霍克斯与其女婿闵费德先生的译本以"读者为上帝"，译本实现了对原文的传神，使得读者在阅读的过程中忘记外国译本这样的事实，倘若不是主人公翻译后有明显的中国人特征，很难叫读者感觉到他们在阅读翻译的中国小说，因此译者以读者为主体对原文个别内容进行适度的修改，以符合英语文化读者的文化和个人崇拜思维是没有问题的，这不能说译者的翻译素养不够成熟，这恰恰说明了译者的翻译素养的底蕴深厚。并且学者们还从霍克斯与其女婿闵费德先生的译本中挑选出几个经典翻译案例进行了评价，以佐证翻译过程中主体和原文之间存在良好的交互主体性。例如，他们认为译者在翻译中，将中国古代常用妓院的名字"怡红院"翻译成"the Green House"，将动物俗语"癞蛤蟆想吃天鹅肉"翻译成"A case of the toad on the ground wanting to eat the goose in the sky"，这些翻译案例已经超越了主体"唯我独尊"的唯我论思维，实现了翻译交互主体性的哲学辩证思维，是翻译过程的扬弃。

这样我们从译文对原著人物重新刻画的角度进行审视，就会发现学者申丹的评价是公正和客观的，霍克斯与其女婿闵费德先生有关描写人物贾雨村的英文翻译确实对读者存在偏离原文本意的引导。但是当我们用杨宪益夫妇的译本与该译本进行对比时，发现该译本确实能让读者在阅读时候感受到"原著的灵魂和神似"以及"译本读起来和英文小说原著一样流畅、通俗易懂"。总之，从整体上来看，霍克斯与其女婿闵费德先生的译本在翻译过程中尽管在揭示原文本义上存在一定的偏颇，但是从整体上看还是成功地实现了交互主体性，这体现了译者的世界顶级翻译素养。

杨宪益夫妇和霍克斯等在《红楼梦》翻译过程中，表现出了不同的职业素养。杨宪益夫妇母语中固有的东方传统哲学理论和所学英语翻译理论对他们都有潜移默化的影响，这使得他们能够特别熟练地掌握翻译交互主体性的运用技能。在翻译实践中，杨宪益夫妇将翻译交互主体性理论的运用贯穿于整个翻译过程，这主要体现在以下四个方面。

第一方面，杨宪益夫妇的母语就是汉语，他们具有深厚和扎实的汉语言文学和中国历史文化背景，深受强烈的爱国主义的熏陶，在翻译中重视

第五章 基于语料库的中国文学经典英译中人物对话翻译技巧

原文主体性,强调以原文的中国特色文化诗词节律为主,英语文化诗词节律为原文服务的准则。例如,杨宪益夫妇在诗歌和词汇翻译中强调"以我为主,外为中用"的原则,因此在《好了歌》的翻译上采取隔句或隔段换韵法,真正实现了以原文为主体,对原文忠实。其他还有,具有中国特色文化的"潇湘馆"被直译;中国佛教文明俗语"阿弥陀佛"被翻译成"Amida Buddha"等,说明该译本决不会为了讨好译者而失去原文的本义和自身的文学标准。

第二方面,新中国成立后,中华民族重新屹立于世界民族之林,在强烈的民族自豪感鼓舞下,杨宪益夫妇的内心迫切渴望世界了解中国古典文化的深厚和唯美,具有强烈的社会主义祖国的主人翁意识。杨宪益夫妇在深受国家的信赖下,欣然接受出版社的邀请开始了翻译。在开始前,他们的翻译观已经站在了伟大的中华民族文化传播的思维前沿。因此,当我们从翻译主体交互理论来审视杨宪益夫妇的翻译素养时,我们不仅发现了译者对中国古典文学《红楼梦》的文化"启蒙"和"审美"贡献,更发现了他们所特有的中华民族知识分子对翻译素养的完美追求和对民族文化挚爱的忠贞不渝。

第三方面,杨宪益夫妇不希望道家文化和中国佛教的这些民族传统文化瑰宝从属于基督教,用基督教的内涵意思向学者和读者传播,更不愿意译文为了迎合西方学者和读者的口味改变原文本民族的文化特色和历史传承。因此,对于杨宪益夫妇的译本,国内有学者倾向于认同西方翻译学者的观点,认为译本缺少英美文化和文学的表达习惯,并认为译者在翻译素养上可能没有霍克斯与其女婿闵费德先生的翻译素养高,这种评价是不客观,也是不公正的。产生这样的原因,可能是由于他们没有正视译者所处的历史文化背景,用自己"洋人更优秀"的眼光,忽略了译者作为一个爱国的翻译家所具有的伟大民族精神。杨宪益夫妇开始翻译《红楼梦》时,新中国正处于社会主义建设阶段,世界上的社会主义和资本主义两大社会阵营已经存在。杨宪益夫妇进行翻译的目的是向亚非拉和东欧等社会主义或第三世界友好国家进行文化知识交流和学习。绝不是为了迎合、满足西方英语学者和读者的研究和阅读的需要。因此,他们在翻译中义不容辞地强调原文和译者的主体性,用优秀的翻译素养实现对原文的忠实翻译,实现对中华民族文化的传播。这使得杨宪益夫妇在翻译过程中绝不崇洋媚外,

基于语料库的跨文化英语翻译技巧研究

也不妄自菲薄。这也就可能导致译本被传播到西方资本主义国家后,译本的研究学者或读者均来自西方资本主义国家时,他们的评价体系会因为该译本没有迎合西方资本主义的个人主义和资产阶级自由化思想,认为译文的英语语言不够地道,表达不够流畅,不符合西方英语文化的口味。

第四方面,杨宪益夫妇珍爱中华民族所特有的勤劳和勇敢的民族精神,崇尚中国文化的"传承精神"和"团结合作精神",因此在翻译交互主体性选择上更多地以原文特色和民族文化为第一位,展现了杨宪益夫妇对原文的绝对忠诚。然而,根据事物的两面性,我们也必须客观地认识到,杨宪益夫妇可能过于强调原文和译者为主体,从而弱化了读者主体的地位,但这不能完全否认杨宪益夫妇成熟和完美的翻译素养。

古人提出的"信、达、雅"是中国翻译工作者追求完美翻译工作的基本原则。"信"是忠实原文,"达"是语句通顺、流畅,"雅"是翻译之美的体现,是要向读者展现作品的生动、形象和优美。正如在百花中,西方人认为玫瑰是最高贵、最棒的花,而中国人却认为牡丹才是最高贵的百花之王,因此原文中最高贵的牡丹花被英译为玫瑰才算真正实现翻译的"达",但这样可能会产生忽视"信"的结果。所以,当我们用哲学辩证的理论对比分析两个译本的交互主体性时,就会发现:霍克斯与其女婿闵费德先生的译本是译者和读者为主体与原著之间的交流(这种观点被很多《红楼梦》文学研究者推崇,认为该译本从精神上实现了原文的灵魂);杨宪益夫妇的译本则更多的是以原文和译者为主体与读者之间进行沟通(该译本没有为了讨好西方读者或盲目遵从西方读者的历史文化知识而篡改原文内容,保持了对原文的忠实和对中华民族文化的忠诚)。

为了更为客观地评价翻译交互主体性对翻译素养的影响,可以用一些经典的翻译实例进行对比分析,下面的翻译案例很好地验证了并不是西方读者推崇的译本一定是最好的,杨宪益夫妇的译本在某些方面更能科学真实地反映原文的内涵和主题。

例1 原文:"巧媳妇做不出没米的饭来,叫我怎么样呢?"(第二十四回)

杨译:"Even the cleverest housewife can't cook a meal without rice. What do you expect me to do?"

霍译:"...and I don't see what I am supposed to do without any capital. Even

第五章 基于语料库的中国文学经典英译中人物对话翻译技巧

the cleverest housewife can't make bread without flour."

"巧妇难为无米之炊"是一个中国典故,这句话当中提到了主食"米"。中国人的饮食习惯中,"米(rice)"通常是指"米饭"或"粥"。而根据西方人的饮食习惯,主食"米"指的是"面包(bread)"。由此可以看出杨宪益夫妇和霍克斯先生由于文化身份的不同导致了文化翻译素养方面的不同,霍克斯作为一个博学的汉学家,应比较了解中国文化,但是在翻译时还是站在了一个外国人的角度来进行翻译,没有考虑到中国人的饮食文化习惯。杨宪益夫妇的译本更符合原文的精髓,这不仅是因为译者具有较高的翻译素养,还与译者的历史文化背景有关。

例2 原文:"阿房宫,三百里,住不下金陵一个史。"(第四回)

杨译:"Vast O Pang Palace, fit for a king, isn't fine enough for the Shis of Jinling."

霍译:"The Ah-bang Palace scrapes the sky but it could not house the Nanking Shi."

这句话出自《阿房宫赋》中"(阿房宫)覆压三百余里,隔离天日"。就"阿房宫,三百里"表现了中国古代建筑的宏伟巨大,巨大的宫殿仿佛无穷无尽,延绵几百里。

霍克斯与其女婿闵福德先生的译本将该词译成"scrapes the sky",这种翻译把原文对地面延伸距离的描写改为了对天空高度的拓展,已经偏离了原文的原始意思和文化内涵,这可能是霍克斯与其女婿闵福德先生对中国历史文化了解的不足所致。笔者认为虽然霍克斯与其女婿闵福德先生完成了《红楼梦》的全英译本,并且译本赢得了较多西方读者的喜爱,但由于译者缺少完整和系统的原文历史文化背景知识,导致翻译交互主体性过分强调译者和读者,从而忽略了原文的主体地位和对原文的忠实性。

用第三者和公平的视角进行观看,我们认为两个译本的译者应该都具有世界一流的翻译素养,可是由于翻译动机和翻译观的影响,使得他们在翻译过程中的翻译交互主体的确立和变化产生了区别,最终导致了他们在《红楼梦》的翻译上存在差异。

（二）《红楼梦》人物对话译者翻译策略对比

1. 直译与意译

直译和意译是重要的翻译理论方法，也是翻译学策略中研究的热点问题。直译要求在翻译过程中不仅要保持原文内容，还要保持原文的形式。意译也称为自由翻译，它只需要保持原文的内容，不需要保持原文的形式。

霍克斯与其女婿闵福德先生和杨宪益夫妇在翻译《红楼梦》时，都分别采用了直译和意译两种翻译方法。

译者对翻译方法的选择从来不是盲目的，均需要以翻译动机和翻译观为基础确立好翻译方向，最终根据方向选择翻译策略和目的。这样看来，翻译方向决定着未来翻译策略和方法的选择，是翻译策略研究中跨越不了的门槛。在翻译理论研究中，根据翻译者与读者的母语是否一致，一般将翻译分为译入和译出。在译者与读者的母语一致的情况下，译者翻译外国文献普及国外文化知识，用该译本服务于本国读者就是译入；当译者把本国文献翻译成外文用以传播本国知识文化时，该译本是为了服务外国读者的阅读，这种翻译就是译出。从霍克斯与其女婿闵福德先生和杨宪益夫妇作为译者和拥有的母语的角度考虑《红楼梦》的翻译，霍克斯与其女婿闵福德先生的译本属于译入，而杨宪益夫妇的译本属于译出。然而，从翻译的科学性、严谨性和翻译美学来看，译者的译入和译出都离不开直译与意译两种翻译方法的支撑。下面我们用实例来对比分析两组译者的译文在《红楼梦》翻译过程中对直译与意译翻译方法的运用。

例1 原文："万两黄金容易得，知心一个也难求。"（第五十七回）

杨译：Ten thousand tael of gold are easier come by than an understanding heart.

霍译：Easier a golden hoard to win than find one understanding heart.

这是紫鹃劝说黛玉要珍惜宝玉的一片真情。这句话的本意是作为贵重的稀有金属——黄金，哪怕一万两那么多，也是可以获得的，但是值得信赖的真心知己哪怕是一个也是可遇不可求的。在这里杨宪益、戴乃迭夫妇选择了直译的方法，向读者展现了译者对原文准确、娴熟的把握和理解。

但霍克斯与其女婿闵福德先生的译本主要是为了便于西方母语为英语的读者去阅读和欣赏中国名著《红楼梦》，考虑到西方英语读者的主体性

第五章 基于语料库的中国文学经典英译中人物对话翻译技巧

的原因,译者最终选择了最贴合西方英语文化语言文学的表达习惯策略,采用了"a golden hoard"的翻译形式。因此,我们可以看出,哪怕一个"万"字的概念的表达都可以看出译入和译出翻译目的和方向的不同,译者考虑问题的方式不同,可能会直接影响译者对直译和意译翻译方法的选择。

例2 原文:宝玉听了,如醍醐灌顶,嗳哟了一声,方笑道:"怪道我们家庙说是'铁槛寺'呢,原来有这一说。"(第六十三回)

杨译:Bao-yu felt as if Buddha had suddenly shown him the light. "Aiya!" he exclaimed. "No wonder our temple is called Iron Threshold Temple, so that's the origin of the name."

霍译:Bao-yu must have had some such feeling as he listened to Xiu-yan, for he first of all gave a gasp of discovery and then laughed out loud. "I see! That's our family temple is called the Temple Iron Threshold!"

"醍醐灌顶"本就是一个意会词,它绝不是指用一桶"醍醐"从脑袋上直接浇下来,实际上在古代"醍醐"很难得,醍醐是指酥酪上凝聚的油,可不是一般人能"浇"得起的。用纯酥油浇到头上,佛教指灌输智慧,使人彻底觉悟的意思。"醍醐灌顶"最常见用以比喻灌给人智慧,使人头脑清醒。也经常用于比喻听了精辟的引导言论后深受启发。对于认真、严谨、热爱翻译工作、熟练掌握翻译技能和策略的真正翻译工作者,翻译绝对不是原语与目的语之间的简单的语言之间的转换,而应该是具有文化的生命力、创新价值和发展内涵的活动。杨宪益夫妇就是这样的翻译工作者中的一员。考虑到英语里没有"醍醐"一词,所以,杨宪益夫妇凭借自身具有的娴熟的原文历史文化背景知识,没有直译该词,而是创新地根据自己的深刻理解和熟练的英语翻译策略选择了直译结合意译翻译为"Buddha had suddenly shown him the light",以期实现对"醍醐灌顶"的恰当翻译。这样翻译的好处是恰如其分地表达了原文的内容和形式,但这需要读者有一定的中国历史文化背景知识,如果学者或读者缺失这些知识可能会不解或曲解。事实上,对于真正迫切渴望阅读和了解中国经典文化小说的学者和读者,他们是可以通过查阅或询问获得正确的理解的。然而,受限于母语和对中国历史文化的掌握,霍克斯与其女婿闵福德先生的译本更希望满足所有读者的需要,因为希望读者在阅读该句子时能轻易明白该词语的意思,所以

基于语料库的跨文化英语翻译技巧研究

他们的译文选择了母语英语文化背景的读者都能轻松读懂的意译的翻译方法。这样的好处是发挥了读者的主体性，丰富和创新了英语词库，促进了中国文化元素在英语读者群体中的传播。但这样翻译的不足是，弱化了原文主体性，降低了中国特有文化在译本中的地位，不利于学者和读者真正地了解和掌握正宗的和有中国特色的历史文化知识。

例3 原文：晴雯冷笑道："怪道呢！原来爬上高枝儿去了，把我们不放在眼里……"（第二十七回）

杨译："No wonder!" Qingwen snorted as they walked on. "Now that she's climbed to a higher branch of the tree, she won't pay anymore attention to us..."

霍译："You can see why she's so uppity. She's on the climb again. Look at her-all cock-a-hoop because someone's given her a little message to carry!"

上面引用例句中的中国传统习惯俗语"爬上高枝儿"和汉语日常语言中的"攀高枝儿""抱上粗大腿儿"等中国传统俗语具有相同的意思，暗喻有了依靠了、可以狐假虎威了。该类词语在汉语文化中具有强烈的挑衅和挖苦的含义，在这里晴雯如此评论小红，话语里含有强烈的讽刺和打击意思。霍克斯将其译为"on the climb"，后面还加上了"cock-a-hoop"（得意扬扬地、自负地），尽管省却了"枝"这个形象未译，但照样活灵活现地译出了贾宝玉的宠爱丫鬟晴雯对小丫鬟小红的挖苦、嘲讽、鄙视等高高在上的神态与心态。杨宪益夫妇因为熟悉中国历史文化知识，将其直译为"climbed to a higher branch of the tree"，即使西方英语读者一开始可能不理解"爬上高枝儿"的准确含义，然而当译者在这个句子后面补充了"she won't pay any more attention to us"，就巧妙地为读者做了解释，也算是对原文"把我们不放在眼里"的直译。这样的译文，相信西方读者最后能够通过上下文猜到其含义，与霍克斯先生的"on the climb"和"cock-a-hoop"有异曲同工之妙，不仅反映了译者娴熟的翻译技巧，也反映了杨宪益夫妇以原文为主体的核心价值观。

例4 原文：黛玉不觉笑了："哪里来的渔翁！"……黛玉笑道："我不要他。戴上那个，成个画儿上画的和戏上扮的渔婆了。"（第四十五回）

杨译："Where does this fisherman come from?" she greeted him laughing. "No thank you," Daiyu chuckled. "If I wore one of those I should look like the

第五章 基于语料库的中国文学经典英译中人物对话翻译技巧

fisherman's wife in paintings and operas."

霍译：Dai-yu laughed at the spectacle he presented. "The Old Fisherman, where have you just sprung from?" "I don't want one, thank you," said Dai-yu laughing. "If I were to wear one of those, I should look like one of those old fisherwomen you see in plays and paintings."

上述文字中，曹雪芹先生选择了中国传统历史文化中的"翁"和"婆"的老夫妇关系的对应，精准、灵活地将"渔翁"对着"渔婆"的名词运用在文章中，打鱼为生的老头"渔翁"与其相依为命的老婆"鱼婆"两个词语，在中国语言文化中是一对具有明确的夫妇关系的对应词语。曹雪芹巧妙地利用了这两个中国传统词语，暗喻了《红楼梦》主人公贾宝玉和林黛玉两个人中存在着隐晦和含蓄的彼此欣赏和爱慕之情。

对比原文例句的译文，我们可以看到杨宪益夫妇和霍克斯等在翻译此处时也是各自展现出不同的译者风格。

杨宪益夫妇将"渔婆"这一词汇采用直译的翻译方法，简洁、明了地将该词翻译为"the fisherman's wife"。笔者认为，杨宪益夫妇选用直译的翻译方法与其翻译观和翻译主体性的确定密切相关。杨宪益夫妇最初决定翻译《红楼梦》的目的就是弘扬中国文化，向西方英语读者宣传和传播中国经典文学作品，让世界爱好文学的学者和读者真正地了解和欣赏中国文化精品。在这样的背景下，杨宪益夫妇的译本自然要从遵从原文主体性出发，在翻译过程中重视中华民族文化的精髓和内涵，在具有典型中国文化词汇的翻译上更倾向于选择直译的翻译方式。这样来看，杨宪益夫妇在中国文化自信的指引下，选择了直译的翻译方法后，更能体现原文的中国特色文化和传统文化风俗。总之，这种直译翻译方法的优点也是显而易见的，该翻译方法不仅体现了译者不忘初心、遵从中国文化特色和文化内涵的决心，而且还体现了译者用充满中国文化自信的翻译方法和思维向世界宣传和传播中国经典文学的态度。

霍克斯与其女婿闵福德先生在对《红楼梦》原文句子中的"渔婆"进行翻译时，选择了意译的翻译方法，将其翻译为"old fisherwoman"。这种选择策略展示了霍克斯与其女婿闵福德先生译本的一个特色的翻译风格：最大限度地运用西方英语文化所特有的风趣、幽默和生动的语言描述，便

基于语料库的跨文化英语翻译技巧研究

于读者领悟和感知原文。因此,其依据英语词语"old fisherman",独具慧眼地创造了"old fisherwoman"这一对应词汇。这种词汇对应表现翻译手法的运用,使得读者在阅读时能更轻松、更愉快地感受文章画面的灵动和风趣。总而言之,霍克斯与其女婿闵福德先生对原文"渔婆"的翻译体现出译者娴熟的翻译策略和技巧,使得译本更符合西方英文读者的阅读"口味"和思路,用巧妙、生动的语言,带领读者进入原文的文学殿堂。

2. 归化与异化

美国作为一个成功的移民国家,语言文化交流和文学翻译对其国家的发展和民族的融合做出了重要的贡献。1995 年,一位举世瞩目的翻译理论学家劳伦斯·韦奴蒂(Lawrence Venuti)先生创新地提出了归化法和异化法这两种翻译术语。归化法是指"把原作者带入译入语文化",选择目标读者常用和适应的表达策略去传输原文文化的内容、精神和内涵。这样看来,归化翻译策略应该更有利于读者理解、掌握译文。而异化法却是"带给读者原文的历史文化特色,给予读者如临其境的原文背景,享受和欣赏原文本身的历史文化和语言知识"。异化翻译方式能够保留原文的历史文化知识、语言表达特色和民族传统风俗习俗,使学者和读者感受真实的原文出处的综合背景。总之,归化和异化的翻译策略是直译和意译的向上延伸,更是直译和意译的拓展升华。

在实际翻译中恰当地选取归化和异化翻译策略是十分必要和谨慎的。翻译工作者在实际翻译工作中,当读者对象、翻译动机、翻译观、翻译主体等基本确定后,就已经为翻译策略方法的选择做出了指向和引导。归化是以读者所具有的历史语言文化为中心,为读者的母语文化承担传承和发展的重任;异化却是以原文所具有的历史语言文化为中心,向读者普及和传播原文所特有的历史文化和语言知识的过程。

当我们的地球已经成为"地球村",当电子信息数字化时代迎来了崭新的大数据时代,跨文化的沟通必将成为常态,自然而然归化和异化的翻译策略也要根据其各具特色、各有千秋、相互补充的特点,在翻译工作中日渐发挥它们的重要性。在实践应用中,要综合考虑翻译工作的目的、翻译成果的用途和翻译工作的动机、读者和翻译观的确立方向等多方面因素,在具体的翻译内容上选择是用单独的归化策略,还是单独的异化翻译策略,

第五章 基于语料库的中国文学经典英译中人物对话翻译技巧

以及选择归化和异化的两种翻译策略的结合。

鸦片战争后,中华民族处于水深火热之中,中国的历史文化传播也一定程度上受到了不利的影响。虽然,那时的中国的翻译学者不遗余力地向世界介绍和推送优秀的中国文学作品,但是西方人对中国持有的"东亚病夫"和"落后的民族"的思维还没有彻底改变。为了向国际友人介绍中国经典文学,为了使世界了解中国真正的历史文化水平,国家希望杨宪益夫妇能够向友好国家和国际友人传播中国优秀文化文学。这样,杨宪益夫妇怀着对祖国经典文学的自豪和骄傲欣然受命于国家的委托开始了《红楼梦》的翻译,这为其确定以异化翻译策略为主奠定了基础。

霍克斯与其女婿闵福德先生则是为了与读者分享《红楼梦》小说的美妙,使母语和自己一样的英文读者在阅读中不会因为跨文化的差异,对原文的历史文化背景和特有俗语、中国成语和典故难以理解,以保证读者在阅读过程中能轻松、愉快、流畅地阅读该译文。这些自然也是霍克斯与其女婿闵福德先生在翻译过程中选择以归化为主的翻译策略的主要参考依据。

当异化或归化为主的翻译策略确定后,会对译本的学者和读者产生完全不一致的影响。当进行阅读的学者和读者与原文母语一致时,他们总能发现译本有很多这样或那样的翻译与原文的本义偏离,特别是当翻译过程中选择了以归化为主的翻译策略时,这种差异更多。当进行阅读的学者和读者与原文的母语不一致的时候,他们也会发现译本有很多词语和句子意思难懂,甚至可能会误解译文所表达的含义,特别是当翻译过程中选择了以异化为主的翻译策略时,这种不理解和困惑会更多。因此,当我们站在两个译本译者的不同翻译目的和动机的角度来看,他们的翻译作品都成功地实现了既定的目标和理想。我们从霍克斯与其女婿闵福德先生为了分享快乐和服务读者的视角来看,该译本既简捷又通顺,既流畅又明快。我们从杨宪益夫妇为了传播中国优秀文化和分享中国精品文学的视角来看,该译本既科学又严谨,既翔实又准确。但是,当我们从第三者的视角来挑这两个译本的缺点也很简单,霍克斯与其女婿闵福德先生的译本在"外为我用"的思维指导下,选择了归化翻译策略为主,导致了译本对原文翻译的严谨性、真实性和科学性有些偏差;杨宪益夫妇的译本因为选择"我为外用"的指导思维,以异化翻译策略为主,自然就会导致读者对译文阅读的简单性、容易性和接受性产生偏颇。下面我们通过实例以便于更好地理解。

例5 原文：刘姥姥道："阿弥陀佛，这全仗嫂子方便了……"（第六回）

杨译："Buddha be praised! I'm most grateful for your help..."

霍译："God bless you, my dear, for being such a help..."

在这句话中出现了佛教里的话"阿弥陀佛"。杨宪益夫妇为了保留中国传统佛学宗教文化固有的特征和品质，将其用异化的翻译策略直译为"Buddha"。霍克斯与其女婿闵福德先生从西方英语读者的角度出发，则认为基督教对这些读者来说更熟悉和容易理解，因此用归化的翻译策略将其意译为"God"。由此不难看出，杨氏夫妇和霍克斯等在处理文学作品里的文化因素时的不同表现。杨宪益夫妇在强烈的民族自豪感驱使下，更期望向西方英语读者宣传和传播优秀的中国历史文化遗产，因此他们优选异化翻译策略，以保持原文的正统文化风貌和文学知识为主。这种翻译策略的选择可能使得英语为母语的学者和读者读译本的时候感觉枯燥乏味，甚至难懂，但当学者和读者慢慢地接触和了解真实的中国历史文化底蕴和内涵之后，他们就会感受到该译本是客观、公正和严谨务实的翻译科学艺术精品。霍克斯与其女婿闵福德先生作为英国人同样具有严谨的科学态度和认真的文学精神，在追求翻译美学和译本要真正实现翻译作品的神韵境界指引下，他们的译本希望以传神和美妙的方式改变苦涩难懂的中国古典小说的原文阅读现状。因此，他们的译本优选了归化翻译策略，以期保证翻译工作为读者服务，让读者跨越两个不同语言的界限享受阅读。

霍克斯作为一个外国汉学家，他本着可读性原则，在翻译时更多选择了归化策略，他的译文对于外国读者来说通俗易懂，因此广受欢迎，但这并不利于外国人了解真正的中国文化及文化的相互融合，会让人有一种文化附属于另一种文化的感觉。我们可以通过以下案例更好地了解文化交流对读者进一步理解译本的影响。

例6 原文：别人未开口，林黛玉先就念了一声"阿弥陀佛"。薛宝钗便回头看了他半日，嗤的一声笑。众人都不会意，贾惜春道："宝姐姐，好好的笑什么？"宝钗笑道："我笑如来佛比人还忙：又要讲经说法，又要普度众生，这如今宝玉、凤姐姐病了，又烧香还愿，赐福消灾，今才好些，又管林姑娘的姻缘。你说忙的可笑不可笑。"（第二十五回）

第五章　基于语料库的中国文学经典英译中人物对话翻译技巧

杨译：Before the rest could say anything, Daiyu exclaimed: "Buddha be praised!" Baochai turned to look at her and gave a laugh. This passed unnoticed by all but Xichun. "What are you laughing at, Cousin Baochai?" she asked. "I was thinking how much busier Buddha must be than men are. Apart from expounding the truth and saving all living creatures, he has to preserve the sick and restore them to health, as he has done with Baoyu and Xifeng who are on the mend today. And he'll have to take care of Miss Lin's marriage as well. Just think how busy he must be! Don't you find it amusing?"

霍译："Bless his holy name!" Dai-yu murmured fervently. Bao-chai laughed, but said nothing. The others were mystified. "Why do you laugh, Cousin Bao?" Xichun asked her. "I was thinking how busy he of the holy name must be," Bao-chai said. "Apart from working for the salvation of all sentient beings, he has to protest the sick and hasten their recovery — not to mention watching over plighted couples to make sure that they marry and live happily ever after. What a lot he has to keep him busy! Don't you find the thought rather amusing?"

例7 原文：正值黛玉才歇午觉，宝玉不敢惊动，因紫鹃正在回廊上手里做针黹，便来问他："昨日夜里咳嗽可好了？"紫鹃道："好些了。"宝玉笑道："阿弥陀佛！宁可好了罢。"紫鹃笑道："你也念起佛来，真是新闻！"宝玉笑道："所谓'病笃乱投医'了。"（第五十七回）

杨译：Baoyu went to call on Daiyu. She was taking a siesta, and not wishing to disturb her, he's joined Zijuan who was sewing on the verandah. "Was her cough any better last night?" he asked. "A little." "Amida Buddha! I do hope she soon gets well." "Really, this is news to me! Since when have you started invoking Buddha?" she teased.

霍译：Nightingale chanced to be sitting outside in the covered walk doing some sewing, so, not wishing to disturb Dai-yu, he went over to talk to Nightingale instead. "How was she last night? Is her cough any better?" "Yes, a bit better," said Nightingale. "Thank the Lord for that!" said Bao-yu fervently. "If only she could shake it off altogether!" Nightingale looked up at him with amusement: "It's not often we hear you calling on the Lord." Bao-yu retuned her

141

基于语料库的跨文化英语翻译技巧研究

smile: "Any doctor will do in an emergency."

例如，原文第二十五回林黛玉为贾宝玉恢复健康祈福，第五十七回中，向来没有神仙、佛祖存在理念的贾宝玉，最终抵不住林黛玉健康的"诱惑"，也毫不犹豫地临时抱佛脚地说"阿弥陀佛"。有两处主人公念了"阿弥陀佛"被听者拿来取笑做文章的情节。杨宪益夫妇把"阿弥陀佛"异化为"Buddha be praised 和 Amida Buddha"，那时受到交通和信息的限制，很多西方说英语的人还不知道中国佛教为何物，但是当进入 21 世纪后，西方英语读者的眼里，佛教作为世界主要宗教之一，不知道佛教，不懂得 Amida Buddha 简直不可理喻。霍克斯与其女婿闵福德先生的译本将佛教归化为基督教进行翻译，如 "holy name、Bless his holy name、Lord" 等，这在当时是符合了西方英语语言的表达方式和文化背景的，但是现在，当读者拿起这个译本时会禁不住疑惑：基督教作为西方的宗教怎么几百年前就在中国这样普及了呢？这会让读者感觉不合情理，也将引起新的历史文化和背景的矛盾。

例 8 原文：宝玉道："却又来！此处置一田庄，分明见得人力穿凿扭捏而成。远无邻村，近不负郭，背山山无脉，临水水无源，高无隐寺之塔，下无通市之桥，峭然孤出，似非大观。争似先处有自然之理，得自然之气……"（第十七回）

杨译："There you are ! A farm here is obviously artificial and out of place with no villages in the distance, no fields near by, no mountain ranges behind, no source for the stream at hand, above, no pagoda from any half hidden temple, below, no bridge leading to a market. Perched here in isolation, it is nothing like as fine a sight as those other places which were less far-fetched..."

霍译："There you are, you see!" said Bao-yu. "A farm set down in the middle of a place like this is obviously the product of human artifice. There are no neighboring villages, no distant prospects of city walls, the mountain at the back doesn't belong to any system, there is no pagoda rising from some tree-hid monastery in the hills above, there is no bridge below leading to a near-by market town. It sticks up out of nowhere in total isolation from everything else. It is not even a particularly remarkable view—not nearly so 'natural' in either form or spirit as those other places we have seen..."

第五章　基于语料库的中国文学经典英译中人物对话翻译技巧

在这段话中，杨宪益夫妇选择了异化策略来翻译此段中的对偶句，而霍克斯等选择了归化翻译策略。杨宪益夫妇运用异化是为了保留原文中对偶句的特点，在构文形式上做到与原文一致，这样可以使外国读者更加直接地了解中国文学。而霍克斯等选择归化策略，虽然减少了原文中的中国情调，但是充分诠释了此对偶句彰显的形式美，符合异化翻译法的准则。并且霍克斯等在翻译时更加注重对偶句的真实意义的传递，同时也没有忽视句式结构上的对称，做到这一点也是相当不易。霍克斯等所选择的归化翻译法更加翔实、生动地翻译了原文。杨宪益夫妇在翻译此对偶句时，采用了精炼和简明的翻译手段，将其译为"no villages in the distance, no fields near by"，准确地表达出了原文的含义和思想，但是似乎表现出来的情感不够灵动。霍克斯等对上述原文翻译时，将其译为"There are no neighboring villages, no distant prospects of city walls"，选用了"neighboring villages"及"distant prospects of city walls"，尽管可能会与《红楼梦》原文句子中的本义有一定程度上的偏离，但译文由于适应了西方英语读者的思维方式，使得外国读者可以更加深入地理解此对偶句。这就是不同的文化因素、不同语种在不同的语境下所呈现的不同的表达方式。

3. 省略与补偿

翻译中使用省略和补偿，也是译者为了更为清晰、准确地对原文进行翻译，在翻译过程中适度增加或减少词、词组或句子的翻译手段。

补偿方法是霍克斯与其女婿闵福德先生在翻译过程中为了减少英语和汉语之间跨文化翻译的差异问题而采用的一个重要翻译方法。霍克斯先生从一个学者严谨的学术态度出发，通过增加补偿词语或句子的方法，有效保证了翻译文本的流畅性。

杨宪益夫妇则认为，文学中固有的名词或原本中的文化内涵不能随意更改，如随意更改可能改变原文的本来含义、美感和中华民族所特有的文学思维逻辑和文化内涵。因此，杨宪益夫妇更希望通过脚注对可能引起读者阅读困难或读者对原文中历史文化不够了解的情形进行解释，这样不仅保证了原文特有的中国民族文化特色，而且也可以使得读者在阅读中增加对中国历史文学的兴趣和了解。

例9　原文："孰谓莲社之雄才，独许须眉，直以东山之雅会，让余脂粉。"

（第三十七回）

杨译："Why should the genius of the Lotus Society be confined to men? Why should girls be excluded from cultured gatherings like those in the Eastern Hills?"

霍译："Why should the founding of poetry clubs be the sole prerogative of the whiskered male, and female versificators allowed a voice in the tunable concert of the muses only when some enlightened patriarch sees fit to invite them?"

在这句话中，"莲社""东山"暗示中国历史文人墨客特别有影响力的集会。封建社会的中国，依据"夫为妻纲"的"三纲五常"，女人是不能参与男人的诗社聚会的，譬如莲社。然而，曾经东山的一次聚会上，出现过有才的女子挤压所有男人的情形。故此，探春用"东山"这个典故讽刺男人也没有什么了不起，曾经也完全、彻底地输给过女人，女人绝对和男人一样平等、有才。

杨宪益夫妇为了保持中国文化传统和优秀典故，将这两个典故异化为"Lotus Society"和"Eastern Hills"。有人认为该译本是将古代女子排除在"莲社"或"东山"这样的学术交流社团外的，虽然译者通过脚注解释了这两个典故的含义，但还是没有实现很好地向西方英语读者表达其典故的内在真实含义。笔者认为，这样的评论观点不够公平，杨宪益夫妇的译本定位于向英语读者传播中国文化，中国典故正是中国文化杰出的代表和缩影，为了迎合英语读者，篡改中国典故的做法不能实现向读者宣传和传播正统的中国历史文化知识的愿望。与此相对应的，霍克斯与其女婿闵福德先生的译本选择了英语母语读者熟悉的"poetry clubs"和"tunable concert"来翻译"莲社"和"东山"，同时用补偿的翻译手段指出，这样的团体聚会都需要被人尊敬和有身份的老人认同后才可能被邀请，期望用这样的补偿来使得读者明白这样的团体聚会与其他普通人的聚会存在不同。这种翻译或得到了很多学者和读者的推崇，然而实际上"clubs"和"concert"并不能表现出这种聚会的特别与不同之处。因此，原来想要表达的主体含义和代表中国文人精英的特殊聚会的专有名词，由于历史和文化文明的巨大差异，用归化策略不一定能很好地表达拥有几千年文化底蕴的中国传统词语在原文中的意思。

例10 原文：水溶见他语言清楚，谈吐有致，一面又向贾政道："令郎

第五章　基于语料库的中国文学经典英译中人物对话翻译技巧

真乃龙驹凤雏。"（第十五回）

杨译：（The prince）turned to observe to Jia Zheng, "Your son is truly a dragon's colt or young phoenix！"

霍译：The prince observed to Jia Zheng that "the young phoenix was worthy of his sire."

杨宪益夫妇和霍克斯与其女婿闵福德先生在翻译这句话中的"龙驹凤雏"一词时有差异，因为在中西方文化中，"凤"都是一种吉祥的象征，而对于"龙"的认识却略有差异。中国人一直把自己视为龙的传人，作为中国人的杨宪益想要把中国的传统文化发扬光大，传播给外国人，所以选择把"龙驹凤雏"直译为"a dragon's colt or young phoenix"。然而在西方文化中，"龙（dragon）"是一种残忍的动物，邪恶的化身，所以霍克斯等在译文中只保留了"凤"的直译，省略了具有贬义含义的"龙"。

例 11　原文：王夫人说："是哟，你二嫂子和我说……"（第百〇二回）

杨译："Yes. As a matter of fact it was Feng's idea..."

霍译："Yes. Xifeng proposed it to me..."

杨宪益夫妇把上文翻译成"As a matter of fact"采用归化翻译策略对这句话进行了翻译，使得西方英语学者和读者能够很轻松地理解这句话的含义。"As a matter of fact"这种表现方法强调了原文中王熙凤话语里的补充语气，同时也使译文听起来更加流畅。然而，霍克斯与其女婿闵福德先生在译文中选择了直译的翻译方法，平淡地表达了句子的含义，这不符合他一贯喜欢使用归化翻译策略的习惯。

例 12　原文：尤三姐指着贾琏笑道："你不用和我花马掉嘴的，清水下杂面，你吃我看见。提着影戏人子上场儿，好歹别戳破这层纸儿。"（第六十五回）

杨译："Don't try to get round me with your glib tongue!" she cried. "We'd better keep clear of each other. I've seen plenty of shadow-plays in my time; anyway don't tear the screen to show what's behind the scenes."

霍译："Don't try the talking horse on me, my friend! If you two want to drink, I'll watch you drink. But count me out of it. People who work shadow puppets should be carcful not to break the screen."

基于语料库的跨文化英语翻译技巧研究

原文的该句不易理解的是"清水下杂面，你吃我看见"，该句的本义是：用干净的白水烧开了用杂粮做成的面条，你想要干啥，我眼睛不瞎，我也不傻，你的行为举动和你想干什么我都清清楚楚的。比喻尤三姐和贾琏两个人对这件事情都是心知肚明的。

杨宪益夫妇的译文中，对该句的翻译运用了意译结合省略的翻译方法，这可能是译者考虑到英文读者对传统中国文化和俗语的不了解，认为用简单易懂的方式再现原文的意思更好。但是，有学者认为，这样的翻译可能无法体现原文的内涵，无法再现原文有关尤三姐麻利、泼的辣性格，无法展现翻译的神韵。

霍克斯与其女婿闵福德先生的译本对该句则是运用了意译结合补偿的翻译方法，这可能是因为译者拥有和读者一样娴熟和深厚的英语语言文化背景，能够巧妙地利用英文读者熟悉的西方英语思维进行翻译，并结合恰当的补偿翻译手段来展现原文内容的本意。这样的翻译，获得了很多学者和读者的好评，这些学者和读者均认为，霍克斯与其女婿闵福德先生的译本对该段意译结合适当补偿的翻译方法的利用很好地体现了原文的神韵。

综上所述，上述两个译本在省略与补偿的翻译方法手段使用上各有千秋，从不同的视角看，两个译本都有他们突出的优点和存在的不足。杨宪益夫妇的译文从向世人宣传和传播中国传统经典文学的目的和忠于原文的主体论出发，善于直译的基础上增加了脚注补偿的翻译方法，这样能够更完整地保持原文的汉语言的民族特色和风俗传统，对于想通过译本学习和掌握真正的中国历史风俗传统和经典文学作品的读者来说是一个不错的选择。霍克斯与其女婿闵福德先生的译本从分享《红楼梦》阅读的快乐和以读者为主体的角度出发，善于意译的基础上增加了词语、词组和句子的补偿的翻译方法，这样可以使读者阅读时更轻松，对于想通过译本享受生活、体会小说给人们带来的快乐的读者来说是一个非常好的选择。

（三）跨文化视角转换

在翻译过程中，为了使读者清楚地理解原文中的文化知识、语言单位，需要通过对原文中的文化、人物、形象、修饰等进行转变和更换的方式进行翻译，该翻译过程所使用的翻译技巧即为转换。在《红楼梦》翻译过程

第五章 基于语料库的中国文学经典英译中人物对话翻译技巧

中一个突出的问题是东、西方文明之间存在一个巨大的跨文化的鸿沟,利用转换翻译技巧可以在汉语与英语之间的跨文化鸿沟上搭起一座方便沟通的桥梁。下面我们将用两个译本举例,对比分析展开讨论。

《红楼梦》的翻译过程中,经常要选择转换的翻译技巧。这是因为原文涉及的中国经典特色传统文化如果选择直译往往不易理解,但是如果选择意译又会出现不能完整正确地向读者展示原文的民族特色风格的情况,这时候转换技巧就为译者提供了一个合理、可行的方法。利用转换翻译技巧,既能实现对原文文化特色形象的表征,又能实现读者对原文内容和表达形象意思的理解。

例13 原文:"巧媳妇做不出没米的饭来,叫我怎么办呢?"(第二十四回)

杨译:"Even the cleverest housewife can't cook a meal without rice. What do you expect me to do?"

霍译:"...and I don't see what I am supposed to do without any capital. Even the cleverest housewife can't make bread without flour."

中国特色的一句俗语"巧媳妇做不出没米的饭",又称为"巧妇难为无米之炊"。中国是世界上最早种植水稻的国家,几千年的种植历史,使得人们早就习惯了吃大米(水稻种子去皮后的粮食)。然而,按照英国人的传统,他们更习惯于日常以面包为主食。霍克斯与其女婿闵福德先生的译本将"没米的饭"翻译成"没面粉的面包",这可能是对于母语为英文的读者来说更容易理解和接受。霍克斯等的翻译转换的出发点是为了读者更好地理解,可以说是深思熟虑了的,但是这一转换后的翻译内容与原文的中华民族的风俗习惯和喜爱食物的表述却完全是两码事,这可能会损害原文本来想表达的民族意象。霍克斯等转换的翻译技巧如果用在其他物品、事件、情景或场合或许还可以接受,但是《红楼梦》作为中国经典小说,涉及历史、文化等多方面知识,如果面包出现在当时人们的日常饮食中既违背了中国历史的发展规律又违背了中国饮食文化的风俗传统。因为,直到几百年后的现代社会,中国才普及面包,但是真正把面包当作主食的风俗习惯还是没有形成,哪怕是现今,中国社会的人们只有为了节省时间的上班族才喜欢吃面包来实现便捷和省时。因此,把面包端上几百年前中国的餐桌,完全背离了原文的主旨。杨宪益夫妇因为对中国历史和传统文化的熟识，他们的翻译避免了这样的不足。然而，还是有人认为用"can't cook a meal without rice"来翻译不便于读者理解，也不与英国文化习俗相符。这是因为，英语为母语的女人更习惯不用米饭就能做出丰盛的一餐。

由上面这个例子的对比分析可知，民族历史和文化的差异对原文的翻译提出了更高的要求。在翻译中，选择合适的转换翻译技巧，筛选原文固有历史文化和译文读者都能接受和理解的形象是十分重要的。实际操作中，译者一定要努力把这种转换的形象做好定位，做到既能符合原文的历史文化规律，又能为读者理解和接受。在实际翻译中，译者不仅要避免出现损害原文民族历史文化特色来迎合读者的翻译情形，而且也要避免由于过于强调原文的历史文化和风俗传统而导致译者不能读懂和理解原文的寓意。只有这样，译者才能真正地在翻译过程中实现对原文历史文化和民族风俗的尊敬，传播原文形象的内涵和内核，实现真正的翻译美学和创造。

例14 原文：贾母笑道："这正是'巧媳妇做不出没米的粥'来。"（第七十五回）

杨译：The old lady chortled, "As the proverb says: 'Even a clever wife can't make congee without rice.'"

霍译："Even the cleverest housewife can't make rice-gruel without rice."Grandmother Jia quoted the proverb amidst general laughter.

上述句子是想表达贾母用古代中国特色文化的俗语去打比方，说出"就算再怎么灵巧、聪明、能干的媳妇，如果没有米下锅去煮，也不可能煮出好吃的米粥"的意思。贾母正是用中国传统俗语讲述了一个浅显易懂的真理，那就是没有必要的基本条件为基础，做什么事情都是不可能成功的。该俗语已经深入人心，但是对于没有中国历史文化背景的西方英语读者来说，想要真正地理解该句话的含义却是非常困难的事情。因此，翻译者想转换这样的习惯俗语就需要开动脑筋，最大限度地发挥自己的翻译能力和技巧。杨宪益夫妇的译本中，译者利用直译结合转换的翻译方法，特别是译者在原文的基础上添加了"as the proverb says"用以注解，便于引起读者的注意后更好地领会。霍克斯与其女婿闵福德先生的译本虽然与杨宪益夫妇的译本的译文内容不同，但也选择了直译结合转换的方法来表达原文。

为了更深入地了解转换翻译的重要性，我们继续用举例的方式对转换在两个译本中翻译的使用进行深入分析。

例 15 原文：贾宝玉说："女儿是水作的骨肉，男人是泥作的骨肉。我见了女儿，我便清爽；见了男子，便觉浊臭逼人。"（第二回）

杨译："Girls are made of water, men of mud"，he declares ."I feel clean and refreshed when I'm with girls but find men dirty and stinking."

霍译："Girls are made of water and boys are made of mud. When I am with girls I feel fresh and clean, but I am with boys I feel stupid and nasty."

贾宝玉说的这句话是作者想向读者表达贾宝玉这种"处女崇拜"的个人思维。杨宪益夫妇和霍克斯与其女婿闵福德先生的译本都将"女儿"译为 girls（未婚的少女），并没有选 woman（妇女）或 female（女性）等名词进行翻译。两个译本在上面"女儿"的翻译中，虽然都没有选择直译，而是选择了转换的翻译方法，但却准确地传达了宝玉的"处女崇拜"而不是泛泛的"女性崇拜"的观念。而之后杨宪益夫妇把男人译为 men，霍克斯等则翻译成 boys，两者比较，"men"比"boys"看起来更加合适。最后，杨宪益夫妇的"find men dirty and stinking"比霍克斯等的译文"with boys I feel stupid and nasty"感觉更符合原文的本义。总之，在翻译过程中处理敏感话题时，适当选用转换的翻译技巧是个不错的选择。

第六章　基于语料库的国外经典戏剧译作风格及技巧

本章以对比语言学、语料库翻译学及译者风格研究理论等为基础，采用语料库的实证方法尝试对莎士比亚《哈姆雷特》《李尔王》《奥赛罗》和《罗密欧与朱丽叶》四部戏剧的梁实秋和朱生豪汉译本的语言特征进行定量描述，同时分析、梳理这些语言特征所承载和表现的译者/作风格。

一、语料库的建立

（一）语料的选择

本章是在分析译本特征的同时梳理译本风格，所以，笔者决定选择以一人之力译完全集（或接近全集）的译者译本，因为翻译全集用时较长，译作风格稳定，相对清晰。

笔者采用了学界关注较多且相对来说风格区别较大的朱生豪和梁实秋译本，学界对这两种译本的评价褒贬不一，笔者期望通过语料库的方法得到客观的数据和结论，反观之前形成的普遍认同的看法，用以明确两译者/作的风格。

最先确定的剧目是《哈姆雷特》，其中的理由不必细说，对很多人来说，"哈姆雷特"几乎是莎士比亚的代名词。然后，考虑到对译作风格进行分析和梳理，所以笔者决定把选择的范围确定在与《哈姆雷特》译本产生的时间相对较近的译本。在朱译本方面，根据朱生豪夫人宋清如的回忆，"而后来成功的那些悲剧、杂剧、史剧等，却显得老练、精警、流利，正是所谓炉火纯青的境地。尤其是《罗密欧与朱丽叶》《哈姆莱特》《女王殉爱记》

《凯撒遇弑记》《麦克佩斯》《李尔王》《奥瑟罗》等,更是他得意的作品。"[①]梁译本方面,"1936年6月至1937年5月出版了7部译剧:《威尼斯商人》《马克白》《李尔王》《如愿》《丹麦王子哈姆雷特之悲剧》《奥赛罗》《暴风雨》。"[②]这样一来,译本的产生年代比较接近的剧目就集中在《哈姆雷特》《罗密欧与朱丽叶》《奥赛罗》《李尔王》和《麦克白》五部作品上了。实际上,选取"四大悲剧"作为研究对象是十分方便的,这些作品在读者的接受视域中具有整体感,但研究涉及的主要对象毕竟是译本,所以,应了解以上五部作品在中国受众范围的影响力。

从语料规模上看(在没有建语料库之前,只能用作品的页数来粗略比较一下语料规模),远东出版集团的梁实秋译《莎士比亚全集》五个汉英对照译本的页数分别为:《哈姆雷特》307页;《李尔王》263页;《奥赛罗》263页;《罗密欧与朱丽叶》247页;《麦克白》190页。可以看出,《麦克白》的语料规模最小。从译本的特点来看,《罗密欧与朱丽叶》的朱生豪译本在本研究的视角之一——"音乐性"上具有明显的表现,如朱译本"音乐性"特点表现比较集中的"十字诗"在《罗密欧与朱丽叶》中使用的数量多达100句,也就可以姑且理解为用这个剧本作为对象语料,产生结论的预期较高。浙江大学刘云雁的题为《朱生豪莎剧翻译——影响与比较》的博士论文中的对象语料只有《罗密欧与朱丽叶》一部,所以也可以说明这部作品的代表性和研究意义。另外,如笔者在研究意义中提到的,本研究的译例力争对翻译教学和翻译实践产生一定的借鉴价值,所以,参考几种译本在学术研究中被涉及和关注的程度,确认了《罗密欧与朱丽叶》被纳入本研究对象语料。用其代替语料规模最小的《麦克白》,最后确定了本研究的对象语料为:《哈姆雷特》《李尔王》《奥赛罗》和《罗密欧与朱丽叶》。笔者力争把《麦克白》原文本及两译本加入日后的研究范畴之中,使得研究的结果和结论更加严谨、可靠。

(二)语料的获取与加工

莎士比亚戏剧原文和梁实秋译文采用的是中国广播出版社2001年引进

---

① 吴洁敏、朱宏达. 朱生豪传[M]. 上海:上海外语教育出版社,1990:289.
② 王建开. 五四以来我国英美文学作品译介史[M]. 上海:上海外语教育出版社,2003:96.

的台湾远东出版公司的中英对照版。朱生豪译文的语料采用的是译林出版社 1998 年的版本。经扫描得到两种原始语料的 PDF 格式后，笔者使用了 ABBYY FineReader 软件进行了批量处理和识别，然后又经过手工校对，得到了四种戏剧的英语原文、梁实秋译文和朱生豪译文的语料。

对两个汉语译本的分词和词性赋码，使用中国社会科学院的分词及标注系统"中科天玑"系统，采用的标注标准全部是计算所一级标注的：进行分词处理后的汉语语料可以直接放在语料分析软件中使用。对于语言现象的统计和计算，主要借助 AntConc 来实现。

二、基于语料库的国外经典戏剧译作风格及技巧案例分析

（一）从"音乐化"视角考察两译作特征及风格

莎士比亚在他的百科全书式的 37 部戏剧中"竭尽力之所及运用了一切语言手段"[①]，语体包括口语体散文的对话、诗体散文、二音步至六音步的各种韵诗和素体诗。虽然素体诗没有韵脚，但是每行中的五个音步和音步中的一轻一重的两个音节，抑扬顿挫，可以充分表达人物的各种情感：或慷慨激昂，或低吟浅唱。对具有如此艺术和文学高度的语言形式的译介，显然是一个巨大的挑战。因为汉语是非重读文字，由语音的轻重产生的韵律和音乐感是很难在译文中再现的。朱生豪和梁实秋所处的 20 世纪三四十年代，是白话文不断上升的阶段，胡适等人的白话诗作为白话口语体的文学性提升，为庞大的莎剧翻译提供了所需的大量材料与元素，也为译本的"散文"主体而不是"文言"主体提供了夯实的语言基础。在朱译和梁译的莎士比亚戏剧中，我们看到的是语体的综合和交杂，口语体的白话文没有因为身份问题在译文中被排挤和遗弃，体现戏剧音乐性的诗体或类诗体也没有完全占据主要地位。梁译的"散文体"和朱译的"诗化散文体"实际上都是相对的概念。我们用"音乐性"中比较常见的韵、节奏、声调等元素作为视角来考察译本，其原因有两个：一是"音乐性"是莎士比亚戏剧的显著特点，二是译本在"音乐性"的表现上存在较大差别。

---

① KENNEDY G. An Introduction to corpus linguistics [M]. London: Longman, 1998: 316.

第六章 基于语料库的国外经典戏剧译作风格及技巧

1. 韵

韵是文本音乐性的主要特点,朱生豪认为"音乐是最进化的语言……rhythm(韵律)的贫乏乃是生命中的根本问题"①,可见他对译文的韵律追求的决心。梁实秋对诗歌韵式的看法则为:"一首诗的韵脚之有无,不能断定一首诗的优劣,但是于音韵的完备上大有关系……因韵脚而迁就诗意,固可不必,但无害于诗意时仍以有韵脚为宜。"②

押韵是一个复杂的文学现象,具有除了重叠与平行之外的多方面功能。在服务于塑造人物性格、表达人物情感、发展剧情等方面都起着举足轻重的作用。汉语是一种非重音语言,因此在翻译原文音步抑扬构成的节奏的时候,没有办法在译文中以相对应的手段进行再现,这种情况下,就必须另外创设独立的声音节奏来弥补原文的文字表现力。其中押韵就是一种构成行内行间独立音乐节奏的方法。因为韵母的重复或反复出现会起到强调韵脚的作用,押韵改变了语言的力量分布,使韵脚的声音和意义同时获得了强调。所以,在声音和意义需要强调的时候,两位译者均使用了押尾韵的形式来突出表达效果。

表6-1 两译押韵类型举例③

莎剧原文	朱译	梁译
More relative than this: the play's the thing Wherein I'll catch the conscience of the king (*Hamlet* Act Ⅱ Scene Ⅰ)	凭着这一本戏,我可以发掘国王内心的隐秘。	演戏是唯一的手段把国王的内心来刺探。
Now old desire doth in his death-bed lie, And young affection gapes to be his heir:That fair for which love groan'd for and would die, With tender Juliet match'd, is now not fair. (*Romeo and Juliet* Act Ⅱ Prologue)	旧日的温情已尽付东流,新生的爱恋正如日初上:为了朱丽叶的绝世温柔,忘却了曾为谁魂思梦想。	现在的旧情已经登上了丧床,新爱匆匆地来继承它的地位:使我神魂颠倒的那位姑娘,和朱丽叶一比并不怎样娇媚。
'Tis here, but yet confuse'd: Knavery's plain face is never seen till use'd (*Othello* Act Ⅱ Scene Ⅰ)	方针已经决定,前途未可预料:阴谋的面目待到下手后才会揭晓。	主意有了,可是还不明显:在实行时才能露出狡诈的脸。
Fathers that wear rags, Do make their children blind,But fathers that bear bags, Shall see their children kind. Fortune, that arrant whore, Ne'er turns the key to the poor. (*King Lear* Act Ⅱ Scene Ⅳ)	老父衣百结,儿女不相认;老父满囊金,儿女尽孝心。命运如娼妓,贫贱遭遗弃。	父亲穿着破衣裳,可使儿女瞎着眼;父亲佩着大钱囊,将见儿女生笑脸。命运,那著名的娼妇,从不给穷人打开门户。

---

① 朱生豪. 寄在信封里的灵魂——朱生豪书信集[M]. 北京:东方出版社,1995:172.
② 梁实秋. 梁实秋文集(第6卷)集外拾遗1[M]. 厦门:鹭江出版社,2002:200.
③ 为了讨论方便,我们把译文中的不同韵律分别用字母代表:裳表示a韵;眼表示b韵;妇表示c韵;结表示头韵。

153

基于语料库的跨文化英语翻译技巧研究

表 6-1 中的句段分别选自四部作品，都是剧中人物用来表达非常强烈的内心思想感情的，对剧情的发展起着关键作用。四处译例分别是：哈姆雷特是否趁机杀叔以报父仇的极端矛盾的心理状态；罗密欧对朱丽叶一见钟情的浓烈得近乎疯狂的内心独白；伊阿古设计阴谋的意愿和决心以及李尔王对两个女儿对他的态度的巨变表现出的无奈和凄凉的感慨。我们在对照两家译文的时候，可以看出，对原文中的韵律，两译者都在译文中给予了关照，能够以起码的押尾韵的形式把原作者的意图再现出来。如果是两句单独押韵，如第一和第三个例子，一般出现在某人物独白的最后两句，有点十四行诗的意思，起到画龙点睛的作用。但是，如果是大段的韵诗，两位译者的处理手段还是不尽相同的，如第二个例子中，原文的 abab 韵，两家译文都是 abab 韵。可是在第四个例子中，两家的策略明显不同：朱译采取了一韵到底（一元韵）的方法："认""心""人"，而梁译却始终忠实原文，只是在最末两句，原文的韵脚变化了的时候（前四句 rag、blind、bag、kind 是 abab 韵，后两句的 whore、poor 是 c 韵），译文的韵脚也发生了改变（前四句的"裳""眼""囊""脸"是 abab 韵，后两句的"妇""户"也押了 c 韵）。还有，朱生豪在这段韵诗中使用了押头韵（"结""金""妓"）的方式来补偿效果，是非常好的尝试，可圈可点。值得注意的是，除了押韵，朱译还表现出了其他的符合汉语古律诗的特点，如对仗："旧日的温情已尽付东流，新生的爱恋正如日初上"；五言绝句："老父衣百结，儿女不相认；老父满囊金，儿女尽孝心"等。总之，通过对这组译例的分析，我们不难得出这样的结论：朱译为实现译本音乐性的特点，采用了多样化的韵律手段，而且韵诗组成的字数有整齐统一的趋势，更多地关照了译文读者的鉴赏，体现了译者的诗人情怀和基本功底；而梁译更显灵活、自然流畅，在完整再现语义的基础上给译文添加了应有的诗化特征，相比较迎合译文读者来说，更多地尊重了原文作者。如果笔者敢在此评论的话，从个人角度出发，更倾向朱译，因为这种浓烈感情的抒发，应该是把原文作者"自诉衷肠""疏放不羁""叫嚣不堪"的情感译出，让读者"读的时候亦必为之气喘交迫"[①]。

---

① 原句为："在抒情诗里，当然是笔者自诉衷肠，其表情的方法则多疏放不羁，写的时候，既是叫嚣不堪，读的时候亦必为之气喘交迫。"（梁实秋. 雅舍风流 [M]. 北京：中国青年出版社，1994：212. ）

第六章 基于语料库的国外经典戏剧译作风格及技巧

2. 节奏

节奏是诗歌的本质属性之一,是诗歌音乐性的来源。莎士比亚戏剧中占主导地位的文体素体诗就是典型的音步格律,具有独立的声音节奏,其主要特征为:以五音步抑扬格为主,无韵脚和韵式。它独立于意义之外的声音节奏可以分布在行内和行间:行内以一个音步为一组,以重音为界标,形成了等时的声音节奏;而在行间,五音步等时出现,同样形成了整齐的声音节奏。但是汉语是非重读语言,在把以重音为标记而产生节奏的素体诗行的英语翻译成汉语时,如想保留原文的音乐感,突出其节奏产生的特殊舞台效果,则必须做相应的调整和改换。

以《李尔王》第一幕为例,我们观察朱译用排比(整齐的顿数或意组数)、并列来实现节奏的译文:

例1 在这些疆界以内,从这条线到这条线,所有浓密的森林、膏腴的平原、富庶的河流、广大的牧场,都要奉你为女主人。(Of all these bounds, even from this line to this, With shadowy forests and with champains rich'd, With plenteous rivers and wide-skirted meads, We make thee lady.)

例2 和戈纳瑞所得到的一份同样的广大,同样的富庶,也是同样的佳美。(No less in space, validity, and pleasure, Than that conferr'd on Goneril.)

例3 我爱您只是按照我的义务,一分不多,一分不少。(I love your majesty According to my bond; nor more nor less.)

例4 凭着太阳神圣的光辉,凭着黑夜的神秘,凭着主宰人类生死的星球的运行,我在这里宣布和你断绝一切父女之情和血亲的关系。(For, by the sacred radiance of the sun, The mysteries of Hecate and the night, By all the operation of the orbs, From whom we do exist and cease to be, Here I disclaim all my paternal care.)

例5 这太奇怪了,她刚才还是您的眼中的珍宝、您的赞美的题目、您的老年的安慰、您的最心爱的人儿,怎么转瞬间就会干下这一件罪大恶极的行为。(This is most strange, That she, who even but now was your best object, The argument of your praise, balm of your age, Most best, Most dearest, should in this trice of time Commit a thing so monstrous.)

例6 并不是因为我有什么丑恶的污点、淫邪的行动,或是不名誉的

基于语料库的跨文化英语翻译技巧研究

举止。（It is no vicious blot, murder or foulness, No unchaste action, or dishonour'd step.）

例7 最美丽的科迪利娅！你因为贫穷，所以是最富有的；因为被遗弃，所以是最可贵的；因为遭轻视，所以最蒙我怜爱。（Fairest Cordelia, that art most rich, being poor; Most choice, forsaken;and most lov'd despis'd!）

例8 正是他在这信里所表示的意见！可恶的浑蛋！违反天性的畜生！禽兽不如的东西！（His very opinion in the letter! Abhorred villain! Unnatural, detested, brutish villain! worse than brutish!）

例9 爱情冷却，友谊疏远，兄弟分裂；城市发生暴动，国家发生内乱，宫廷发生叛逆，父子关系崩裂。（Love cools, friendship falls off, brothers divide：in cities, mutinies; in countries, discord;in palaces, treason: and the bond cracked between son and father.）

例10 谁要是信任我，我愿意尽忠服侍他；谁要是居心正直，我愿意爱他；谁要是聪明而不爱多说话，我愿意跟他来往。（to serve him truly that will put me in trust; to love him that is honest;to converse with him that is wise, and says little.）

例11 大爷，说我年轻，我也不算年轻，我不会为了一个女人会唱几句歌而害相思；说我年老，我也不算年老，我不会糊里糊涂地溺爱一个女人。（Not so young, sir, to love a woman for singing ,nor so old to dote on her for any thing.）

例12 它像一具刑架，扭曲了我的天性，抽干了我心里的慈爱，增加了苦胆。（Which, like an engine, wrench'd my frame of nature from the fix'd place, drew from my heart all love, and added to the gall.）

梁译的对应译文分别为：

例1 所有在这界线以内，由这一边到这一边，有的是成荫的森林，肥沃的原野，丰富的河流，广阔的牧场，我完全给你领受。例2 在区域价值和趣味方面，都不下于给刚乃绮的那一块。例3 我按照我的义务爱陛下，不多亦不少。例4 当着太阳的圣光，海凯特的魔术，和昏黑的夜；对着那握着我们的生死之运的星斗；我如今发誓我脱离一切的为父的责任。例5 这真奇怪极了，方才她还是你的最宠爱的对象，赞不绝口的题材，老年的

156

安慰，你的最优美最亲爱的女儿，一霎间也不知犯了什么大罪。例 6 我所以失了你的宠爱，不是由于什么污点或是别种秽行，不是由于不贞或是有什么失足。例 7 最美丽的考地利亚，你因为贫所以实在是最富，被人舍弃，实在最可贵；被人藐视，实在最可爱！例 8 这正是他信里的意见！好怕人的恶棍！伤天害理卑鄙下流像禽兽一般的恶棍！例 9 爱情变冷淡，朋友变疏远，弟兄变成不睦；在城里，有兵变，在乡间，有争端，在宫中，有叛逆；父子之间又要生出裂痕。例 10 我伺候信任我的人；爱诚实的人；喜欢和聪明寡言的人来往。例 11 先生，我不是那样的年轻，以至于因为一个女人会唱便爱她，可也不是那样的年老，以至于随便为点什么便溺爱她。例 12 像是刑具一般，绞得我的本性都失了原位，从我的心里抽去了一切的爱，加增我的苦痛。从以上的 12 组原文和朱译文的对照来看，朱译文中具有明显节奏感的并列、平行甚至排比的译文，有的指向通过抑扬产生节奏的素体诗行（如例 1 With sha\dowy for\ests and \with cham\pains rich'd, With plen\teous riv\ers and wide-skir\ted meads; 例 4 For, by \ the sa\cred ra\diance of \the sun, The my\steries \of Hec\ate and \the night, By all \the o\pera\tion of \the orbs, From whom\ we do \exist\ and cease\ to be），但有的指向的只是简单的并列结构（如例 2 in space, validity, and pleasure; 例 3 nor more nor less）。这样一来，我们有理由判断：朱译诗意特征实现的意图是比较明显的。

（二）从"欧化"的视角考察两译作特征及风格

"欧化原指模仿西欧的语言习惯或文化风俗，可以指具体的行为，也可以泛指这种现象。中国人常以欧美指代西方，又以英语为西方语言的代表，故'欧化'也称'西化'或'英化'，常见的对应译文有 Europeanization、Westernization、Englishization 等。"① 欧化语法现象指现代汉语在印欧语言特别是英语的影响和刺激下产生或发展起来的语法现象。这一概念"既指汉语在印欧语言影响下通过模仿和移植而产生的新兴语法成分和句法格式，亦指汉语中罕用的语法形式由于印欧语言影响的推动和刺激作用而得到迅速发展的现象。"② 这里指的"印欧语言的影响"大部分都是经由翻译作品

---

① 李颖玉. 基于语料库的欧化翻译研究 [M]. 上海：复旦大学出版社，2012：2-3.
② 贺阳. 现代汉语欧化语法现象研究 [M]. 北京：商务印书馆，2008：1.

来实现的。

梁实秋对汉语的欧化有如下论述:"我并不一概的反对外国影响。实在讲,外国影响之来是不可抵御的,因为外国影响未入之先,必其本国文学有令人可乘之机。况且,外国影响的本身也未必尽属不善。不过,承受外国影响,须要有选择的,然后才能得到外国影响的好处。"① 这段话是对积极欧化的高度概括:不可抵御的趋势,缘由是表达完整的需求,但不要全盘盲目地欧化。

两译本"欧化"现象包括与特殊结构(如"被"字句、"N的V"结构、"是……的"结构等)以及词类(如介词、数量词等)相关的"欧化",由于篇幅所限,本章只探讨两译本特殊结构——与"被"字句相关的"欧化"。

通过使用 AntConc 检索,我们发现,关键词"被"在《哈姆雷特》《李尔王》《奥赛罗》和《罗密欧与朱丽叶》四部作品中的朱译和梁译中出现的次数分别为:147 处和 315 处。

梁译的"被"字句用法的频率高出了朱译用法一倍之多,应该说不是偶然。梁译接近英语原文的意图非常明显。实际上,"英语母语中被动句式的使用频率大约为汉语母语中的被动句式使用频率的十倍"②。所以,从这个意义上说,梁译的欧化特征,相比较朱译来说,确实是很鲜明的。

篇幅关系,我们选取了四个剧本中的一个(《奥赛罗》),把通过以上方法得到的数据中的"被"字的其他含义("被褥""被单"等)和重复的用法去除后,得到在梁译和朱译中出现的"被"字具有被动意义的语句,如表 6-2 和表 6-3 所示。

---

① 梁实秋. 雅舍风流 [M]. 敏君,缤子,编. 北京:中国青年出版社,1994:211.
② 肖中华. 英汉翻译中的汉语译文语料库研究 [M]. 上海:上海交通大学出版社,2012:117.

第六章 基于语料库的国外经典戏剧译作风格及技巧

表6-2 朱译中的"被"字句举例①

1.	嗯,她对于我是死了。她已经被人污辱(消、1),人家把她从
2.	敌人手中被俘为奴(消、4)和遇赎脱身的经过,以及旅途中的种种见闻
3.	你宁可因为追求你的快乐而被人吊死(消、3),总不要在没有一亲她的香泽以前投水自杀
4.	军官乙土耳其舰队一定被风浪冲散了(中、9)。你只要站在白沫飞溅的海岸上
5.	每次我想睡觉的时候,总是被她吵得不得安宁(消、3)。不过,在您夫人的面前
6.	我今晚只喝了一杯,就是那一杯也被我偷偷儿冲了些水(消、8)
7.	我怕奥瑟罗对他如此信任,也许有一天会被他误了大事(消、7)
8.	难圆的是军人的好梦,才合眼就被杀声惊动(中、1)
9.	摩尔人说,被您伤害(消、1)的那个人,在塞浦路斯是很有名誉很有势力的
10.	哪一座庄严的宫殿里,不会有时被下贱的东西闯入(消、1)呢?
11.	我不愿您的慷慨豪迈的天性被人欺罔(消、1);留心着吧
12.	在她的嘴唇上找不到凯西奥吻过的痕迹。被盗(消、1)的人要是不知道偷儿盗去了他什么东西,他就是等于没有被盗一样
13.	伊阿古主帅,我看您完全被感情所支配了(中、2)
14.	可是怎样去知道它呢,主帅?您要眼睁睁地当场看她被人按倒在地(消、3)吗?
15.	从现在起,伊阿古愿意尽心竭力,为被欺(消、1)的奥瑟罗效劳
16.	世上有多少被公认为是有贞操(中、5)的人其实并不具备贞操的品质
17.	往往她们迷惑了多少的男子,结果却被一个男人迷昏了心(消、10)
18.	伊阿古不要用毒药,在她床上扼死她,就在那被她玷污了(消、2)的床上
19.	可是唉!在这尖酸刻薄的世上,做一个被人戟指笑骂(消、1)的目标!就连这个
20.	你从我手里拿去送给苔丝狄蒙娜的珠宝,即使一个修女也会被它诱惑(消、1)的
21.	让淫邪的血溅洒你那被淫邪玷污了(消、2)的枕席
22.	凯西奥伊阿古吗?啊,我被恶人算计(消、1),害得我不能做人啦!
23.	这儿是凯西奥,被恶人们刺伤(消、1),倒在地上
24.	伊阿古凯西奥在这儿黑暗之中,被罗德利哥和几个在逃的同党袭击(消、1)
25.	苔丝狄蒙娜为了爱而被杀(消、1),那样的死是违反人情的
26.	我本来想把你作为献祭的牺牲,现在却被你激起(中、1)我的屠夫的恶念来了
27.	苔丝狄蒙娜唉!他被人陷害(消、1),我的一生也从此断送了!
28.	罗德利哥被杀了!凯西奥也被杀(消、1)了吗?
29.	啊!她怎么会被人杀死(消、1)的?爱米利娅唉!谁知道?
30.	那边躺着您的侄女,她的呼吸刚才被我这双手扼断(消、1)
31.	我就是为了那一回事情而被撤职(消、1)的
32.	一个不容易发生嫉妒,可是一旦被人煽动(消、1)以后,就会感到极度烦恼的人
33.	一个虽然不惯于流妇人之泪,可是当他被感情征服(中、1)的时候

---

① 译例后面括号内的"中""消""积"分别代表语义的中性、消极和积极用法;数字是后文论证用法类型的标号。

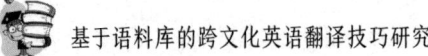

表6-3 梁译中的"被"字句举例

1. 倒要被这账房先生占了上风（中、7）；这打算盘的，他，反倒要做他的副官，而我
2. 像是主人的驴子一般，只赢得一把草料，等到老时，被开革了（消、2）；这样的忠仆该用鞭子
3. 不得了！先生，你被抢了（消、2）；好难看，穿上衣服吧：你的心碎了，你的魂灵已失了半只
4. 那么你的女儿可就要被一匹巴巴里的马给奸了（消、2），你的外孙就快要向你嘶嘶的叫了
5. 你看，那边来的是什么光亮？依那就是被喊起来（中、3）的父亲和他的朋友们：你最好
6. 嗳，对我算是死了；她受骗了，被劫去了（消、2），被那江湖医生贩卖的毒药给迷蒙了（消、2）
7. 什么邪术，什么魔法，才赢得了他的女儿，因为我是被控告（消、1）曾用这种手段的
8. 城破人亡时之间不容发的逃生，被强敌贩去贩卖为奴（消、5），然后又赎身远走的故事
9. 忍耐能使她的伤害徒劳无功。被夺（消、1）者的微笑反倒偷了贼人
10. 宁可在寻到快乐的时候被绞（消、1），也别在没弄她到手时便先淹死
11. 乙绅土耳其舰队必定要被吹散（中、1）；因为仅仅立在这喷沫的海岸，号叫的骇浪
12. 因为他们是在激烈的风暴中被隔离（中、1）的。蒙天保佑他：我在他手下做过事
13. 然而都好像被美人所感动（积、1），居然把原有的危险性一齐停止，放那神圣的
14. 厨房的山猫，害人的时候装做圣人，被侵犯（消、1）的时候是恶魔，对于理家一道是儿戏
15. 现在，我那情痴的洛德里高，被爱情所颠倒（中、1），今晚已经倾杯痛饮
16. 这正是这尚武的岛上的特殊风气，今晚都被我用大杯灌得酩醉（中、3）
17. 有些灵魂是必要被救（积、1）的，有些是必不可被救的
18. 使我参入这争斗的这两条腿，我真愿当初在战争中被人砍了去（消、8）！
19. 我亲自给你敷治。领他走。［蒙台诺被领去（中、3）。］
20. 依阿高，你小心照护这全城，被这次吵闹惊动（中、1）的人要加以抚慰
21. 纵然是要他背弃他的宗教信仰，他也要因为被她的情爱所奴隶（消、1）的原故
22. 你去休息吧：到你被指定（中、1）的地方去：去吧；以后自有好消息报告你
23. 虚伪的呢；因为天下那有不被丑陋东西偶然闯入（消、1）的宫殿？谁的心胸是如此的纯洁
24. 我宁愿做一只癞蛤蟆，吸地窖里的湿气，我也不愿在我爱的东西里占一隅而被他人享用（消，1）
25. 在她的嘴唇上我也找不到卡希欧的亲吻；被抢夺（消、1）的人，如其他不觉得丢了什么
26. 如其他不觉得丢了什么，就不要教他知道，他就和没有被抢（消、1）一样
27. 将军？你可愿做个旁观者，呆呆地看着她被奸（消、1）？奥该死的孽畜！
28. 依阿高如今把他的头脑心手一齐交付了被欺侮（消、1）的奥赛罗
29. 若说一个军人说谎，那是要被刺杀（消、1）的
30. 就在他身旁的亲兄弟也被轰得飞散（3），而他却魔鬼一般的屹立不动
31. 现在我晓得我是贿买了假证，而他是被诬了（消、2）
32. 我的本性绝不会无缘无故的被这样的情感所蒙蔽（消、1）
33. 她对卡希欧非常钟情；欺骗众人终被一人欺骗（消、1），这正是妓娼的晦气哩
34. 摩尔必是被一个顶奸诈下流的奴才给骗了（消、2）。天哟！愿你把这样的小人暴露出来
35. 在这期间当然没有什么意外事比卡希欧之被铲除（消、1）为更有效
36. 我且试试你的。（拔剑，刺伤洛德里高。）洛啊！我被杀了（消、2）

第六章 基于语料库的国外经典戏剧译作风格及技巧

续表

37.	贱妇,我来了!你的媚眼的魔力已从我心里涂去;你的被淫欲玷污(消、1)的床,将要点
38.	啊,我是毁了,被小人暗算(消、1)!救救我吧。依 啊哟,是副官么!
39.	我请原谅。卡希欧在这里被匪徒刺伤了(2)
40.	卡希欧在黑暗中被洛德里高和在逃的几个人攻击(1);他差不多是送了命
41.	德 为爱而被杀(消、1),那未免死得不近情理。嗳呀!你为什么这样咬你的下唇?
42.	德 哎呀!他是被骗我也是被毁了(消、2)。奥 倒下去,淫妇!你当着我的面前哭他么?
43.	奥 洛德里高被杀(消、1)!卡希欧也被杀了(消、2)?
44.	我的夫人在她床上被杀死了(消、9)。众 啊上天不准!
45.	果然不幸早被我猜中(积、1);我真痛不欲生。
46.	我恐怕你是还不知道。在被害(消、1)的洛德里高的衣袋里寻到了这一封信
47.	我之所以被免职(消、1)也就是由此而来:他就是在方才已经像是死了半晌之后还说呢
48.	本不容易猜疑,而疑心一被逗起(中、3),却又极度昏迷

"被"字句常用于再现原文所承载的受事前景化位移图式,如表 6-3 中梁译的前三个译例的英语原文分别是:1. must be-lee'd and calm'd by debtor and creditor; 2. and when he's old, cashier'd; 3. you're robbed。而其他被动句的使用频率较低。在梁译本和朱译本中,一些"被"字句并非译自承载以上位移图式的语句或结构。为了保持话题的连续,梁实秋和朱生豪分别将一些主动句译作"被"字句。如:

例 1 My husband lives, that Tybalt would have slain.

我的丈夫活着,他没有被提伯尔特杀死。(梁译)

我的丈夫还活着,可能被提伯尔特杀死的。(朱译)

例 2 sleeping in mine orchard, a serpent stung me.

我在果园里面睡觉时,被毒蛇,(梁译)

我在果园睡觉时,一条毒蛇把我,(朱译)

例 3 That unmatched form and feature of blown youth blasted with ecstasy.

有世间无比的姿态,竟被一阵疯狂给凋残了。(梁译)

无比的青春美貌,在疯狂中凋谢。(朱译)

例 1、例 2 中的原文都是主动形式,却被梁实秋译成被动句,可见他对"被"字用法的青睐,也是他的语言习惯的明显表现。

从以上的分析我们可以得出这样的结论:梁实秋的译文中"被"字句的总例数量是朱译的两倍多,消极、中性和积极的语义分布较朱译灵活,且更接近现当代汉语,用法结构分布也较分散,说明使用灵活。梁译中的"被"字句多译自原文的被动结构,但是也有原文为主动结构的"被"字句译法。必须指出的是,梁实秋在把原文的被动结构译成汉语中的"被"字句的过程中,略显生硬和机械,尤其在被动结构重复出现的地方,应更多地照顾到译文读者的接受能力和审美习惯。总之,在"被"字句使用的视角观察下,梁译表现出了更明显的"欧化"特点。

(三)从"译语化"视角考察两译作特征及风格

"译语化"是相对于前文的"欧化"的语言现象而言的,在本章中实际上是特指"汉语化"的意思。但是"汉语化"的范畴太宏大了,可能涉及字形、字音以及修辞等很多方面。而且,英汉两种语言一种是表音的拼读文字,一种是表意的方块字,形态上的差别就很大,所以,从这个角度上说,"汉语化"的提法就有点怪异了。笔者也试图用学界认可的、非常成熟的"归化"来表达,但是"归化"又过于宽泛,可以涉及服装、饮食甚至宗教等文化概念。因为本书是针对译者在翻译实践过程中对译入语读者的理解和鉴赏的关照,重点体现在语言形式上,所以选择用"译语化"来表达,更显贴切。

对于两位译者译作的"译语化"程度,学界早有评价:"梁秋实翻译莎士比亚作品的宗旨是用明白晓畅的字句传达原文意趣,把译文的可读性和可接受性摆在首要位置,积极迎合读者的先在视域"[①];"朱生豪在翻译莎剧时,兼顾了当时普通读者的需要与表演的要求。朱生豪着眼于教化普通群众,增强中国文化实力。因而,为了让源语文本贴近普通人,便于戏剧表演,朱生豪着力使译文符合中文行文习惯"[②];"梁译本不以文词华美为尚,而以'存真'为宗旨,紧扣原作,不轻易改动原文,不回避种种困难,尽最大努力传达莎翁原意。他的译文忠实、细致、委婉、明晰,能更多地保存莎剧的本来面貌。总的说,这是一部信实可靠的本子,语言也流利可诵。对于不懂英文而又渴望确切地了解欣赏莎剧的读者,从这个译本里可

---

① 严晓江. 梁实秋中庸翻译观研究 [M]. 上海:上海译文出版社,2008:129.
② 胡开宝. 语料库翻译学概论 [M]. 上海:上海交通大学出版社,2011:120.

以窥见莎翁原作的更多的真实的面目"[1];"梁先生的笔下的中文,一向是文白交融,却力戒西化,简直看不出笔者原是一位'吃英文饭、卖翻译稿'的外文系教授……梁先生的笔下一面力排西化,另一面也坚拒'大白话'的俚腔,行文庶几中庸之道"[2]。从这些评论中,我们可以假定在"译语化"指标表现上,朱译应该是高于梁译的。

汉英两种从属于不同语系的语言之间的差别,学界已经有太多的论说和甄别。篇幅的关系,这里不再赘述。但其中在英译汉的作品中表现出明显差别的应该包括涉及文化的意象、虚词、实词以及四字格的用法。所以,下面,我们分别从这四个方面考察梁实秋、朱生豪莎士比亚戏剧汉译本中的语言现象及这些现象折射出的译者风格。

1. 文化意象

莎士比亚剧本中的意象丰富、繁多,它们能提高、发展、延续、重复悲剧中表达的感情,其作用颇像音乐中的赋格曲、奏鸣曲或瓦格纳的一出歌剧中重复出现的主题一样。而且根据斯珀津的研究,不同的莎剧中会反复出现同一类别的意象,以此来烘托主题,强化悲剧效果,把几个传统的、明显的、价值不高的明喻变成瑰丽非凡的连接的、协调的、连贯的意象,构成了一幅一瞬间光彩夺目的鲜明图画和气氛,有力地影响着读者的想象。如《罗密欧与朱丽叶》中,莎士比亚把青年的美丽与炽热的爱情看成黑暗世界里耀眼的太阳光和星光。主导的意象是光,表现为各种形式,太阳、月亮、繁星、火、电、火药爆发的闪光和美与爱的折光。与此对照的是夜、黑暗、云、雨、迷雾和烟尘,可见莎士比亚的良苦用心。实际上这也从侧面反映意象在莎剧中的重要地位。但是中西文化毕竟经历了不同的发展历程,其沉淀下来的文化和审美意象也不可避免地存在着很大的差异,所以,两位译者在处理这些西方文化意象的时候,表现出了比较明显的差别。表6-4列举的21处意象主要是按照仇蓓玲著《美的变迁——论莎士比亚戏剧文本中意象的汉译》[3]中罗列的《哈姆雷特》一部作品中的意象举例来编排的。

---

[1] 刘炳善. 译事随笔[M]. 北京:中国电影出版社,2000:243-244.
[2] 梁实秋. 雅舍轶文[M]. 北京:中国友谊出版公司,1999:301-302.
[3] 仇蓓玲. 美的变迁——论莎士比亚戏剧文本中意象的汉译[M]. 上海:上海译文出版社,2006.

基于语料库的跨文化英语翻译技巧研究

除了原文及译文之外,译者的翻译手段(直译、直译加注、隐化、显化)也在表中加以标识。

表6-4 意象翻译及手段举例

	原文意象	译文(每栏内上格为朱译,下格为梁译)	翻译手段
1	I am too much i' the Sun	我已经在太阳里晒得太久了	直译
		我受的阳光太多了。[约翰孙引证俗语:"出天堂,晒太阳"(Out of heaven's blessing into the warm sun)云云,谓由良好境遇踏入较劣之环境,哈姆雷特此处所谓"受阳光太多"或即指此。sun 与 son 音相似,或亦有双关意,译文但求通顺,其内蕴之意义须于言外求之,因原文即晦涩难解也。]	直译加注
2	The fruitful river in the eye	……像滚滚江流一样的流泪……	直译
		……眼里不断地流泪……	隐化
3	So excellent a king, that was to this Hyperion to a satyr	这样好的一个国王,比起当前这个来,简直是天神和丑怪	隐化
		那样贤明的一位国王:比起现在这个,恰似太阳神和羊怪之比	隐化
4	Like Niobe, all tears, why she, even she—O God!	她哭得像个泪人儿似的,……她就,她就——上帝啊!	隐化
		像是奈欧璧一般哭得成个泪人儿,……何以她,竟至于,——啊上帝呀!(Niobe 乃希腊神话 Tantalus 之女,常自夸所生子女多于 Leto。Apollo 与 Artemis 乃杀其子女。Zeus 并使 Niobe 变为岩石,至夏季则流泪不止。)	直译加注
5	Than I to Hercules.	正像我一点不像赫剌克勒斯一样。	直译
		如我之不与赫鸠里斯相像一般。(Hercules 男性美之代表)	直译加注
6	Almost to jelly with the act of fear	他们吓得几乎浑身都瘫痪了	隐化
		他们吓得像是化成了一块软冻子	直译
7	A violet in the youth of primy nature	一朵初春的紫罗兰早熟而易凋	直译
		这只是早春时节的一朵紫罗兰	直译
8	Himself the primrose path of dalliance treads	自己却在花街柳巷流连忘返	显化
		而他自己……踏上五光十色的蔷薇之路	直译
9	Affection? Pooh! You speak like a green girl,	爱情!呸!你讲的话完全像……不懂事的女孩子	隐化
		爱情!呸!你说话真像是一个幼稚的小姑娘	隐化
10	Ay, springes to catch woodcocks.	嗯,这些都是捕捉愚蠢的山鹬的圈套	直译
		噫,不过是捉木鸡的网	直译
11	They clepe us drunkards, and with swinish phrase soil our addition	他们称我们为酒徒醉汉,将下流的污名加在我们头上	隐化
		他们叫我们做醉鬼,还比我们做猪,伤害我们的名声	直译

164

续表

	原文意象	译文（每栏内上格为朱译，下格为梁译）	翻译手段
12	As hardy as the Nemean lion's nerve.	……变得像怒狮的筋骨一样坚硬	隐化
		……变成奈米亚的狮子的筋一般的硬。（原文Nemean Lion 乃希腊神话中赫鸠里斯所杀怪兽之一。）	直译加注
13	Like quills upon the fretful porcupine.	像愤怒的豪猪身上的刺毛一样森然耸立	直译
		像激怒的豪猪的刺似的	直译
14	And duller shouldst thou be than the fat weed That roots itself in ease on Lethe wharf	那你除非比舒散在忘河之滨的蔓草还要冥顽不灵	隐化
		你简直是比迷魂河畔安安稳稳生根的肥草还要迟钝些。（Lethe 希腊神话阴府中河流之一，饮之则忘生前之事。其河畔之草喻为最浑噩无知之物。）	直译加注
15	Yes, by Saint Patrick	不，凭着圣伯特力克的名义（圣伯特力克，爱尔兰的保护神）	直译加注
		有，圣帕特立克在上	直译
16	And still your finges on your lips	请你们记着无论什么时候都要守口如瓶	显化
		我求你们，永远用手指按住嘴唇	直译
17	Your bait of falsehood takes this carp of truth	你用说谎的钓饵，就可以把事实的真相诱上你的钓钩	隐化
		你的假设的钓饵得到了真实的鲤鱼	直译
18	My news shall be the fruit to that great feast.	我的消息留着做盛筵以后的佳果美点吧。	直译
		我的消息留做宴会的水果。（西餐，饭后或另室进水果，余兴之意。）	直译加注
19	If like a crab you could go backward.	要是您能够像一只蟹一样向后倒退	直译
		至于你老先生若是能像螃蟹似的向后退着走	直译
20	Ay, that they do, my lord; Hercules and his load too.	正是这样，殿下，他们连"环球剧场"也一并席卷了去。	隐化
		可不是么，殿下："肩负地球的赫鸠里斯都失败了。"（指 Globe Theatre 之商标言。商标作巨人负荷地球状。）	直译加注
21	When the wind is	风从南方吹来的时候，我不会把一只鹰当作了一只鹭鸶。	直译

从表6-4中我们可以看出：

（1）直译仍然是两位译者处理意象的主要手段，但在梁译中所占的比例稍高：这些被直译的意象大多是英汉两种语言中的象征意义区别不大的动、植物，自然现象或已被汉语读者所理解和熟悉的神宗、人物等：sun、fruitful river、God、violet、wood cocks、porcupine 等。

（2）梁译中直译加注的手段多于朱译，这应该是梁译的特点和风格。值得指出的是，译者注释中的内容不仅包含意象的意义（如例4中 Niobe 乃希腊神话 Tantalus 之女，常自夸所生子女多于 Leto"；例14中 "Lethe

希腊神话阴府中河流之一，饮之则忘生前之事。其河畔之草喻为最浑噩无知之物"），而且还有译者的理解（如例1中"sun与son音相似，或亦有双关意，译文但求通顺，其内蕴之意义须于言外求之，因原文即晦涩难解也"），"梁实秋在注释中有很多有益的、深入浅出的个人见解，或考据、或描述、或阐释、或分析，持之以理、言之有据，他并不是要单纯解释某个概念，而是要连带介绍一系列自成体系的西方文化知识，有时还穿插一些典故和轶事，力求借助注释加深读者的理解，并使有兴趣者能进一步作深入研究"[1]。应该说，无论是客观解释还是主观理解，都是译者为扫除原文和译文间语言文化的障碍所做的苦心努力，也印合了他的翻译信念中的"对于翻译之进行慎重细心，以求无负于笔者与读者""在文字上有困难处，如典故之类，应加注释"[2]等内容。实际上，从对翻译过程理论概括的角度来看，直译加注是乔治·斯坦纳（George Steiner）提出的翻译信任、渗透、吸收、补偿等四个步骤中的补偿环节，是尊重原语文化及其思维表达方式的体现，也是丰富译本语言文化和文化氛围的良性实践。

所以，从这些意义上说，梁实秋的直译加注的策略还是力求真实再现原文浓郁的文化气息的一种努力。正如哈佛大学非裔文化研究中心的安东尼·阿皮亚（Anthony Appiah）把这种译者在翻译过程中为译文加上的注释和评注称为"厚重翻译法"（thick translation）。这种"厚重"和"浓郁"都是指向原文的文化意味的，是"境"。由于"言"的障碍而不能使译文读者对"境"乃至"意"产生理解和欣赏是译者的失败。因此，对比较复杂和生疏的意象加注的补偿手段，是明晰和通晓"言"，是帮助译文读者实现对译文从而实现对原文审美过程的必需选择。梁实秋的注释选择了在文后而不是文中出现，不用自己的附加文字侵占原文，应该是考虑了读者阅读过程的连贯性，是对原文作者的尊重，同时也赋予了译文读者更大的理解空间和鉴赏自由，是他自然、纯真的翻译思想的再一次有力体现。

（3）朱译中的隐化意象现象较突出。其中有历史人物（例3中的Hyperion隐化成"天神"，例4中的Niobe隐化成"泪人儿"），有日常生活中的物品（例6中的jelly隐化成"瘫痪"）、颜色（例9中的green隐

---

[1] 严晓江. 梁实秋中庸翻译观研究[M]. 上海：上海译文出版社，2008：195.
[2] 陈子善. 回忆梁实秋[M]. 长春：吉林文史出版社，1992：57.

第六章 基于语料库的国外经典戏剧译作风格及技巧

化成"不懂事")、动物(例 11 中的 swinish 隐化成"下流")等,可以说是包含了大部分类别的意象。这种高比例的隐化,是对原文借助意象烘托主题和提高语言的表现力的初衷的某种程度的背离,从而也在相应程度上削弱了译文的文化交流使命的角色和地位。

虽然对原文的意象,朱生豪做了大胆的割舍,但是,朱译中却显现了不少的汉语意象,如花街柳巷、江湖等。这些散发着浓郁中国文化味道的文字符号,显然是译者试图拉近译本与译入语读者的手段,是提高译文"译语化"程度的重要指标。

2. 连接成分

连接成分在汉语中通常被类化为虚词,即"要么只起语法作用,本身没有什么具体意义,要么表示某种逻辑概念"①。既然是虚词,就不比实词在语言单位中的表达作用,有时就可以不在句中出现。所以,连接成分可以分成隐性连接和显性连接两种。作为"意合"特点比较明显的汉语,"隐性连接要比显性连接表现突出,一般都是靠显性的语序和隐含的语义上的联系来表达语法意义和逻辑关系"②。下面,我们来考察莎剧四个剧本中的连接成分在梁实秋、朱生豪两译本中的再现。

(1)表示并列关系的连接成分

以"and"为例,在原文中共出现 3199 次。因为语料繁杂,所以无法手动区分 and 连接的是句子还是词或词组,因此又用"空格+and"作为检索条件,得出的数据是 1484。在考察"and"出现的原文句子及译文时,发现其被译成"和、(以)及、并且、跟"等,还有很多时候都被译者作了隐化处理。

"和"连接的前后两部分多是名词或代词性的结构,如:"勃纳多和弗兰西斯科""恐怖和惊奇""幸福和忧郁""过去和目前"等。我们在对梁译和朱译的译本考察"和、(以)及、并且、跟"四个词加起来出现的次数时,除掉不表示并列连接的意思,如"和颜悦色、平和、温和、和煦、调和、不及、追及、跟随、脚跟"等,得出的数据分别为

---

① 朱德熙. 语法讲义[M]. 北京:商务印书馆,1982:39.
② 黄立波. 基于汉英/英汉平行语料库的翻译共性研究[M]. 上海:复旦大学出版社,2007:58-59.

基于语料库的跨文化英语翻译技巧研究

624+154+161+9=948 和 435+154+12+287=888。与原文中"and"出现的次数相差很多。

（2）表示时间关系的并列成分

"时间从句把主句的时间同另一事件或另一时段联系起来。这种联系一般由连词交待清楚，句子的时态遵循通常的规则。"[①] 我们用 AntConc 分别统计了 when、after、before 在原文中的出现次数，我们发现："when"作为时间连接成分，用法上确实有连词和连接语两种，如："So frown'd he once, when, in an angry parle, He smote the sledded Polacks on the ice."中的"when"就是连接语，其前后分别用逗号跟句子的其他成分分开。在软件统计出的用法现象中，有"before""after"等连词连接词汇或短语的现象，如："To speak of horrors, he comes before me" "Indeed I should have ask'd you that before" "But that the dread of something after death" "Pursue him, ho! Go after"等，我们把这些没有用于连接两个分句的用法手动地去掉，得到的结果如下："when"在原文中出现的次数为 238；"before"在原文中出现的次数为 16；"after"在原文中出现的次数为 3。

所以，我们选取语料较丰富的 when 的用法及在两译本中的翻译来重点讨论表示时间意义的连词在两译本中的隐化/译语化程度。但是，必须说明的是，when 作为连词使用的时候，它的义项有九种，分别是：a.（at the time that）在……时；b.（during the time that）在……期间；c.（as soon as）一……就；d.（just after which）刚……就；e.（after）在……之后；f.（once）从……以后；g.（whenever）每当……时；h.（given that）既然；i.（whereas）可是。其中的前七种是与时间相关的，而第八和第九种分别表示让步和转折关系的。莎剧剧本语言丰富，when 的用法灵活多样，如：

例 1 Can I go forward when my heart is here?

我的心在这里，我还能往前走吗？（梁译）

我的心还逗留在这里，我能够就这样掉头离去吗？（朱译）

例 2 Do they hold the same estimation they did when I was in the city?

现在他们还和我在城里时一样的负盛名吗？（梁译）

---

① 任绍曾. Collins Cobuild 英语语法系列 9 连词 [M]. 刘万存，译. 北京：外文出版社，香港：商务印书馆（香港）有限公司，2001：13.

第六章 基于语料库的国外经典戏剧译作风格及技巧

他们的名誉还是跟我在城里的时候一样吗？（朱译）

例3 But fall unshaken when they mellow be.

熟了之后不用摇晃就会落。（梁译）

一朝红烂就会离去枝条。（朱译）

例4 It was about to speak, when the cock crew.

他刚要说话，恰巧又鸡叫。（梁译）

它正要说话的时候，鸡就啼了。（朱译）

例5 Let shame say what it will, when these are gone.

泪出完了之后，儿女之情也就尽了。（梁译）

当我们的眼泪干了以后，我们的妇人之仁也是会随着消灭的。（朱译）

例6 We should do when we would.

在想要做的时候便应该做。（梁译）

想做的，想到了就该做。（朱译）

例7 Women may fall when there's no strength in men.

男人既然薄幸，女人当然也会负心。（梁译）

男人既然这样没有恒心，那就莫怪女人家水性杨花了。（朱译）

例8 That I have positively said, "tis so", when it proved otherwise?

我既肯定的说"这事是如此"，而事实证明偏不如此。（梁译）

哪一次我肯定地说过了"这件事情是这样的"，结果却并不是这样？（朱译）

为了统计的方便，这里就不把 when 不表达时间意义的两个用法排除掉了。在对比两家译文的时候发现，虽然有的时候，对 when 的用法理解上有不同，但是，大多都按连词的用法译出，如：

例1 Are mortis'd and adjoin'd; which, when it falls, each small annexment, petty consequence...

大辐上附带着成千成万的小东西，一旦颠覆下来，细小的附属的东西也要同归于尽。（梁译）

它的轮辐上连附着无数的小物件，当巨轮轰然崩裂的时候，那些小的物件也跟着它一齐粉碎。（朱译）

例2 but they withered all when my father died.

169

但自我父亲死后,全都枯了。(梁译)

可是我父亲一死,它们全都谢了。(朱译)

例3 Thou wilt fall backward when thou hast more wit.

你将来更懂事一些的时候会仰面向后倒哩。(梁译)

等你长大了,你就要仰在床上了。(朱译)

所以,这样的译例,连同两译本中when被译为"……的时候"或"……时"或"在……点钟""在……之后"等上述几种义项一起时,都不在讨论范围之内,我们只选取两家译文中隐化连词用法的译例,显现的是译语化程度,把它们在表6-5中罗列出来。篇幅的关系,只选取出自《哈姆雷特》和《罗密欧与朱丽叶》的语料,共32处。

表6-5 两译本中"when"隐化翻译举例

	原文	梁译	朱译
1	Not when I saw it.	我见的那次不过那样久。(隐化)	我看见他的时候,不过是这么长。
2	Black as his purpose, did the night resemble When he lay couched in the ominous horse	和他的心肝是一样的黑,卧在那匹凶马的肚里,恰似漆黑一团的昏夜(隐化)	野蛮的皮洛斯蹲伏在木马之中,黝黑的手臂和他的决心一样,像黑夜一般阴森而恐怖(隐化)
3	When he himself might his quietus Make With a bare bodkin?	否则在短刀一挥就可完结性命的时候	要是他只要用一柄小小的刀子,就可以清算他自己的一生?(隐化)
4	A second time I kill my husband dead, When second husband kisses me in bed.	第二个丈夫抱我到床上吻,何异重伤我那死去了的人。(隐化)	我要是与他人共枕同衾,怎么对得起地下的先灵!(隐化)
5	proclaim no shame When the compulsive ardour gives the charge	那么青春情不自禁的时候,更不必讲什么廉耻了。	因为少年情欲的驱动而失身,又有什么可耻呢?(隐化)
6	O!'tis most sweet,When in one line two crafts directly meet	啊,两桩阴谋恰巧会合在一条线上,再妙不过了。(隐化)	啊,用诡计对付诡计,不是顶有趣的吗?(隐化)
7	When sorrows come, they come not single spies, But in battalions.	哀痛之来。决不是单身的步哨,而是成群的大队!(隐化)	不幸的事情总是接踵而来(隐化)
8	an envious sliver broke, When down her weedy trophies and herself Fell in the weeping brook.	无情的枝子断了;她的花圈和她自身于是坠入了呜咽的河流。(隐化)	根心怀恶意的树枝折断了,她就连人带花一起落下呜咽的溪水里。(隐化)
9	as patient as the female dove, When that her golden couplets are disclos'd,	像才孵出了一对黄毛雏儿的雌鸽一般的驯顺了。(隐化)	就像母鸽孵育她那一双黄茸茸的雏鸽时一样的温和了。

170

第六章 基于语料库的国外经典戏剧译作风格及技巧

续表

	原文	梁译	朱译
10	When she saw Pyrrhus make malicious sport In mincing with his sword her husband's limbs	当她亲见皮鲁斯残忍的用刀割裂她丈夫肢体的时候	她看见皮洛斯以杀人为戏，正在把她丈夫的肢体脔割（隐化）
11	How can that be, when you have the voice of the king himself for your succession in Denmark?	哪有这样的事，国王不是亲口向你说丹麦王位是由你继承吗？（隐化）	怎么！王上自己已经亲口把您立为王位的继承人了，您还不能满足吗？（隐化）
12	Yet what can it, when one can not repent?	只是我不能忏悔，又有何用？（隐化）	可是对于一个不能忏悔的人，它又有什么用呢？（隐化）
13	Mad as the sea and wind, when both contend Which is the mightier	疯得像是狂风骇浪正在互争雄长一般（隐化）	疯狂得像彼此争强斗胜的天风和海浪一样。（隐化）
14	when I shall, first asking your pardon thereunto	届时当面请恕罪	让我先向您告我的不召而返之罪（隐化）
15	when you are asked this question next	下回若再有人问你这话（隐化）	下回有人问你这个问题的时候
16	That praised my Lord Such-a-one's horse, when he meant to beg it, might it not?	那极口恭维某某大人的马，意欲据为己有的某某大人，亦未为可吧？（隐化）	嘴里称赞某大人的马好，心里却想着把它讨了来，你看是不是？（隐化）
17	I aim'd so near when I suppos'd you lov'd.	我猜你是闹恋爱，果然猜中了。（隐化）	我说你一定在恋爱，果然猜得不错。（隐化）
18	It fits when such a villain is a guest	我觉得很适宜，在这样的一个坏人来作客的时候	这样一个贼子也来做我们的宾客，我怎么不生气？（隐化）
19	Thou wast never with me for anything when thou wast not there for the goose.	你什么事情也没有跟上过我，除了争着做笨鹅。（隐化）	除了找母鹅这一桩，你什么事也压不了我。（隐化）
20	I'll warrant you, when I say so, she looks as pale as any clout in the versal world.	我对你说，我这样说的时候，她的脸色白得像是全世界上任何白布一般。	她一听见这样的话，就会气得面如土色。（隐化）
21	How art thou out of breath when thou hast breath To say to me that thou art out of breath?	你有气力向我说你喘不过气，怎么会是真喘不过气呢？（隐化）	你既然气都喘不过来，那么你怎么会告诉我说你气都喘不过来？（隐化）
22	Thou art like one of these fellows that, when he enters the confines of a tavern... the second cup draws him on the drawer, when, indeed, there is no need.	你就像是那种人，走进酒店，……可是第二杯一下肚，他无缘无故抽出剑来向酒保找麻烦了。（隐化）	你就像这么一种家伙，他们跑进了酒店的门，……等到两杯喝罢，他就无缘无故拿起剑来跟酒保吵架。（隐化）

171

续表

	原文	梁译	朱译
23	what hadst thou to do in hell When thou didst bower the spirit of a fiend	你在地狱里干得什么好事,竟把一个恶魔的灵魂放进（隐化）	你为什么要从地狱里提出这一个恶魔的灵魂,把它安放在这样（隐化）
24	When I, thy three-hours wife, have mangled it?	给你做了三小时妻的我,把你的名誉割裂了（隐化）	你的三小时的妻子都这样凌辱你的名字（隐化）
25	Mine shall be spent, When theirs are dry, for Romeo's banishment.	等他们的眼泪干了的时候,我的眼泪要留着为罗密欧放逐而洒。	我的眼泪是要留着为罗密欧的放逐而哀哭的。（隐化）
26	How should they, when that wise men have no eyes?	聪明人没有眼睛,他们怎么会有耳朵呢？（隐化）	聪明人不生眼睛,疯人何必生耳朵呢？（隐化）
27	I will not marry yet; and, when I do, I swear	我还不想嫁呢：如果想嫁（隐化）	我现在还不愿意就出嫁；就是要出嫁,我可以发誓（隐化）
28	O! shut the door! and when thou hast done so	啊！关上门！你关了门之后	啊！把门关了！关了门（隐化）
29	When presently through all thy veins shall run A cold and drowsy humour	一股寒冷昏沉之感即将透过你的周身血脉（隐化）	那时就会有一阵昏昏沉沉的寒气通过你全身的血管
30	Like death when he shuts up the day of life	像是死了瞑目一般,不再看到生命的光明（隐化）	就像死神的手关闭了生命的白昼（隐化）
31	How if, when I am laid into the tomb, I wake before the time that Romeo Come to redeem me？	如果我被放在坟墓里面,在罗密欧尚未来救我之前便醒了起来,那可怎么好？	要是我在坟墓里醒了过来,罗密欧还没有到来把我救出去呢？
32	When griping grief the heart doth wound	苦痛伤人心（隐化）	当悲伤刺痛着心灵

从表 6-5 中所举译例来看,32 个译例中,梁译中表示时间的译法有 8 处,其中有完全的对译"（当）……的时候",也有"届时""之后"这样的译法。朱译中表示时间的译法有 5 处,有"（当）……的时候",也有"那时"等的变译。梁译中"隐化"可见 23 处（71%）；朱译中 26 处（81%）。

3. 人称代词

英译汉的语料因为受原文的影响,所以不可避免地要比汉语的原创语料使用更多的人称代词,要彻底摆脱原文的束缚和暗示是非常困难的。所以,反过来,如果要从人称代词的使用频率来考察莎士比亚戏剧的两译本的"译语化"程度的话,观察它们在数轴上距离汉语原创语料的位置的远近,应该是一个比较直观而可靠的手段。

第六章 基于语料库的国外经典戏剧译作风格及技巧

通过 Word 软件的替换功能，找到了"i"表示"in"的意思（如 my lord; I am too muchi' the sun.）原文共 80 处，加上表示数字（Act I）的 6 处，共 86 处。排除上述情况，原文中出现的表示人称的代词"I"的用法共 2800 处。

考虑到区分人称代词的主格、宾格、所有格等形式的复杂性，笔者直接在软件中输入"我"作为搜索项，在"Search Term"栏中勾选了"Regex"选项，这样，在语料中所有包含"我"字样的词或词组都能被筛选出来。按照同样的办法，我们统计了其他人称代词在梁译和朱译中出现的次数，得到的数据如表 6-6 所示。

表6-6 两译本人称代词用法数量统计表

人称代词	原文	梁译	朱译
第一人称	5672（I, 2800; we, 368; my, 1750。其中 my lord, 274; my good lord, 21; us, 191; our, 346; ours, 7; myself, 60; ourselves, 21; mine, 110; me thinks, 19）	我：5965	我：6160 咱：24
第二人称	4392（hou, 752; thy, 484; thee, 411; thyself, 23; you, 1812; thine, 65; your, 778; yours, 20; yourself, 45; yourselves, 2）	你：4288 您：37	你：3611 您：928
第三人称	2328（he, 795; him, 680; himself, 51; his; 802）	他：2365	他：2781
	1042（she, 413; her, 596; herself, 21; hers, 12）	她：984	她：1047
	1494（it, 1170; 't, 80; 'Tis, 244）	它：55	它：498
	702（they, 230; them, 237; themselves, 15; their, 219; theirs, 1）		
合计	15630（占总语料 136897 百分比：11.4%）	13694（占总语料 207292 百分比：6.606%）	15049（占总语料 222430 百分比：6.765%）

从使用数量占总词汇量的比例来看，两译本中的人称代词的用法均低于原文，如下面译例中可见的、隐化的人称代词包括主格、宾格和所有格等多种形式。

例 1 You come most carefully upon your hour.

你来的时候很准。（梁译，省略所有格）你来得很准时。（朱译，省略所有格）

例 2 Fathers that wear rags Do make their children blind, But fathers that bear bags Shall see their children kind.

173

基于语料库的跨文化英语翻译技巧研究

父亲穿着破衣裳，可使儿女瞎着眼；父亲佩着大钱囊，将见儿女生笑脸。（梁译，省略所有格）

老父衣百结，儿女不相认；老父满囊金，儿女尽孝心。（朱译，省略所有格）

例 3 He took me by the wrist and held me hard.

他拉住我的手腕，紧紧的握着。（梁译，省略宾格）

他握住我的手腕紧紧不放。（朱译，省略宾格）

例 4 Sweet, leave me here awhile; ... Sleep rock thy brain.

爱人，你且去；……愿你安睡。（朱译，省略宾格）

朱译以 15049 例略高于梁译的 13694 例，占总语料的比例分别是 6.77% 和 6.61%，前者是后者的 1.02 倍。我们来通过以下几个译例了解朱译中较多的人称代词用法。

例 1 I think I hear them.

我好像是听见他们来了。（梁译）我想我听见他们的声音了。（朱译）

例 2 My lord, as I was sewing in my closet, Lord Hamlet, with his doublet all unbrac'd; No hat upon his head; his stockings foul'd, Ungarter'd, and down-gyved to his ancle.

父亲啊，我正在闺房里缝纫的时候，哈姆雷特太子，里衫没有扣，帽子也没戴，袜子也脏了，吊带也没有系，像脚镣一般堆在踝骨上。（梁译）

父亲，我正在房间里缝纫的时候，哈姆雷特殿下跑了进来，走到我的面前；他上身的衣服完全没有扣上钮子，头上也不戴帽子，他的袜子上沾着污泥，没有袜带，一直垂到脚踝上。（朱译）

例 3 I have watch'd and travell'd hard; Some time I shall sleep out, the rest I'll whistle.

我一路劳累缺睡；正好以睡眠消遣，其余的时间还可以呼啸自娱。（梁译）

我走了许多路，还没有睡过觉；一部分的时间将在瞌睡中过去，其余的时间我可以吹吹口哨。（朱译）

例 4 I never gave him any: It please'd the king his master very late To strike at me, upon his misconstruction; When he, conjunct, and flattering his displeasure,

174

第六章 基于语料库的国外经典戏剧译作风格及技巧

Tripp'd me behind;being down, insulted, rail'd And put upon him such a deal of man, That worthied him, got praises of the king For him attempting who was self-subdu'd; And, in the fleshment of this dread exploit, Drew on me here again.

他从没有惹他：他的主上国王陛下最近曾殴打我，为了一点误会；而他也来附和，并且迎合他的心思，从背后踢倒我；我倒下之后，他就辱骂起来，大逞威风，居然是英雄气概，为了欺凌一个忍辱自重的人而大得国王激赏；才尝过胜利的滋味，于是又在这里向我寻衅了。（梁译）

我从来没有冒犯过他。最近他的主人王上因为对我产生误会，把我殴打；他便助主为虐，从我背后把我绊倒地上，对我侮辱谩骂，装出一副非常勇敢的神气；他的王上看见他敢打不抵抗的人，把他称赞了两句，他因上次得手，便得意忘形，一看见我，又要对我动剑了。（朱译）

4. 四字格

汉语的综合、诗意的特点，以语素为单位的单音节语言特征以及"构成对偶、自由组合形成整齐形态的条件多而充分"①等因素决定了四字格在汉语语音形式中的特殊重要地位。刘勰在《文心雕龙·章句第三十四》中"若夫笔句无常，而字有条数：四字语密而不促，六字格而非缓，或变之以三五，盖应机之权节也"②也对四字成语的特点加以概括，其中的"密而不促"应该是对四字成语特点的精准描述。"密"应指其结构紧凑，意义完整，而"不促"则应指向四字短语的听觉效果：从容，节奏感强。从《诗经》中的"关关雎鸠，在河之洲""桃之夭夭，灼灼其华"到唐宋"朝辞白帝，千里江陵""闲云潭影，物换星移""水光潋滟，山色空蒙"，到《红楼梦》中的"云堆翠髻、榴齿含香""风回雪舞、满额鹅黄"，到国内各大高校的校训：自强不息、厚德载物（清华大学），允公允能、日新月异（南开大学），诚朴雄伟，励学敦行（南京大学），格高志远、学贯中外（上海外国语大学），再到电影的片名：《英雄儿女》《甲方乙方》《不见不散》《天下无贼》等，以及影片/电视剧的译名：《刀锋战士》（Blade）、《谍影重重》（The Bourne Identity）、《黑客帝国》（The Matrix）、《绝对权力》（Absolute Power）、《国土安全》（Homeland）、《午夜巴黎》

---

① 孙迎春．张谷若翻译艺术研究 [M]．北京：中国对外翻译出版公司，2004：171.
② 周振甫．文心雕龙今译 [M]．北京：中华书局，1986：310.

(*Midnight in Paris*)、《盗梦空间》(*Inception*)、《口是心非》(*Duplicity*)、《真爱至上》(*Love Actually*)、《廊桥遗梦》(*The Bridges of Madson County*)、《傲骨贤妻》(*The Good Wife*)等，千百年来，四字短语作为汉语独有的语言形式，以其"涵义深刻，构型短小，生命力旺盛，表现力强"①等特点，默默服务于力求意美、形美、音美的有效表达。

在梳理四字成语的美学特征时，孙迎春提到了：生动活泼，形象鲜明；流畅顺口，铿锵悦耳；美的形式，沁人心脾；笔墨经济，以少胜多；整齐一律，节奏感强；对称均衡，偶成美现；多样统一，丰富和谐。②（孙先生用的全部都是四字短语，其苦心和对这种表达形式的热爱可见一斑。）

英汉翻译实践过程中是否应该发挥译入语优势而大量使用四字格，译界对此，说法不一，但其中赞成者居多，如庄绎传说："英语和汉语都有许多成语。汉语的成语大多由四个字组成。英译汉时，适当地使用成语，译文显得简洁、生动，可以增加文采。"③再如冯庆华指出的："汉语成语有百分之九十七采用四字格，这完全是从四字格的优点出发……四字格的运用可使文章增添不少生花之笔。一篇译文恰到好处地用一些四字格，可让人读起来抑扬顿挫，起落跌宕，可以享受到语音上的和谐美感。这种通过增强音感给人留下深刻印象的效果，是普通二字词组、三字词组或五字词组、六字词组所不能做到的。在忠实于原文的基础上，发挥译文语言优势，运用四字格是应该加以提倡的。"④

追求语言音乐特性的朱生豪，对四字成语的偏爱也是明显的，在他的诗作中，我们可以悉察：

《拟古歌谣》⑤

一禽两木，东飞西宿；黄狐在庭，白狐在屋。

《高阳台·秋感次韵彭郎》⑥

---

① 孙迎春. 张谷若翻译艺术研究 [M]. 北京：中国对外翻译出版公司，2004：176.
② 孙迎春. 张谷若翻译艺术研究 [M]. 北京：中国对外翻译出版公司，2004：179-181.
③ 庄绎传. 英汉翻译教程 [M]. 北京：外语教学与研究出版社，1999：369.
④ 冯庆华. 实用翻译教程 英汉互译 [M]. 上海：上海外语教育出版社，2002：112-113.
⑤ 吴洁敏，朱宏达. 朱生豪传 [M]. 上海：上海外语教育出版社，1990：124.
⑥ 朱尚刚. 诗侣莎魂 我的父母朱生豪、宋清如 [M]. 上海：华东师范大学出版社，1999：100.

第六章 基于语料库的国外经典戏剧译作风格及技巧

露冷蒹葭 渚寒鸥鹭 丹枫摇落秋江 萧瑟情怀 长怜月渡星塘 当年梦迷离地 有蛛丝蔓草萦窗 漏渐长 尽处风更 尽处哀螫

漫追旧迹成凄咽 总濯春修鬓 换得秋霜 菊影依帏 怜伊长耐宵凉 旧巢燕子天涯侣 应念我清泪千行 莫持觞 吟断寒魂 拼取情伤

四字格的使用非常娴熟,可谓信手拈来。所以,富有诗人情怀的朱生豪,在译文中尽量多地使用四字成语的倾向也就不必细察而自明。下面的三组译例是《罗密欧与朱丽叶》中的第二幕第三场和第四场中连续出现的较长段落的对白:连续的译文具有典型性,而篇幅相对较长的对白是一段相对封闭而完整的抒情或议论,从表达效果上要求更高,所以,更容易使用四字成语,基于以上两个原因,笔者选取的译例如下。

例1 啊,罗瑟琳知道你对她的爱情完全抄着人云亦云的老调,你还没有读过恋爱入门的一课哩。可是来吧,朝三暮四的青年,跟我来;为了一个理由,我愿意帮助你一臂之力:因为你们的结合也许会使你们两家释嫌修好,那就是天大的幸事了。(O! she knew well Thy love did read by rote and could not spell. But come, young waverer, come, go with me, In one respect I'll thy assistant be; For this alliance may so happy prove, To turn your households' rancour to pure love.)

例2 我可以告诉你,他不是个平常的阿猫阿狗。啊!他是个礼数周到的人。他跟人打起架来,就像照着乐谱唱歌一样,一板一眼都不放松,一秒钟的停顿,然后一、二、三,刺进人家的胸膛。他全然是个穿礼服的屠夫,一个决斗专家、名门贵胄、击剑能手。啊!那了不得的侧击!那反击!那直中要害的一剑!(More than prince of cats, I can tell you. O! he is the courageous captain of compliments. He fights as you sing prick-song, keeps time, distance, and proportion; rests me his minim rest, one, two, and the third in your bosom; the very butcher of a silk button, a duellist, a duellist; a gentleman of the very first house, of the first and second cause. Ah! The immortal passado! the punto reverso! the hay.)

例3 让这帮拿腔做调、扭扭捏捏的家伙见鬼去吧!这帮怪声怪气的家伙!什么"耶稣在上,好一把利刃!好一条彪形大汉!好一个风流婊子!"我说老爷子,遇上这么一群满嘴法国话的绿头蝇咱们算是倒了八辈子大霉,

177

这帮时髦家伙，赶新潮赶得连旧板凳都坐不住了——"唉哟！我的屁股！唉哟！我的屁股！"（The pox of such antick, lisping, affecting fantasticoes, these new tuners of accent!— "By Jesu, a very good blade!—a very tall man! a very good whore."—Why, is not this a lamentable thing, grandsire, that we should be thus afflicted with these strange flies, these fashion-mongers, these *pardonnez-mois*, who stand so much on the new form that they cannot sit at ease on the old bench? O, their, their bons!）

　　梁译的对应译文为：例1　因为她深知道你的爱只是背诵不知所云的滥调。来，轻薄子，来，和我走，为了一种考虑我可以做你的帮手；这婚姻可能成为一段美满良缘，使你们两个仇家从此尽弃前嫌。例2　我告诉你说，他不是一只寻常的猫。啊！他是精通礼节的专家。他和人斗剑，像是按照乐谱唱歌一般，恪守时间，距离，和秩序；拿稳了武器，数一、二，在数到三的时候剑已刺到你的胸；他要刺到哪一颗纽扣便可刺到哪一颗，真是决斗家，决斗家；第一流的绅士，决斗法典中的第一理由和第二理由。吓！那致命侧击，反击，命中的一击！例3　这些古里古怪的，吞吞吐吐的，矫揉造作的家伙，这些好用新名词的家伙，真是无聊！——"耶稣啊，一位很好的剑客！—— 一位雄壮的汉子！一位很好的杂种。"唉，老朋友，这是不是很令人痛心的事，我们到处遇到这种讨厌的苍蝇，这种时髦贩子，这种满口法文 pardonnez-mois 的家伙，他们这样的喜欢新奇式样以至于坐在旧板凳上都不舒服？啊，他们满口的法文 bons, bons！

　　从以上译例中不难看出，朱生豪使用四字格的倾向比较明显。朱译中的四字结构包括像"人云亦云""朝三暮四""扭扭捏捏""怪声怪气""彪形大汉""一臂之力"等的四字成语，也包括诸如"耶稣在上""时髦家伙""礼数周到""一个理由"等习惯用法，这些四字短语，不具有汉语成熟期的特征，是在音乐性需求中自主排列组合的结果。

　　朱生豪的四字短语还包括类似"可是来吧""打起架来""都不放松""坐不住了""我的屁股"等通过添加虚词的手段来拼凑音节以强化译本音乐性的用法。其中表示趋势或者语气等意义的虚词，即使删去也并不影响意义，其存在方式与功能都是音乐性的。再看梁译，四字结构的使用也不少，但是多属于前文中的第一类别，也就是四字成语，如"不知所云""美满良缘""恪守时间""尽弃前嫌"等,增加虚词拼凑音节的现象不多。笔者特别统计了四个译本中四字格的出现次数,梁译为664例,而朱译为724例,后者多出前者9.2%,应该说,也从侧面说明了朱生豪更习惯或喜欢使用四字短语来提高译文读者的接受度和译本的"译语化"程度。

（四）两译者/作风格动因分析

1. 外部因素

（1）时代背景

任何社会文化活动都是时代的产物,时运交移,质文代变,作为文化交流和沟通的主要方式的翻译也不能例外。所以,它必承载着鲜明的时代特征。影响译者风格的时代特征主要表现在翻译的选材上:或迎合时代发展的需要（汉唐时的佛经翻译,明末清初的科技、"新学"翻译）,或符合当时的主流文化需求（五四运动后的马列主义经典著作和无产阶级文学作品的翻译）等。梁实秋和朱生豪选择翻译莎士比亚作品的时间接近,当时的中国社会正处于从近代走向现代的历史转折点上,是政治、文学领域的重大变革时期。受"文以载道"的禁锢,翻译的选材更注重的是教化和政治功能。而当时中国还没有莎士比亚全集的汉译本,戏剧家余上沅曾感慨道:"中国研究莎士比亚的人并不见得少,而至今还没有一个翻译全集的计划,——这还不应该惭愧吗?"① 除了提升民族文化能力的需求外,译介经典的外国文学作品也是新文化运动的代表之一胡适等倡导的"通过介绍异域文化而充实民族语言和文化的手段"②的结果。朱生豪开始着手译莎的1935年更被茅盾称为"翻译年":"当时各书店竞相出版外国文学书籍。竞争之下,也就舍得花钱了。这种风气大概也促成一九三五年之所以被叫作'翻译年'。"③

时代背景对朱生豪译莎的另一方面的影响作用还表现在他的"民族英雄"的情结上,他的胞弟朱文武在《朱生豪译莎侧记》中曾经写道:"那些年月里,日本帝国主义欺侮中国人民气焰很盛。恰好讥笑中国文化落后

---

① 王建开. 五四以来我国英美文学作品译介史[M]. 上海:上海外语教育出版社,2003:94.
② 严晓江. 梁实秋中庸翻译观研究[M]. 上海:上海译文出版社,2008:82.
③ 吴洁敏,朱宏达. 朱生豪传[M]. 上海:上海外语教育出版社,1990:105.

基于语料库的跨文化英语翻译技巧研究

到连莎氏全集都没有译本的,又正是日本人。因而,我认为他决定译莎,除了个人兴趣等其他原因之外,在日本帝国主义肆意欺凌中国的压力下,为中华民族争一口气是重要的动力。"①

梁实秋响应胡适的倡导,选择翻译以突出表达永久人性为主题的莎士比亚作品,实际上处于当时的文学主流形态的边缘,"无论是机关主持的,或私人进行的翻译,对于原著的选择宜加审慎,愚以为有学术性者,有永久价值者,为第一优先。有时代需要者,当然亦不可尽废。"②可见,梁实秋在翻译选材上没有盲目地逢迎时代的需求,而是恪守着自己的原则,在翻译作品中实现原作者与自己的精神人性相契合,反映永恒的"真""善""美"的人性。

(2)主流诗学

"诗学"(poetics)一词,最早见于古希腊时期亚里士多德的《诗学》,其意思包含了"诗"和"技艺"两个方面,具体指的就是"作诗的技巧"。随着学科的发展,"诗学"逐渐发展成为"文艺理论的代名词"③。勒菲弗尔的"诗学"概念包含两方面的内容:一是指文学手法、文类、主题、原型人物与环境、象征;二是指文学的社会角色。④很明显,"诗学"的概念在此被分成狭义和广义两种,在翻译理论中,主要涉及的是狭义诗学,即"文学手法、文类、主题、原型人物与环境、象征"等元素。译入语文化的主流诗学对翻译主体的操纵,是主体文化的文学范式的强大辐射功能的表现。译者往往试图用自己文化的诗学重铸原文,结果迎合了新的读者,并且保证了译文可以读懂。从支谦译经"曲得圣义,辞旨文雅",尝试用本土诗学改造古印度诗学,到张谷若在翻译哈代的《还乡》和《德伯家的苔丝》时大量的四字成语的使用;从傅东华翻译美国小说《飘》时,把书中众多人名、地名中国化到霍克斯翻译《红楼梦》诗词时,频繁使用押头韵等英语语言特有的修辞手段,所有的这些翻译策略,无一不是为了迎合译入语

---

① 吴洁敏,朱宏达. 朱生豪传[M]. 上海:上海外语教育出版社,1990:107-108.
② 梁实秋. 梁实秋杂文集[M]. 北京:中国社会出版社,2004:124.
③ 曹顺庆. 比较文学概论[M]. 北京:中国人民大学出版社,2011:106.
④ LEFEVERE A. Translation, rewriting and the manipulation of literary fame [M]. Shanghai: Shanghai Foreign Language Education Press,2004:26.

主流诗学的范式,从而满足译文读者的审美期待。在符合译入语的主流诗学方面的表现,两译本相较,应该是朱译本的表现更明显些。译本中的称谓名词——"娘娘""老爷""汉子""夫人""伯",类似汉语五言格律诗——"老父衣百结,儿女不相认;老父满囊金,儿女尽孝心",汉语文化意象——"另抱琵琶""入朝晋谒""贤东床""琴瑟调和""同室操戈""锦囊妙计""桃花人面",以及四字格的大量用法等都是译者迎合译入语主流范式的意图在译本中的体现。

2. 内部因素

(1) 文学(翻译)观

梁实秋的文学观是人本主义的,朱生豪的文学观是以"诗言志"为本位的儒家传统文学观,文学可以推动作家去关心国家的命运和人民的疾苦,而不把文学看成流连光景、消遣闲情的东西。"人本观"在梁实秋翻译过程中的体现,一是译者始终对原文作者和译文读者的细密关照,二是译者充分发挥了阐释者的主观能动性。所以他"对于翻译之进行慎重细心,以求无负于作者与读者"[①]。文学观直接影响译者翻译策略的选择,在"教化民众""诗言志"的文学观影响下,朱生豪译莎的宗旨和策略是:"余译此书之宗旨,第一在求于最大可能之范围内,保持原作之神韵,必不得已而求其次,亦必以明白晓畅之字句,忠实传达原文之意趣;而于逐字逐句对照式之硬译,则未敢赞同。凡遇原文中与中国语法不合之处,往往再四咀嚼,不惜全部更易原文之结构,务使笔者之命意豁然呈露,不为晦涩之字句所掩蔽。每译一段竟,必先自拟为读者,察阅译文中有暧昧不明之处。又必自拟为舞台上之演员,审辨语调之是否顺口,音节之是否调和,一字一句之未惬,往往苦思累日。"[②]可见,"保持神韵""明白晓畅""顺口""调和"这些特点在朱译本中的突出表现是与译者的文学观紧密相连的。

(2) 双语语言能力

形成译者风格的根本性因素是译者的语言能力,它是翻译行为进行的最初和最终的载体。梁启超所言"凡译书者,于华文西文及其所译书中所

---

① 陈子善. 回忆梁实秋 [M]. 长春:吉林文史出版社,1992:57.
② 吴洁敏,朱宏达. 朱生豪传 [M]. 上海:上海外语教育出版社,1990:264.

基于语料库的跨文化英语翻译技巧研究

言专门之学，三者具通，斯为上才。"①其中所指的华文西文就是我们今天说的汉英双语语言能力；译者一方面应具有较高的原语认知感悟能力（包括对原语的语义、语境、文化符号、历史典故、审美标记甚至弦外之音的理解），一方面应具有较高的目的语的操控运用能力。译者往往通过原语的语言符号，与笔者进行对话，最大限度地了解笔者的意图和要表达的信息，然后再通过生动、最小误差、最少遗失的目的语，把原作的精神、风骨以及所有的信息传达给译文读者，尽量避免由于误译、漏译、死译、硬译等给译文读者的理解和鉴赏造成困难。梁实秋花费37年译完四百万字的《莎士比亚全集》、多达一百二十四册的《世界名人传》，以及其他十余种英文作品，是以非常夯实的双语基本功为前提和基础的：梁实秋从小饱读诗书，终日消磨在"自地及宇，皆书，不见墙"的饱蠹楼内，小学时便开始学习英文，19岁在清华读书时便出版诗集（《荷花池畔》），青年时留学美国，在哈佛时"他主要是努力致力于西方文学和文学理论的学习与研究"②，所有的这些经历是他驾轻就熟于英汉两种文字之间的保障。梁实秋一生留下了两千多万字的宝贵文字遗产，可谓英汉双语语言巨匠。朱生豪也是从小就显示出了极高的文学天赋："四五岁就会背诵《三字经》《神童诗》"，"九岁初小毕业，得了甲级第一名"在一高就读的时候"他的国文和英语成绩在班内总是遥遥领先"。③"他文学上的天才，在中学时期，就有惊人的表现。"④在此期间，朱生豪发表了多篇诗作、论文等。他博览群书，性好诗词，所有的这些储备和素养都为他"埋头伏案，握管不辍"、"尽注""毕生精力"、"前后历十年而全稿完成"的"艰巨""译莎工作"⑤提供了坚实而牢固的语言基础。

除了译者的文学观、翻译思想、双语语言操控能力之外，影响译者风格形成的内部因素还应包括：双语文化能力思维习惯、审美趣味、生活经验、

---

① 《翻译通讯》编辑部. 翻译研究论文集（1894—1948）[C]. 北京：外语教学与研究出版社，1984：19.
② 宋益乔. 梁实秋评传 [M]. 北京：中国社会科学出版社，2005：127.
③ 吴洁敏，朱宏达. 朱生豪传 [M]. 上海：上海外语教育出版社，1990：8-11.
④ 吴洁敏，朱宏达. 朱生豪传 [M]. 上海：上海外语教育出版社，1990：281.
⑤ 吴洁敏，朱宏达. 朱生豪传 [M]. 上海：上海外语教育出版社，1990：264.

第六章 基于语料库的国外经典戏剧译作风格及技巧

民族身份、年龄、性别等。

可见,译者/作风格的产生受制于以上诸多因素。我们可以尝试把影响译者/作风格形成的因素比作 A,把译者的风格比作 B,把译者风格在译作中的表现比作 C,其过程应该是 ABC,而我们现在通过译本来探究译者风格和风格的成因的过程刚好是反过来的 CBA,其难度可想而知,能否客观全面地把 B 和 C 还原,受研究者的研究角度、研究方法等诸多因素的限制和影响。

附　录

《尚书》原型结构成语出处及译文平行语料索引

成语	原文出处
光被四表	光被四表，格于上下。《尧典》
怀山襄陵	荡荡怀山襄陵，浩浩滔天。《尧典》
方命圮族	吁！弗哉，方命圮族。《尧典》
扑作教刑	鞭作官刑，扑作教刑。《尧典》
如丧考妣	二十有八载，帝乃殂落，百姓如丧考妣。《尧典》
遏密八音	三载，四海遏密八音。《舜典》
百兽率舞	於！予击石拊石，百兽率舞。《舜典》
巧言令色	何畏乎巧言令色孔壬。《皋陶谟》
兢兢业业	无教逸欲有邦，兢兢业业，一日二日万几。《皋陶谟》
股肱耳目	臣作朕股肱耳目。《益稷》
予违汝弼	予违汝弼，汝无面从，退有后言。《益稷》
退有后言	汝无面从，退有后言。《益稷》
罔水行舟	罔昼夜頟頟，罔水行舟。朋淫于家，用殄厥世。《益稷》
呱呱而泣	启呱呱而泣，予弗子，惟荒度土功。《益稷》
箫韶九成	箫韶九成，凤凰来仪。《益稷》
凤凰来仪	箫韶九成，凤凰来仪。《益稷》
江汉朝宗	江汉朝宗于海。《禹贡》
时日曷丧	时日曷丧，予及汝皆亡！《汤誓》
不可向迩	若火之燎于原，不可向迩，其犹可扑灭？《盘庚上》
有为有守	凡厥庶民，有猷有为有守。《洪范》
无偏无党	无偏无党，王道荡荡。《洪范》
多材多艺	予仁若考，能多材多艺，能事鬼神。《金縢》
遗大投艰	予造天役，遗大投艰于朕身。《大诰》
元恶大憝	元恶大憝，矧惟不孝不友。《康诰》
子子孙孙	欲至于万年惟王，子子孙孙永保民。《梓材》
腥闻在上	腥闻在上，故天降丧于殷。《酒诰》

续表

成语	原文出处
诗张为幻	民无或胥诗张为幻。《无逸》
多历年所	率惟兹有陈，保乂有殷，故殷礼陟配天，多历年所。《君奭》
燮和天下	燮和天下，用答扬文武之光训。《顾命》
予末小子	眇眇予末小子，其能而乱四方，以敬忌天威。《顾命》
世轻世重	刑罚世轻世重，惟齐非齐，有伦有要。《吕刑》
马牛其风	马牛其风，臣妾逋逃，勿敢越逐。《费誓》
日月逾迈	我心之忧，日月逾迈，若弗云来。《秦誓》

成语	理译	高译	彭译	杜译
光被四表	The bright (influence of these qualities) was felt through the four quarters (of the land).	He extensively possessed the four extreme points (of the world).	his reputation lit up the four corners of the world	he was known to the four & tremities of the empire
怀山襄陵	In their vast extent the waters of the inundation embrace the hills and overtop the great heights.	extensively they embrace the mountains and rise above the hills	The dark waters have overwhelmed the hills and mountains.	threatening highland places with surging, torrential waves.
方命圮族	He is disobedient to orders, and tries to injure his peers.	He neglects (my) orders, he ruins his kin	goes against whatever is right and refuses to be disciplined	Creating trouble among his people, this man has not been law-abiding
扑作教刑	the stick to beemployed in schools(This punishment was for officers in training; not for boys at school.)	the rod is the punishment of the schools	scholars who were unworthy should be caned	he stipulated caning for offenses by students
如丧考妣	when the people mourned for him as for a parent	the people were as if mourning for a dead father or mother	his people mourned him as they would their parents	The people were as grief-stricken as if their own parents had died.
遏密八音	all the eight kinds of instruments of music were stopped and hushed	they stopped and quieted the eight (kinds of)music.	all music was banned	no music was played
百兽率舞	the various animals lead on one another to dance	all the animals follow (it) and dance.	all creation will be moved by this	have the numerous animals dance to music
巧言令色	anyone of fair words, insinuating appearance, and great artfulness	smart talk, a fine appearance and great artfulness.	lies, duplicity and conspiracies	fine words and insinuating appearances.

续表

成语	理译	高译	彭译	杜译
兢兢业业	be wary and fearful	it is fearsome, it is awe-inspiring	Quite seriously, be very careful of this.	must diligently attend to state affairs
股肱耳目	my legs and arms, my ears and eyes	my legs and arms, my ears and eyes	my legs, my arms, my ears and eyes	My ministers Are my best associates, and my best associates are my ministers—they are an integral part of my sovereign rule.
予违汝弼	When I am doing wrong, it is yours to correct me.	When I err, you shall assistingly correct me	if I do wrong, show me what is right	in case I disagree with you.
退有后言	when you have retired, have other remarks to make	having retired, have (other) words afterwards	malign me	complain behind my back
罔水行舟	make boats go where there was no water	without water he went in a boat	forced boats to go where there was not enough water	is given completely to dissipation, extravagance
呱呱而泣	was wailing and weeping	wailed and wept	was born and in distress	was born and crying
箫韶九成	the nine parts of the service, as arranged by the Emperor, have all been performed	When the shao-music of the Pan-flutes is achieved in 9 parts	At the nine notes	After nine notes of the bamboo flute
凤凰来仪	the male and female phoenix come With their measured gambolings (into the court)	the male and female phoenixes come and put in an appearance	even phoenixes, both male and female, came to dance their stately dances	phoenixes began flying around in pairs
江汉朝宗	Changjiang River and Hanshui River pursued their (common) course to the sea, as if they were hastening to court.	The Kiang and Han (rivers) go to pay court to the sea	Changjiang and Han Rivers now controlled and flow like tribute-bearers into the sea.	The waters from the Changjiang and Han Rivers both flowed into the sea readily as if they were rushing to pay tribute to the imperial court.
时日曷丧	When wilt thou, O sun, expire?	That one (sc. Kie) daily injures and destroys	Is it not time for the sun to die?	When will you, the sun, disappear from the earth?
不可向迩	When a fire is blazing in the flames so that it cannot be approached	it cannot be approached	it cannot be put out	cannot be approached
有为有守	have ability to plan and to act, and who keep themselves (from evil)	have activity, have self-control	Those who refrain from doing what is wrong and show ability	those serve the interests of the sovereign

续表

成语	理译	高译	彭译	杜译
无偏无党	Avoid deflection, avoid partiality.	Have nothing one-sided, nothing partial.	Without factions, without prejudice.	Form no cliques and practise no favouritism.
多材多艺	be possessed of many abilities and arts	I have much talent and much skill	have so many talents and skills	with many talents
遗大投艰	assigned me this great task, and laid the hard duty on my person	I have been remiss, greatly thrown difficulties upon my person	I have therefore taken on this demanding task.	Heaven has inflicted the disaster on me and the young king.
元恶大憨	such great criminals are greatly abhorred	the primary evil-doers are (thus) greatly detested	everyone loathes such people	these arch criminals
腥闻在上	the drunkenness went loudly up on high	the rank smell was perceived on high	Heaven noted all this	Heaven, smelling the rank odour of the sumptuous meals and wine
子子孙孙	descendants	the king's sons and grandsons	your descendants	through generations
涛张为幻	impose on them by extravagant language or deceiving tricks	imposed on each other or did cheating tricks	bragging or deceit	cheating and swindling
多历年所	its duration extended over many years	passed through a great quantity of years	lasted for so long	lasted many years
燮和天下	securing the harmony of all under the sky	make the whole world harmonious and concordant	unites all below Heaven	secure the harmony of the empire
予末小子	I am utterly insignificant and but a child	Very insignificant am I, the small child, last of our line	I am nothing, nobody, just a child.	I am but a little child.
世轻世重	Punishments and fines should (also) be light in one age, and heavy in another.	The punishments and fines are in certain ages light, in certain ages heavy.	Different generations require more severe or less severe levels of punishment.	Take into consideration social conditions in the determination and administration of punishments and penalties.
马牛其风	the horses or cattle are seeking one another	horses or oxen run about in heat	any horses or oxen run off	mating oxen and horses that have gone astray
日月逾迈	the days and months have passed away	the days and months pass on	the days and months go by	days and months go by

187

参 考 文 献

[1] CASGRAND J B. The ends of translation[J]. International Journal of American Linguistics, 1954（04）.

[2] QUIRK R. et al. A crammar of contemporary English[M]. London: Longman, 1973.

[3] EVEN-ZOHAR, ITAMAR, TOURY G.（eds.）. Translation theory and intercultural relations[J]. A Special Issue of Poetics Today, 1981, II, 4: viii.

[4] 朱德熙. 语法讲义[M]. 北京：商务印书馆，1982.

[5] 《翻译通讯》编辑部. 翻译研究论文集（1894—1948）[C]. 北京：外语教学与研究出版社，1984.

[6] 周振甫. 文心雕龙今译[M]. 北京：中华书局，1986.

[7] 麦奎尔. 大众传播模式论[M]. 祝建华，译. 上海：上海译文出版社，1987.

[8] 吴洁敏，朱宏达. 朱生豪传[M]. 上海：上海外语教育出版社，1990.

[9] 黄伯荣，廖序东. 《现代汉语》（修订版）[M]. 北京：高等教育出版社，1991.

[10] 陈子善. 回忆梁实秋[M]. 长春：吉林文史出版社，1992.

[11] 梁实秋. 雅舍风流[M]. 敏君，缤子，编. 北京：中国青年出版社，1994.

[12] 朱生豪. 寄在信封里的灵魂——朱生豪书信集[M]. 北京：东方出版社，1995.

[13] BAKER M. Corpora in translation studies: an overview and some suggestions for future research[J]. Target, 1995（02）.

[14] 崔希亮. 把字句的若干句法语义问题[J]. 世界汉语教学，1995（03）.

[15] PYM ANTAONY. Translation as a transaction cost[J]. Meta, Vol. 40, No.4,

1995a.

[16] PYM ANTAONY. European translation studies, une science qui derange, and why equivalence needn't be a dirty word[J]. TTR : traduction, terminologie, redaction, Vol. 8, No.1，1995b.

[17] 段京肃，罗锐. 基础传播学[M]. 兰州：兰州大学出版社，1996.

[18] 林煌天. 中国翻译词典[M]. 武汉：湖北教育出版社，1997.

[19] 朱耀先. 浅谈中西文化差异与翻译[J]. 中国翻译，1997（04）.

[20] ROWLING J K. Harry Potter and the philosopher's stone[M].Great Britain: Bloomsbury Publishing Plc.Text，1997.

[21] BAKER M. Routledge encyclopedia of translation studies[C]. London and New York: Routledge，1998.

[22] KENNEDY G. An introduction to corpus linguistics [M]. London: Longman，1998.

[23] BASSNETT SUSAN, HARISH TRIVEDI（eds.）.Post-colonial translation: theory and practice[M]. London, New York: Routledge，1999.

[24] 梁实秋. 雅舍轶文[M]. 北京：中国友谊出版公司，1999.

[25] 庄绎传. 英汉翻译教程[M]. 北京：外语教学与研究出版社，1999.

[26] 朱尚刚. 诗侣莎魂 我的父母朱生豪、宋清如[M]. 上海：华东师范大学出版社，1999.

[27] 邵培仁. 传播学[M]. 北京：高等教育出版社，2000.

[28] 刘炳善. 译事随笔[M]. 北京：中国电影出版社，2000.

[29] SNELL-HORNBY MARY, Mary. Translation studies: an integrated approach[M]. Shanghai: Shanghai Foreign Language Education Press，2001.

[30] 廖七一. 语料库与翻译研究[J]. 外语教学与研究，2000（05）.

[31] 司马云杰. 文化社会学[M]. 北京：中国社会科学出版社，2001.

[32] TOURY G. Descriptive translation studies and beyond[M]. Shanghai: Shanghai Foreign Language Education Press，2001.

[33] 任绍曾. Collins Cobuild 英语语法系列 9 连词[M]. 刘万存，译. 北京：外文出版社，香港：商务印书馆（香港）有限公司，2001.

[34] 威廉·冯·洪堡特. 洪堡特语言哲学文集[M]. 长沙：湖南教育出版社，2001.

[35] 熊德米. 奈达翻译理论评述[J]. 重庆大学学报（社会科学版），2001（04）.

[36] MUNDAY J. Introducing translation studies: theories and applications [M]. London and New York: Routledge，2002.

[37] MEYER C. English corpus translation[M].Cambridge: Cambridge UniversityPress，2002.

[38] 梁实秋. 梁实秋文集（第6卷）集外拾遗1[M]. 厦门：鹭江出版社，2002.

[39] 孙德金. 汉语语法教程[M]. 北京：北京语言文化大学出版社，2002.

[40] 冯庆华. 实用翻译教程 英汉互译[M]. 上海：上海外语教育出版社，2002.

[41] 庄晓东. 文化传播：历史、理论与现实[M]. 北京：人民出版社，2003.

[42] 王建开. 五四以来我国英美文学作品译介史[M]. 上海：上海外语教育出版社，2003.

[43] 沈苏儒. 对外报道教程[M]. 北京：五洲传播出版社，2004.

[44] 陈卞知. 造桥者说——跨文化传播研究[C]. 北京：中国传媒大学出版社，2004.

[45] 王克非等. 双语对应语料库研制与应用[M]. 北京：外语教学与研究出版社，2004.

[46] 博伊德-巴雷特和纽博尔德编.媒介研究的进路——经典文献读本[C]. 汪凯，刘晓红，译. 北京：新华出版社，2004.

[47] GENTZLER E. Contemporary translation studies [M]. Shanghai Foreign Language Education Press，2004.

[48] 方梦之. 译学辞典[M]. 上海：上海外语教育出版社，2004.

[49] SHUTTLEWORTH MARK; MOIRA COWIE. Dictionary of translation studies[M]. Shanghai: Shanghai Foreign Language Education Press，2004.

[50] BASSNETT SUSAN. Translation studies（3rd ed.）[M].Shanghai: Shanghai Foreign Language Education Press，2004.

[51] DAVIS KATHLEEN. Deconstruction and translation[M]. Shanghai: Shanghai Foreign Language Education Press，2004.

[52] LEFEVERE A. Translation, rewriting and the manipulation of literary fame [M].

Shanghai: Shanghai Foreign Language Education Press, 2004.

[53] 方梦之. 译学辞典[M]. 上海：上海外语教育出版社，2004.

[54] 孔安国. 尚书正义[M]. 济南：山东画报出版社，2004.

[55] 孙迎春. 张谷若翻译艺术研究[M]. 北京：中国对外翻译出版公司，2004.

[56] 梁实秋. 梁实秋杂文集[M]. 北京：中国社会出版社，2004.

[57] 王今铮. 《三国演义》的语言与成语[J]. 汉字文化，2004（01）.

[58] 叶向阳. 把字句的致使性解释[J].世界汉语教学，2004（02）.

[59] 马士奎. 詹姆斯·霍尔姆斯和他的翻译理论[J]. 上海科技翻译，2004（03）.

[60] 王克非. 新型双语对应语料库的设计与构建[J]. 中国翻译，2004（06）.

[61] 宋益乔. 梁实秋评传[M]. 北京：中国社会科学出版社，2005.

[62] 文秋芳，王立非，梁茂成. 中国学生英语口笔语料库[M]. 北京：外语教学与研究出版社，2005.

[63] 卢一飞. 今文《尚书》文学性研究[D]. 扬州：扬州大学，2005.

[64] 程曼丽. 国际传播学教程[M]. 北京：北京大学出版社，2006.

[65] 仇蓓玲. 美的变迁——论莎士比亚戏剧文本中意象的汉译[M]. 上海译文出版社，2006.

[66] 黄昌，李涓子. 语料库语言学[M]. 北京：商务印书馆，2007.

[67] 卢福波. 对外汉语教学实用语法[M]. 北京：北京语言大学出版社，2007.

[68] 黄立波. 基于汉英/英汉平行语料库的翻译共性研究[M]. 上海：复旦大学出版社，2007.

[69] 傅定淼. "翻译"词源考[J].黔南民族师范学院学报，2007（02）.

[70] JOHNSSON S. Seeing through multilingual corpora [M]. Amsterdam: John Benjamins, 2007.

[71] 孙英春. 跨文化传播学导论[M]. 北京：北京大学出版社，2008.

[72] 贺阳. 现代汉语欧化语法现象研究[M]. 北京：商务印书馆，2008.

[73] 严晓江. 梁实秋中庸翻译观研究[M]. 上海：上海译文出版社，2008.

[74] 霍恩比. 牛津高阶英汉双解词典（第七版）[M]. 王玉章，等，译. 北

京：商务印书馆，2009.

[75] 程曼丽，王维佳. 对外传播及其效果研究[M]. 北京：北京大学出版社，2011.

[76] 胡开宝. 语料库翻译学概论[M]. 上海：上海交通大学出版社，2011.

[77] 陈小全. 译本比较与正误[M]. 北京：北京大学出版社，2011.

[78] 黄伯荣，廖序东. 现代汉语：增订本. 上册[M]. 北京：高等教育出版社，2011.

[79] 马国栋，杨世理. 《尚书》成语格言及其文学价值类析[J]. 时代文学，2011（04）.

[80] 王克非. 语料库翻译学探索[M]. 上海：上海交通大学出版社，2012.

[81] 钱宗武. 今文《尚书》词汇研究[M]. 郑州：河南大学出版社，2012.

[82] 李颖玉. 基于语料库的欧化翻译研究[M]. 上海：复旦大学出版社，2012.

[83] 中国社会科学院语言研究所词典编辑室. 现代汉语词典[M]. 北京：商务印书馆，2012.

[84] 肖中华. 英汉翻译中的汉语译文语料库研究[M]. 上海：上海交通大学出版社，2012.

[85] 胡开宝. 语料库翻译学：内涵与意义[J]. 外国语，2012（35）.

[86] 陈静. 语义翻译在文化传真中的应用——以理雅各《尚书》成语翻译为例[J]. 阜阳师范学院学报（社会科学版），2014（06）.

[87] 巩晓. 《红楼梦》中同一成语在不同语境下的翻译[J]. 喀什师范学院学报，2014（07）.

[88] 卢福波. 对外汉语教学实用语法[M]. 北京：北京语言大学出版社，2015.

[89] 徐立群，马莹. 中医院校通用英语教学中融入专门用途英语的可行性[J]. 国际中医中药杂志，2015（08）.

[90] 约瑟夫·克拉珀. 大众传播的效果[M]. 北京：中国传媒大学出版社，2016.

[91] 张顺生，丁后银. 话"洪荒之力"之英译[J]. 中国科技翻译，2016（04）.

[92] 杜镇涛，张顺生. "国体"和"政体"的英译与思考[J]. 上海翻译，

2017（04）.

[93] J. K. 罗琳. 哈利·波特与魔法石[M]. 苏农, 译. 北京：人民文学出版社, 2018.

[94] 王寅. 构式语法研究（下卷）：分析应用[M]. 上海：上海外语教育出版社, 2018.

[95] 胡开宝, 朱一凡, 李晓倩. 语料库翻译学[M]. 上海：上海交通大学出版社, 2018.

[96] 葛厚伟. 今文《尚书》成语语义衍化及认知机制[J]. 青海师范大学学报（哲学社会科学版）, 2018（05）.

[97] 王寅. 体认语言学视野下的汉语成语英译——基于《红楼梦》三个英译本的对比研究[J].中国翻译, 2019（04）.

[98] 刘昱吉. 跨文化视角下英语翻译障碍及对策探究[J]. 现代英语, 2020（04）.